의료인은 아니지만
병원에서 일합니다

의료인은 아니지만 병원에서 일합니다

이혜진 지음

약은 약사에게 진료는 의사에게
나머지는 누가?

현장에서 만난 병원 직원들

나는 주말마다 병원 직원들 대상으로 강의를 한다. 강의 첫 시간에는 수강생들이 돌아가며 자신을 소개하는데, 어느 날 한 수강생이 자기소개하던 중 감정이 복받쳐 눈물을 흘렸다.

"병원에 들어왔는데 일 가르쳐 주는 사람도 없고, 배울 곳도 마땅치 않아서 답답했어요. 병원 일이 내 적성과 맞는 것 같지도 않고요. 고민을 나눌 사람도 없어서 너무 외롭고 막막했는데, 여기 와서 보니 저 말고도 다들… 흑흑…."

수강생들이 자기소개 시간에 주로 하는 말은 '아무도 일을 알려 주지 않는다', '물어볼 곳이 없다', '어떻게 경력을 쌓아야 할지 막막하다', '내가 잘하고 있는지, 뭘 공부해야 할지 모르겠다' 등이다. 그렇게 수없이 고민하고 방황하다가 마침내 자신과 같은 처지의 사람들을 만나 마음 깊이 숨겨 왔던 이야기를 꺼내 놓는 것이다. 그런 분들을 보면 어느새 내 눈가에도 눈물이 맺힌다. 나 또한 성장에 관하여 많은 고민의 시간을 거쳤기 때문이다.

병원 직원들의 또 다른 고민이 있다. 나와 친하게 지내는 병원 실장님이 박사과정 진학을 앞두고 면접 보러 갔을 때의 일이다. 면접관이 직업을 묻자 다른 면접자들은 나는 간호사다, 나는 치과위생사다, 나는 임상

4

병리사다 하고 쉽게 대답하더란다. 반면, 제법 큰 병원의 총괄실장이었던 그분은 자신을 어떻게 소개해야 할지 몰라 무척 난감했다고 한다. 총괄실장은 직책이지 직업명이 아니기 때문이다.

우리가 흔히 병원 하면 떠올리는 의사, 한의사, 치과의사, 간호사, 조산사는 의료인이다. 그 외 의료기사를 포함한 여러 직종은 모두 비의료인에 속한다. 그러나 비의료인에 속하는 의료기사(임상병리사, 방사선사, 물리치료사, 작업치료사, 치과기공사, 치과위생사)도 〈의료기사 등에 관한 법률〉에 따라 의사의 지도하에 진료나 의화학적醫化學的 검사에 종사하는 사람들로 국가고시를 치르고 면허를 받은 전문 직종이다.

이 책에서 소개하는 비의료인은 '병원코디네이터 또는 상담실장 등, 민간자격을 가지고 있거나 아무런 자격 없이 병원에 취업해서 의료서비스 관련 업무를 하는 사람'이다. 이들은 제대로 된 직업명을 가지지 못했고, 심지어 이런 직업이 있는지조차 알지 못하는 사람들도 많다. 내가 병원코디네이터로 일할 때도 "무슨 일 하세요?"라는 질문을 받을 때마다 내가 뭐 하는 사람인지 구구절절 설명해야 했다. 더 힘들었던 건 아무도 일을 가르쳐 주지 않는다는 것이었다. 혼자 외로운 시간을 견디며 고군분투해야 했다.

그때의 나와 같은 이유로 고민하고 방황하는 병원 직원들이 여전히 많다. 나보다 더 대단한 사람은 많겠지만, 현장에서 오래 일했던 나의 경험과 이야기가 그들에게 작은 도움이라도 되기를 바라는 간절한 마음으로 이 책을 쓰게 되었다.

이 책은 총 4개의 장과 부록으로 이루어져 있다. 본문은 '병원코디네이터-상담실장-중간관리자-총괄실장' 등 성장 단계별로 구성했으며, 병원에서의 나의 경험, 난관에 부딪혔을 때 극복했던 방법, 병원에서 성과를 내기 위한 방법 등을 담았다. 어려운 용어는 최대한 쉽게 풀어서 설명하고, 실무에 바로 적용할 수 있는 지침서가 되도록 구성했다.

1장(새내기 코디네이터의 병원 적응기)에서는 내가 어떻게 병원코디네이터가 되었고 어떻게 성장했는지 그 과정을 풀었다. 다음 장부터는 좀 더 업무적인 노하우와 팁을 담았다. 2장(상담실장, 환자의 마음을 잡아라)에서는 환자 상담을 주제로 하며 환자들과 소통하는 법, 우리 병원 진료의 가치를 전달하는 법, 상담동의율을 높이기 위해 상담 실력을 기르는 방법을 소개한다. 3장(중간관리자, 직원 관리가 관건이다)에서는 중간관리자로서 직원들과 소통하면서 그들의 성장을 돕는 법, 직원-원장 관계 조율하는 법 등을 담았다. 4장(총괄실장, 병원 시스템과 문화를 만든다)에서는 병원의 조직문화를 만들고 외부 마케팅을 통해 병원을 알리는 방법을 소개한다. 마지막 부록에서는 병원 입사와 퇴사 그리고 커리어 관리 방법을 나눈다.

사실 병원마다 병원코디네이터의 업무 범위가 다르고, 실장의 업무 범위가 다를 수 있다. 따라서 이 책은 꼭 처음부터 순서대로 읽지 않아도 되며, 자신의 업무에 필요한 부분을 발췌해서 읽어도 좋다.

이 책이 세상에 나오기까지 6년이란 시간이 걸렸다. 책을 구상하고, 주변 사람들에게 의견을 묻고, 초고를 쓰고, 수정하고, 처음부터 다시 쓰고, 수정하기를 반복하면서 참 많은 좌절을 겪었다. 보잘것없는 나의 이야기를 세상에 내놓아도 되는지 끊임없이 반문했다. 그렇게 외롭고 고통스러운 시간 속에서 희망의 끈을 놓지 않았던 건, 강의 때 만난 수강생들의 응원 덕분이었다. 포기할까 싶은 순간마다 참으로 감사하게도 수강생들이 나의 이야기가 자신들에게 위로와 도움이 되었다고 말해 주었기 때문이다. 그렇게 다시 힘내서 글을 썼지만, 부족한 나의 이야기가 세상에 어떻게 전달될지 여전히 우려스럽다.

개인마다 주어진 삶이 다르듯이 나의 이야기가 정답은 아니다. 다만 방황하고 고민하는 단 한 명의 병원 직원에게 내 이야기가 힘이 되고 도움이 될 수 있다면 그걸로 충분하다고 생각한다.

마지막으로 이 책이 세상에 나올 수 있도록 도움을 준 청년의사, 끝까지 포기하지 않고 완주할 수 있도록 나를 격려해 준 가족들, 친구들, 그리고 함께 일했던 동료들, 지인들에게 감사 인사를 전한다.

2019년 봄날

이혜진

● Contents

Prologue • 4

새내기 코디네이터의
병원 적응기

의료인은 아니지만
병원에서 일합니다

"병원에서 일하세요? 혹시 의사나 간호사…? 아니라고요? 그럼 무슨 일하세요?"

병원 직원이라고 나를 소개하면 흔히 돌아오는 반응이다.

병원에서 비의료인으로 일한다는 건 그렇다. 제대로 된 직업명도 없고, 심지어 제대로 된 직업이라고 여기지 않는 이들도 있다. 이런 직업이 있다는 사실조차 모르는 사람도 많다.

나 역시 병원에는 의사나 간호사뿐만 아니라 '병원코디네이터'라고 불리는 직업이 있다는 사실을 몰랐다. 병원코디네이터에 대해 얼핏 들어보기라도 했던 건, 대학의 보건의료 관련 학과에 입학하고 나서였다. 그때도 정확히 어떤 일을 하는 직업인지는 알지 못했다. 지금이야 보건의료 관련 대부분 학과(보건행정과, 의료경영과, 피부미용과, 치과위생과 등)에서 병원코디네이터 과정을 이수한 후 자격증까지 따고 졸업한다지만, 내가 대학에 다니던 2000년대 초에는 그런 게 없었다.

대학 졸업 후 보건학사 학위를 받긴 했으나, 명확한 목표를 두고 입학한 건 아니어서 무슨 일을 해야 할지, 내가 할 수 있는 일이 뭔지 몰라 몇 달을 방황했다. 처음에야 노는 게 편했지만 점차 부모님 얼굴 보기 민망해졌다. 대학까지 졸업한 다 큰 자식이 종일 빈둥거리고 용돈까지 타 쓰니 얼마나 답답하셨을까. 커지는 부모님 한숨 소리에 무슨 일이라도 해

새내기 코디네이터의
병원 적응기

보자 싶었다. 내가 진짜 하고 싶은 일이 무엇인지 당장은 몰라도, 일하면서 천천히 생각하다 보면 언젠가 나에게도 '꿈'이라는 게 생기지 않을까, 하는 막연한 기대도 있었다.

'어디라도… 하지만 어디에 취업할 수 있을까?'

전혀 생뚱맞은 곳보다는 학과와 관련된 쪽이 좋을 것 같았다. 그때 병원코디네이터라는 직업이 떠올랐다. 대학에서 배운 의료 지식도 있고, 그전부터 병원 시스템과 서비스에 관심 있던 나에게 제격이라 생각했다.

그날부터 구인구직 사이트와 지역신문을 열심히 뒤졌다. 당시 병원코디네이터라는 직업이 잘 알려지지 않을 때였고, 내가 살던 곳이 지방이어서 그런지 마땅한 자리를 찾기 어려웠다. 일주일 내내 쥐 잡듯이 구인글을 뒤져도 성과가 없었다. 다른 일을 알아봐야 하나, 카페 알바라도 할까 싶을 때쯤이었다. 운 좋게 한 치과에서 데스크 업무 볼 사람을 구한다는 공고를 냈다.

— ○○ 치과. 데스크 봐주실 직원 구합니다. 업무시간은 오전 9시부터 저녁 6시까지. 일주일에 ○번 야간 근무 있음. 주말 근무는 없음.

유레카! 공고를 보자마자 이력서를 보냈다. 이력서는 일찌감치 작성해 놓은 게 있었다. 나는 초조하게 연락을 기다렸고 다음 날, 면접 보러 오라는 전화를 받았다.

면접은 두 번에 걸쳐 진행되었다. 1차 면접은 함께 일할 실장이 보았고, 2차 면접은 병원장이 직접 보았다. 면접을 진행하는 실장님은 인상이 강해 보이는 분이었다. 나에 대해 이것저것 묻더니 면접이 끝날 때쯤,

만약 입사하게 되면 치아 번호부터 시술 및 수술 용어까지 다 외우고 공부해야 한다며 엄포를 놓았다. 물론 시술 용어와 그 내용은 보건의료 관련 학과 과정에 모두 포함된 것이다. 나는 면접 보는 실장님이 관련 학과 전공자가 아님을 알았다.

병원코디네이터가 되기 위해 꼭 관련 학과를 전공해야 하는 건 아니다. 특별한 자격 요건이나, 국가공인 자격증이 필요한 것도 아니다. 나처럼 보건의료 관련 학과를 졸업하고 병원코디네이터가 되거나, 간호조무사 자격증을 가지고 시작하는 사람들도 있다. 이 외에도 일반 기업이나 호텔, 항공사 등에서 일하다가 민간자격증을 취득한 후 입사하기도 한다. 알고 보니 나를 면접 보았던 실장님은 간호조무사로 들어와 병원코디네이터 업무를 병행하다가 실장이 되었다고 한다.

나는 첫 면접을 무사히 마쳤다. 병원에서는 바로 일을 시작해 달라고 했다.

병원코디네이터, 일하며 성장할 수 있는 직업

병원에 들어가기 전, 나는 병원코디네이터를 막연히 데스크 업무 보는 직업이라고 생각했다. 접수 및 수납 업무를 하고, 고객 만족을 위한 서비스를 제공하는 게 전부라고 말이다. 실제로 병원에 입사한 뒤, 병원코디네이터는 노력에 따라 자신의 역량을 넓혀 나갈 수 있는 직업임을 알게 되었다. 환자 상담과 직원 교육은 물론 기획, 마케팅, 그리고 컨설팅까지. 지금은 스스로 성장하면서 자신의 영역을 넓힐 수 있는 '비전'을 가진 직업이 바로 병원코디네이터라고 생각한다.

새내기 코디네이터의
병원 적응기

퇴사 생각만 하던
1년 차

다른 기업들처럼 병원에도 수습 기간이 있다. 일반적으로 신입은 3개월, 경력자는 1~2개월 정도이며, 병원에 따라 경력자는 수습 기간이 없기도 하다. 나는 신입이었기 때문에 첫 병원에서 3개월의 수습 기간을 거쳤다. 이 기간에 의료기구 이름을 익히고 진료 프로세스를 관찰했다. 병원 코디네이터의 중요한 업무 중 하나가 바로 환자응대인데, 이를 위해서는 진료 용어와 프로세스, 사용하는 제품과 기구 등을 잘 알아야 하기 때문이다.

내가 입사한 병원은 원장님 실력으로 유명한 곳이었다. 환자들은 "우리 원장님, 우리 원장님" 하면서 원장님에 대한 충성심이 대단했다. 병원 대기실은 환자들로 늘 북적였고, 먼 곳에서도 소문을 듣고 찾아오는 환자가 많았다. 특히 사랑니 발치 환자가 많아서 '사랑니 발치 공장'이라는 소리까지 나올 정도였다.

공장처럼 돌아가는 병원에 신입으로 입사하니 모든 게 쉽지 않았다. 일도 어렵지만 원장님이 가장 어려웠다. 대학에서는 '병원장 대하는 방법' 같은 건 배우지 않는다. 우리 원장님은 환자들에게는 친절하지만 직원들에게는 엄격한 분이었다. 가뜩이나 어려운데 실수라도 해서 혼나는 날이면 내가 작아지다 못해 땅속으로 꺼지는 기분이었다. 나는 병원 안에서 원장님과 마주칠세라 숨기 바빴다.

직원들끼리 사용하는 '선생님'이란 호칭도 어색했다. 환자들에게 설명할 때는 자꾸 말이 꼬였다. 그나마 병원에서는 흔하다는 텃세가 없는 곳이라 다행이었다. 다만 간호사, 간호조무사, 치과위생사 등으로 서로를 나누고 거리 두는 문화에 쉽게 익숙해지지 않았다.

나는 낯선 병원 환경 속에서 이리 뛰고 저리 뛰며 실수를 연발했다. 기구 이름을 다 외우지 못했는데 뭐 가져와라, 뭐 준비해라 하는 지시를 받으면 머릿속에 하얘졌다. 어느 날에는 커다란 카메라로 환자 사진을 찍으라는 지시를 받은 적도 있었다. 사진은 알아볼 수 없을 정도로 흐릿하게 나왔다. 긴장으로 손을 심하게 떨었기 때문이다. 그러자 원장님은 내게 사진 공부하라는 지시를 내렸다. 나는 의사들이 보는 두꺼운 전공서적을 보면서 책에 나오는 모든 임상사진을 찍어 제출해야 했다.

매일 실수하고 혼나기만 하니 일은 재미없고 하루하루가 고역이었다. 같이 일하는 동기들도 힘들기는 매한가지였다. 어떤 날에는 진료실에서 큰소리가 나더니 치과위생사 한 명이 울면서 뛰쳐나왔다. 나와 비슷한 시기에 입사한 동기였는데, 진료실에서 실수를 저질러 원장님이 환자 앞에서 크게 혼냈던 것이다. 동기는 당황하기도 하고 자존심도 상해서 눈물이 났다고 했다. 동기는 결국 1년을 채우지 못하고 병원을 그만두었다.

이렇듯 병원에서는 하루도 조용할 날이 없었다. 나는 아침마다 환자가 제발 좀 없기를 바라며 출근했다. 예약취소라도 생기면 날아갈 듯 기뻤다. 그 시절 낙이라고는 오로지 점심시간뿐이었다. 동료들과 식사하면서 원장님 흉, 박 실장님 흉보는 시간이 유일한 즐거움이었다.

데스크 업무와 상담 업무를 하는 박 실장님은 진료실 직원들과의 사이가 좋지 않았다. 면접 때 받았던 인상대로 박 실장님 성격이 강하기도 했고, 진료실 직원들도 박 실장님이 면허가 없다는 이유로 은연중 무시했다. 병원에서는 데스크 직원과 진료실 직원 간에 트러블이 있는 경우가 꽤 있다. 데스크에서 일하는 직원은 예약을 최대한 많이 잡으려 하고, 반대로 진료실에서는 같은 시간에 업무가 너무 몰리면 힘들어진다. 그래서 서로 간의 소통과 이해, 조율이 필요한데 사이가 좋지 않으면 큰소리가 날 수밖에 없고, 때로는 힘이 더 큰 부서가 약한 부서 위에 군림하기도 한다.

수습인 나는 주로 진료실과 수술방에 있었고, 그곳 직원들과 친하게 지냈다. 하지만 수습 기간이 끝나면 데스크에서 박 실장님과 일할 예정이었다. 결국 나는 중간에서 양쪽 눈치를 다 봐야 했다. 박 실장님 혼자 주는 스트레스도 만만치 않았다. 내게 주어진 일 중 하나가 세탁 맡긴 병원 가운 찾아오는 것이었는데, 박 실장님은 나에게 본인의 개인 옷을 세탁소에 맡기거나 찾아오라고 시키곤 했다. 박 실장님의 개인 심부름을 할 때마다 자괴감이 밀려왔다. 상사가 시키면 업무와 상관없는 일도 해야 하고, 부당한 잔소리도 잠자코 들어야 했다.

'이 일이 내 적성에 맞는 걸까?' 나는 매일매일 고민했다. 그나마 고민을 나눌 동기들이 있어서 다행이었다. 우리는 점심시간이나 환자 없는 시간을 틈타 준비실에 모여서 속닥거렸다. A 병원은 어떻다더라, B 병원은 직원에게 이렇게 한다더라, 그런데 우리 병원은 왜 이럴까 푸념하면서 서로 언제 그만둘지 묻는 레퍼토리를 반복했다. 당시 종잣돈을 모아 카페 차릴 거라고 입버릇처럼 말하던 동기들도 있었는데, 10년이 훌쩍 지난 지금까지 병원에서 일하고 있다. 이유를 물으면 "배운 게 이 일이라서…"라고 말하며 멋쩍게 웃는다.

나는 카페 대신 보건직 공무원을 알아보았다. 실제로 관련 교재를 사고 강의도 끊었지만 공부는 거의 안 했다. 정말로 보건직 공무원이 되고 싶었던 게 아니라, 현실 도피 차원의 기웃거림에 불과했기 때문이다. 그때를 돌이켜 보면, 나는 내 일을 좋아하지 않았고 당연히 자신감도 없었다. 자신감이 없는 이유는 일한 지 얼마 되지 않아 서툴고 자주 혼나서였다. 좋아하지 않았던 건 어디든 취업해야 한다는 의무감으로 시작한 일이었기 때문이다. 당연히 어떠한 직업의식도, 사명감도 없었다.

그랬던 내가, 신기하게도 15년 차가 된 지금까지 이 분야에서 일하고 있다.

새내기 코디네이터의
병원 적응기

터닝 포인트,
처음으로 일에 재미를 느끼다

매일 반복되는 스트레스, 원장님에게 언제 무슨 일로 깨질지 모른다는 조마조마함, 잘하고 싶어도 뭘 어떻게 해야 하는지 모르는 상태로 '1년만 버티자'며 출퇴근을 반복하던 어느 날.

박 실장님이 갑작스럽게 출산휴가를 떠났다. 공백이 된 자리를 누군가 채워야 했다. 진료실 직원뿐인 병원에서 그 '누군가'는 내가 될 수밖에 없었다. 수습 기간도 채 마치지 못했을 때였다. 준비 없이 떠안게 된 실장 대행 업무. 얼떨떨한 상태로 첫 상담을 하던 그 날을 떠올리면 아직도 아찔하다.

첫 상담은 부모님 또래 부부였다. 나는 부부와 함께 진료실에 들어갔다. 진료받는 부부 옆에서 원장님 말씀을 열심히 받아 적었다. 현재 상태가 어떤지, 어떤 치료가 필요한지, 치료 방법은 어떠한지 등등…. 진료가 끝나고 나는 부부를 상담실에 데려갔다. 상담을 진행하면서도 머릿속은 복잡하기만 했다. '실수하면 어쩌지? 내가 제대로 설명할 수 있을까? 환자가 예약 없이 그냥 가버리면 어떡하나?' 특히 비용 이야기를 할 때는 말이 목에 콱 막혀 나오지 않았다. 괜히 어려웠고 어떤 표정을 지어야 할지도 몰라 난감했다.

진땀 속에서 첫 상담을 마쳤다. 부부는 흔쾌히 치료 결정을 내리고 예약을 잡았다. 워낙 입소문이 많이 난 병원이라는 점이 다행이었다.

박 실장님이 하던 업무로는 상담 외에 데스크 업무도 있었다. 처음 맡은 데스크 업무도 어려워서 쩔쩔맸다. 잘하고 있는지 아닌지 봐줄 사람이 없었고, 궁금한 점을 물어볼 곳도 없었다. 자료 정리도 엉망진창되어 있어서 어떤 날에는 차트 한 장 때문에 병원 곳곳을 찾아 헤매야 했다. 그뿐만 아니었다. 나는 원장님에게 매일 결산 보고를 했는데, 계산이 맞지 않는 날에는 원인을 찾을 때까지 퇴근할 수 없었다. 밤늦게까지 차트를 살피고, 진료비와 정산 금액을 재차 비교하고, 빠뜨린 지출은 없는지 점검해서 결산이 딱 맞아야 퇴근할 수 있었다.

"이 선생님, 먼저 갈게요. 수고하세요."

가끔은 데스크에서 끙끙대는 나를 혼자 두고 퇴근하는 직원들이 매정하게 느껴지기도 했다. 간혹 누군가 주차비 영수증을 주지 않았거나, 업체에 돈을 주고 나에게 말하지 않았거나, 지출명세서를 깜빡하고 작성하지 않아 결산이 틀렸다는 것을 알면 순간적으로 화도 났다. 하지만 뒤늦게라도 확인해서 안도하는 마음이 더 컸다.

보험청구 업무 또한 어려웠다. 보험청구는 병원코디네이터에게 중요한 업무 중 하나다. 병원 진료는 보험과 비보험으로 나뉘는데 외모 개선이나 아름다움을 위한 시술 및 수술은 비보험 진료에, 질환 관련 진료는 보험 진료에 해당한다. 보험 진료에 해당하는 항목들은 총 진료비 중 환자부담금을 제외한 금액을 국민건강보험공단에서 받는데, 건강보험심사평가원(이하 심평원)에서 청구 내용의 적정성을 심사하므로 심평원의 산정 기준을 잘 알아야 한다. 그렇지 않으면 청구한 금액에서 일부 삭감될 수 있다. 지금이야 '건강보험청구사'라는 자격증이 생기면서 여러 교육이 이뤄지지만, 그때는 보험청구 전산프로그램 회사에서 나온 교재가 전부였다. 나는 급한 대로 교재를 보며 일했고, 주말에는 교재를 펴낸 회사에서 개최하는 세미나에 참석해 공부했다. 그래도 모르는 게 생기면 심평원에 직접 전화해서 물었다. 하루가 멀다고 전화하니 심평원 직원이 내 이름을 기억할 정도였다. 그렇게 두세 달 정도 지나자 보험청구 업무가 손에 익었다. 데스크 업무에 자신감이 생기자, 놀랍게도 일이 재밌어지기 시작했다. 내 업무에 주인의식과 책임감이 생겼고, '어떻게 하면 내 일을 더 잘할 수 있을까?' 하는 욕심도 조금씩 자라났다.

무엇보다 환자들이 건네주는 말이 감동적이었다. 병원에는 유난히 치료시간이 길거나 힘든 치료를 받는 환자들이 있다. 나는 그 환자들의 차트를 따로 빼서 퇴근 전 안부 전화를 돌렸다. 그때는 해피콜이 뭔지도 몰라서 순수하게 걱정되는 마음으로 연락했다. 그런데 전화받은 환자들이 한결같이 "선생님, 신경 써줘서 고마워요" 하며 기뻐하는 게 아닌가. 고맙다는 말을 들을 때마다 내 마음도 뭉클해졌다. 내가 이 일을 하면서 다른 사람에게 도움을 줄 수도 있구나, 하고 내 일을 다시 볼 수 있었다.

그렇게 일에 막 재미를 붙여 가던 어느 날, 원장님이 나를 조용히 부르더니 월급을 올려 주었다. 박 실장님 빈자리를 잘 채우고 열심히 일해 줘서 고맙다는 말과 함께. '세상에, 이게 웬일!' 나는 단지 내 일을 했을 뿐인데 무섭기만 하던 원장님에게 인정을 받으니 얼떨떨하면서도 날아갈 듯 기뻤다. 내가 몇 달 사이 많이 달라졌구나 하는 생각도 들었다. 수습기간이 채 끝나기도 전에 병원코디네이터 업무는 물론, 실장 업무까지 맡게 되면서 하루하루 정신없었다. 하지만 돌이켜 보면 그 시기를 거치며 배우고 성장할 수 있었다. 책임감이 생기고 자신감도 붙으면서 일이 재밌어진 것도 이때였다. 만약 내가 힘들다며 중도에 그만두었다면 어땠을까?

그때의 나처럼 일을 시작한 지 얼마 되지 않아 방황하는 사람이 있다면 이렇게 말해 주고 싶다. 처음에는 어렵겠지만 시간이 지나 일에 점차 익숙해지다 보면, 어느 순간 일에 자신이 생기고 보람도 느낄 수 있는 '터닝 포인트'가 찾아올 거라고 말이다.

병원코디네이터 업무	상담실장 업무
접수·수납 보험청구(주로 치과) 환자응대 대기실 환경 관리 예약 및 대기 관리 해피콜·리콜 일일결산보고	상담 매출 관리 예약 및 일정 관리 해피콜·리콜 일일결산보고

병원코디네이터와 상담실장의 업무 구분

나를 위한 처방전,
교육

나는 아무런 준비 없이 실장 대행 업무를 맡았고, 그 과정에서 생각지도 못한 터닝 포인트를 만났다. 난생처음으로 내가 하는 일을 '나의 직업'으로 받아들였고 업무에 손이 익으면서 책임감과 주인의식도 생겼다. 그렇게 일에 막 재미를 붙일 무렵.

"안녕하십니까? 최진석 원장입니다. 앞으로 잘 부탁합니다."

원장님과 공동개원한 후 미국에 공부하러 갔던 최 원장님이 귀국해 병원에 합류했다. 한 병원에 두 원장팀이 생긴 것이다. 병원에 새로운 변화가 일어나기 시작했다.

병원, 특히 원장이 한두 명 있는 의원급 의료기관은 일반 기업과 달리 원장에 따라 병원 분위기가 크게 좌우된다. 원장별로 진료하는 방식이 다르고 사용하는 장비나 기구, 재료도 다르며 선호하는 직원 성향도 다르기 때문이다. 따라서 원장과 손발을 맞춰 일하는 병원 직원에겐 원장의 진료 방식을 파악하는 일이 상당히 중요하다. 나도 한동안 새로 합류한 최 원장님의 성향을 알아 가고 적응해 나갔다.

최 원장님은 비교적 젊은 의사라 열의가 있고 한국에서 자기만의 진료 영역을 구축하고 싶어 했다. 다행히 배우고 발전하고자 하는 코드가 나와 잘 맞았다. 최 원장님은 나에게 이런저런 조언을 해주었고, 직원들을 잘 이끌어 달라며 격려해 주기도 했다.

하루는 최 원장님이 나를 불러서 이렇게 물었다. "이 선생, 여의도에서 4주간 병원코디네이터 세미나가 열리는데, 참석해 볼 생각 있어요?" 세미나는 유명 치과 원장이 강의하는 것으로, 일요일마다 진행된다고 했다. 최 원장님 말을 듣자마자 나는 생각이고 뭐고 "네, 꼭 듣고 싶어요!" 하는 말부터 나왔다. 그만큼 교육이 너무도 간절했다. 나는 흔한 선배 하나 없었고, 혼자 악전고투하며 일을 배워 왔다. 업무는 점차 익숙해졌지만 과연 내 방식이 맞는지, 다른 사람들은 어떻게 일하는지 항상 궁금했다. 이런 고민을 나눌 사람도 없던 차에 최 원장님이 제안한 교육은 나에게 한 줄기 빛처럼 느껴졌다.

최 원장님 덕분에 나는 병원코디네이터 세미나를 들을 수 있었다. 종일 앉아서 받는 교육이 쉽지는 않았지만, 평소 궁금하던 것들을 배우고 질문할 수 있어서 신이 났다. 무려 100만 원이 넘는 수강료를 지원받아 듣는 교육이었다. 잘 배워서 병원에 도움이 되고 싶었다.

세미나에서는 환자응대법을 주로 다뤘다. 나는 세미나에서 배운 내용을 실전에 바로 활용하곤 했다. 예를 들어 접수 시 "차트 작성해 주세요"라는 명령형보다 "차트 작성해 주시겠어요?"라는 청유형 문장이 더 정중하게 들린다는 말에 바로 다음 날 활용해 보았다. 환자들의 호응도가 이전보다 좋아서 이후로는 쭉 청유형 문장을 사용했다. 또 처음 틀니를 한 환자들은 평소에 사용하던 어른 숟가락을 입에 넣기 어려워한다는 말을 세미나에서 듣고 어린이용 숟가락을 구매했다. 틀니 환자들에게 예쁘게 포장한 어린이용 숟가락을 주며 주의사항을 설명했더니 환자들이 내 예상보다 더 고마워했다.

그렇게 세미나에서 배운 내용을 하나하나 적용할 때마다 내가 성장하고 있음을 느꼈고, 나도 모르는 사이 일에 더 몰입했다. 병원에서도 점차 노력을 인정받으면서 업무 영역이 넓어졌다. 나는 병원 경영이 뭔지도 모르면서 최 원장님과 전략을 고민하고, 직원들을 관리했다. 삭감 없는 보험청구는 물론, 상담과 매출 관리도 해야 했다. 그때 나는 고작 1년차 신입이었다. 일은 재미있었지만 스트레스로 턱관절 통증이 생기고, 가방에는 늘 위장약이 들어 있었다. 그래도 힘내서 일할 수 있었던 건 직원들의 응원 덕분이었다. "선생님, 선생님이 하자는 대로 우리가 잘 따르고 도와줄 테니까, 원하시는 건 뭐든 열심히 해보세요." 직원들 대부분이 나와 동기였고 수습 기간을 거치면서 친해진 덕분이었다. 그들의 배려가 없었다면 몇 배는 더 힘들었을 것이기에 지금까지도 고맙다.

가끔 넘어지고
또 일어나고

병원에서 일하다 보면 즐겁고 보람 있는 순간도 많지만, 반대로 어렵고 힘든 일도 겪게 된다.

  병원에 또 다른 변화의 바람이 불었다. 출산휴가를 갔던 박 실장님이 돌아온 것이다. 그동안 내가 실장 대행 업무를 했으니, 한 병원에 실장이 두 명이 된 셈이다. 그래서 박 실장님은 원래 계시던 원장님 쪽을 관리하고, 나는 새로 온 최 원장님 쪽을 담당하게 되면서 자연스럽게 한 병원에 두 개의 팀이 생겼다.

  어찌 보면 당연한 수순이었을까? 시간이 갈수록 두 팀의 사이가 벌어졌다. 월급도 각자 속한 팀의 원장님이 주었고, 재료와 기구 관리를 할 때도 팀별로 구분 짓고 너희 거, 우리 거를 따졌다. 데스크에서도 보이지 않는 신경전이 있었다. 처음에 최 원장님은 심미 진료 위주로 했기 때문에 임플란트 환자는 수술하시는 원장님 쪽으로 넘겼는데, 최 원장님도 임플란트 수술을 하기 시작하면서 두 원장님이 똑같은 진료를 하게 됐다. 나는 박 실장님과 같은 데스크에서 일하면서 은근한 매출 경쟁을 했다. 박 실장님 팀보다 매출이 높아야 한다는 압박감에 숨이 막혔다.

  그렇게 분열이 커져 가던 어느 날이었다. 전악 임플란트 총 견적 3000만 원의 환자(당시로써는 초 VIP 환자였다)가 임시치아를 끼우러 내원한 뒤 귀가했다. 전악 임시치아는 종종 빠져서 다시 끼우기 위해 환자들이 병

새내기 코디네이터의
병원 적응기

원에 자주 방문한다. 그런데 집에 돌아간 환자가 한두 시간 후 병원에 전화를 걸었다. 화가 잔뜩 난 목소리였다. 힘든 치료도 조용히 잘 따라오던 분이 흥분해서 따지니 전화받은 나도 깜짝 놀랐다. 이야기를 들어 보니 이랬다. 아까 빠진 임시치아를 다시 끼우기 위해 병원에 들렀을 때, 끼우는 과정에서 직원이 임시치아를 바닥에 떨어뜨렸단다. 거기까지는 이해하는데, 바닥에 떨어뜨린 치아를 소독하거나 심지어 물에 헹구지도 않고 그대로 입에 끼워 넣었다는 것이었다. 그냥 넘기려고 했지만 집에 돌아와 곱씹을수록 화가 치밀었다고. 우리 쪽 환자는 아니지만 전화받은 사람은 나였다. 나는 정말 죄송하다, 괜찮으시면 꼭 다시 와 달라, 오시면 깨끗하게 소독해 드리겠다며 연신 사과했다.

간신히 전화를 끊고 나는 수술팀의 해당 선생님에게 갔다. 지금 돌이켜 보면 마음을 좀 가라앉힌 후 차분히 이야기해야 했는데, 그때는 나도 미숙해서 잘못을 지적해 줘야 한다는 생각뿐이었다.

"선생님, 박○○ 환자분 화 많이 나셨어요. 어떻게 바닥에 떨어뜨린 임시치아를 소독도 없이 입에 끼우실 수 있어요? 너무 비상식적인 행동 아닌가요?"

자기보다 한참 어린 직원이 따지니 어이가 없었을까? 말문이 막힌 듯 나를 쳐다보던 선생님은 다짜고짜 "야! 너 따라와" 하고 구석진 방에 나를 끌고 가더니 문을 잠갔다. 그러고는 한다는 첫 마디가 이랬다.

"너 대학만 나오면 다야?!"

순간, 잔뜩 긴장하고 있던 나는 너무 생뚱맞은 말에 힘이 빠졌다. 아마 그동안 직원들끼리의 보이지 않는 신경전 때문에 그 선생님도 스트레스가 쌓여 있던 차에 다른 팀인 내가 버릇없게 따지니 폭발했던 게 아닌가 싶다. 하지만 당시에는 나도 화가 나서 유치하게 반말로 반박했다.

"그게 지금 이거랑 무슨 상관인데?"

내가 하나하나 따지면서 대들자 선생님은 말문이 막혀 울기 시작했다. 그러더니 그 길로 원장님에게 달려가 고자질했다. 안 그래도 VIP 환자의 항의 전화로 원장님도 잔뜩 예민해진 상태였다.

원장님은 나를 부르더니 내 말은 듣지도 않고 선생님에게 사과하라고 했다. 나는 원장님이 자기 쪽 직원을 편든다고만 생각했다. 최 원장님은 나를 두둔해 주기는커녕, 진료실에서 나오지도 않았다. 울며 겨자 먹기로 사과했지만 어린 자존심에 억울했다. 잘못은 나보다 그 선생님이 더 큰 것 같은데…. 결국 나는 병원을 그만두겠다고 말했다. 원장님들이 붙잡았지만 이미 마음에 상처를 입은 채였다. 박 실장님 빈자리를 그렇게 열심히 채웠는데도 자기 쪽 직원 편만 드는 원장님이나, 그 요란한 사건 속에서 코빼기도 보이지 않던 최 원장님이 야속하게 느껴졌다. 더는 그 병원에서 일하고 싶지 않았다. 나는 처음으로 들어간 병원을 퇴사했다.

텃세 높은 병원에
입사하다

준비 없이 퇴사하는 바람에 쉬고 싶어도 쉴 수가 없었다. 바로 다른 병원에 취업해야 했고, 내가 눈여겨보았던 곳은 강남에 본점을 두고 막 전국에 지점을 내기 시작한 유명 네트워크 치과였다. 나는 그 네트워크 치과의 한 지점에 이력서를 넣었고 며칠 후 면접을 보게 되었다. 이 지점은 개원한 지 두 달밖에 되지 않았지만 워낙 유명해서 나 말고도 지원자가 많았다. 면접 대기자들을 보니 내가 부족하게 느껴져서 마음이 초조해졌다.

　면접은 그리 어렵지 않았다. 전에 다니던 병원에서 무슨 일을 했는지, 상담을 해보았는지, 보험청구에 대해 얼마나 아는지 등을 물었고 나는 묻는 말에 모두 대답했다. 면접이 끝나고 집으로 돌아와 간절한 마음으로 결과를 기다렸다. 그런데 다음 날 연락 준다던 병원에서 며칠이 지났는데도 감감무소식이었다. 궁금한 마음에 병원에 전화를 걸었는데 나와 다른 한 명을 두고 고민 중이라는 대답을 들었다. 이대론 안 되겠다 싶어서 병원의 채용 담당자를 찾아가 다짜고짜 이렇게 말했다.

　"저 꼭 여기에서 일하면서 네트워크 치과 시스템을 경험해 보고 싶습니다. 저 여기 아니면 갈 곳 없어요. 사람 한 명 구제하는 셈치고 뽑아 주세요. 후회 안 하실 겁니다."

　채용을 담당하던 경영이사님은 이때 이야기를 두고두고 농담 삼아 했다. 내 눈빛이 너무 절실해 보여서 뽑지 않을 수 없었다고.

나는 병원코디네이터로 새 병원에 출근했다. 병원에는 임플란트하는 대표 원장님 한 분, 일반 진료하는 원장님 한 분, 일주일에 한 번씩 와서 교정 진료하는 원장님 한 분, 이렇게 총 3명의 원장이 있었다. 막 개원한 병원치고 환자도 꽤 많았다. 네트워크 치과라 해도 중앙 병원의 컨설팅 업체가 2주에 한 번씩 교육을 진행하거나 모니터링하는 정도가 다였다. 즉, 중앙 병원의 매뉴얼이나 시스템을 공유하는 것이 아니라, 각 지점에서 자체적으로 시스템을 만들어야 했다. 병원이 위치한 지역도 다르고 환자층도 다르기 때문이다. 의료서비스는 사람이 하는 일이라, 모든 지점을 비슷한 느낌으로 설정할 수는 있어도 완전히 같을 수는 없다. 그때는 특히 병원에 온라인 마케팅이 도입되기 전이어서 오로지 지역 마케팅에 의존해야 했다.

나는 가장 먼저 데스크 업무부터 살폈다. 큰 병원임에도 보험청구는 전부 밀려 있고 차트에도 문제가 많았다. 나는 틈틈이 보험청구를 마무리 하고 차트도 바로 잡았다. 퇴근 후에는 야간학교에 다니고 평일 오프나 주말에도 세미나를 들었다. 전 병원에서 교육의 중요성을 느꼈기 때문이다. 점심값 아껴서 모은 얼마 안 되는 월급을 교육 비용으로 몽땅 썼다. 다행히 직원들도 그런 내 모습을 긍정적으로 보았다.

이때쯤 새로운 실장님이 왔다. 우리는 그분을 문 실장님이라고 불렀다. 문 실장님은 40대 중반으로 대표 원장님의 동창이었다. 문 실장님은 스무 살 어린 직원들과 잘 지내기 위해 많은 애를 썼다. 직접 만든 간식을 나눠 주고, 도시락 싸오는 직원들을 위해 점심 반찬도 만들어 주었다. 그렇지만 직원들은 문 실장님이 낙하산이라며 뒤에서 수군거렸다. 문 실장님 역시 변화하는 진료 트렌드를 따라가지 못했다.

이곳이 텃세가 센 병원이라는 건 면접 보기 전부터 익히 들어 알고 있었다. 나는 어떻게 하면 진료실 직원들과 친하게 지낼 수 있을지 고민했다. 업무는 열심히 할수록 성과가 보이지만, 직원들과 친하게 지내는 건 또 다른 문제이기 때문이다. 나는 음식을 만들어 나눠 주는 방식 대신 내 일을 잘하고 열심히 하는 모습을 보여서 인정받기로 했다.

내가 자신 있는 일 중 하나가 진료 흐름 관리인데, 예약이 꼬이지 않고 진료가 원활하도록 돕자 진료실 직원들이 점차 나를 인정하기 시작했다. 어떤 직원들은 점심시간에 따로 찾아와 나에게 어떻게 공부했는지 묻기도 하고, 퇴근 후 자신들의 모임에 초대하기도 했다. 큰 병원에는 전체 회식 말고도 친한 직원끼리 몰래 만나는 비공개 모임들이 있다. 그곳에서는 병원의 여러 뒷이야기뿐만 아니라 직원들의 속마음도 알 수 있다. 직원들은 문 실장님을 무능하다고 여겼으며, 문 실장님이 자신들의 실수를 윗선에 모두 일러바친다고 생각했다. 문 실장님은 시간이 갈수록 직원들과의 사이가 멀어졌다.

처음 겪는
병원 내 정치

어느 날부터인가 병원에 30대 초반의 컨설턴트가 드나들기 시작했다. 그가 속한 회사는 당시 몇 안 되는 병원 컨설팅 업체였다. 그는 병원 곳곳을 살피고 직원 면담과 교육을 진행했다. 얼마 후, 컨설턴트는 우리 병원의 가장 큰 문제가 문 실장님에게 있다고 주장했다. 그러고는 새로운 실장이 필요하다며, 직원들의 동의를 구했다.

그러나 병원에서 주의해야 하는 것 중 하나가 직원을 갑자기 교체하는 것이다. 환자들이 직원 바뀌는 걸 좋아하지 않기도 하고, 남은 직원들에게도 좋지 않은 영향을 줄 수 있다. 특히 작은 지역에 위치한 병원에서는 권고사직으로 퇴사한 직원으로 인한 평판까지 고려해야 하니, 아무리 작은 병원이라도 직원을 교체하는 일에는 전략이 필요하다.

컨설턴트의 전략은 자신이 아는 사람을 직원으로 데려와서 실장으로 승진시키는 것이었다. 이윽고 차 선생님이라는 분이 병원에 입사했다. 데스크에는 이미 문 실장님이 있고, 직원들과 친하게 지내는 내가 있는 상황이었다.

병원 내 정치가 시작되었다. 실장을 목표로 입사한 차 선생님은 직원들과 친해지고 원장님들과 이사님에게 능력을 인정받고자 했다. 직원들과 원장님들을 자기편으로 만들어 문 실장님을 내쫓고, 자신이 그 자리를 차지하려는 전략이었다. 차 선생님은 서류 작업이나 매뉴얼 작업에

능해 큰 점수를 얻었다. 컨설턴트까지 나서서 차 선생님의 능력을 어필했다. 컨설턴트는 매주 병원에 와서 직원들을 차례로 불러 면담했는데, 주로 차 선생님이 실장이 될 수 있도록 지지해 달라는 내용이었다. 컨설턴트와 차 선생님은 직원 중에서 특히 내가 잘 포섭되지 않자 원장님에게 가서 나를 험담하곤 했다.

컨설턴트와 나는 종종 부딪쳤다. 대표적으로 유니폼 사건이 있었다. 내 병원 유니폼을 새로 맞춰야 해서 나는 일하기 편한 바지를 입고 싶다고 건의했다. 원장님을 비롯한 다른 직원들도 내 의견에 동의했다. 그때 컨설턴트가 반대하며 나섰다. 나더러 치마 유니폼을 입고 병원 입구에 서서 환자가 올 때마다 고개 숙여 인사하라는 것이었다. 그 말에 마치 내가 환자 접대하는 사람처럼 느껴져 수치심이 들었다. 게다가 환자에게 서서 인사하는 것과 유니폼이 치마여야 하는 이유는 상관관계가 부족해 보였다. 단지 병원코디네이터는 무조건 치마를 입어야 한다는 주장뿐이었다. 이해되지 않았지만 어쩔 수 없이 나는 치마 유니폼을 입어야 했다.

컨설턴트에게 협박 아닌 협박을 들었던 적도 있다. 하루는 나를 빈방에 부르더니 대뜸 이렇게 말했다. "이 선생님은 죽어도 실장 못 되니 포기해요. 내가 안 시킬 테니까." 그는 내가 문 실장님 자리를 탐낸다고 생각했을까? 하지만 나는 실장 자리에 욕심이 없었다. 이미 1년 차 때 실장 역할을 해보기도 했고, 병원 실장보다 더 큰 꿈(아직 그게 뭔지는 몰라도)을 가지고 싶었기 때문이다. 그런데도 컨설턴트의 말에 반발심이 들어서 마음에도 없는 말을 내뱉었다. "괜찮아요. 여기에서 못하면 다른 병원 가서 실장 하면 되니까요." 컨설턴트는 내 말에 오히려 화를 벌컥 냈다. "다른 병원에서 실장 한다고? 만약 그런 일이 생기면 내가 쫓아가서 그 병원 원장 뜯어말릴 거야. 알겠어? 차 선생님 실장 되는 거 돕지 않으면, 두 번 다시 의료계에 발도 못 붙이게 만들 거라고." 그 말에 나는 눈물이 왈칵 쏟아질 것 같았다. 어쩔 수 없이 알겠다고 대답하면서도 내가 아무런 힘이 없구나, 하는 자괴감이 들었다. 대체 얼마나 대단하고 인맥 넓은 사람이면 나한테 의료계에 발도 못 붙이게 한다며 으름장 놓았을까 싶었다.

그 일이 있고 몇 주가 흘렀다. 컨설턴트는 CS 강사 자격증을 가진 사람을 내 위의 팀장으로 앉혔다. 내가 환자들에게 '앉아서' 인사한다는 이유였다. 한창 고객 만족과 친절을 외치던 시절이었다. 병원 근무가 처음인 팀장은 나에게 스튜어디스식 또는 호텔식 응대를 강요했다. 나는 병원에서의 그런 응대가 과하다 생각해서 내 식대로 환자를 대했다. 우리는 사사건건 부딪쳤다.

병원 일은 항상 바빴다. 원장님 3명에 야간진료까지 있는 병원인 데다 환자가 항상 붐벼서 정신이 없었다. 예약 관리뿐만 아니라 해피콜, 수납, 전화 응대, 보험청구 등 해야 할 일이 많아 맘 편히 점심 식사할 수도 없었다. 어쩌다 짜장면이라도 시키는 날, 쉴 새 없이 걸려오는 전화를 받은 뒤 먹으려 보면 퉁퉁 불어 있기 일쑤였다. 그런데도 CS 강사 자격증이 있다는 팀장은 병원 일이 처음이라며 데스크 업무를 일절 하지 않고 종일 대기실에서 환자에게 차 대접만 했다. 물론, 병원코디네이터는 환자에게 차 대접만 하는 사람이 아니다. 나는 그 큰 병원의 모든 서류 정리, 보험청구, 상담 및 예약 관리 등을 혼자 감당해야 했다. 과도한 업무와 그보다 더 힘겨운 병원 내 알력 다툼. 나는 가까스로 1년을 채우고 영혼까지 탈탈 털린 채로 두 번째 직장을 퇴사했다.

역할	역량
예약·접수	·데스크를 자주 비우지 않으며, 접수가 신속한가? ·전화 예약·상담 시 성의 있게 응대하는가? ·예약 환자 일정 관리 능력이 있는가?
환자응대	·환자를 친절하게 맞이·배웅하는가? ·환자에게 대기시간을 알려 주고 양해를 구하는가? ·환자의 컴플레인에 현명하게 대처하는가?
진료 지원 및 상담	·진료 흐름을 이해하는가? ·상담 시, 임상지식을 통해 환자에게 설명하는가? ·진료 전후 주의사항을 환자에게 꼼꼼히 설명하는가?
수납	·수납 시 환자에게 정확한 치료비를 말하고 설명하는가? ·일일결산보고서 작성과 통계 관리를 제대로 하는가?
환경 관리	·대기실을 항시 쾌적하고 정돈된 모습으로 유지하는가?

병원코디네이터의 역할 및 역량

당시 네트워크 병원들이 지점을 내고 확장하면서 병원 경영 조직이 출몰하던 시기였다. 특히 예치과를 중심으로 관련 세미나가 활발했다. 나는 퇴사하고도 주말마다 새벽 버스를 타고 의료경영 세미나를 들으러 다녔다. 세미나장에 가면 대부분 머리 희끗희끗한 원장들이 앉아 있기 마련이라 내가 세미나장에 들어가면 시선이 모두 나에게 향했다. 어려 보이는 여자애가 이런 곳에 들어오니 의아한 듯했다. 나는 아랑곳하지 않고 가장 앞자리에 앉아 열심히 세미나를 들었다.

그러던 어느 날, 한 세미나를 듣다가 전율을 느꼈다. 앞으로 의료 시장이 개방되면 의사들은 진료만 하고, 경영은 경영전문가들이 하면서 '의료경영컨설턴트'라는 직업이 주목받게 된다는 내용이었다. 순간 '이거다!' 하는 생각이 들면서 눈이 번쩍 뜨였다. 병원 실장보다 더 큰 꿈을 찾던 나에게 의료경영컨설턴트라는 직업은 너무도 매력적으로 다가왔다. 처음으로 나에게도 꿈이 생긴 순간이었다.

알고 보니, 새로 왔던 차 선생님과 컨설턴트는 서로 사귀는 사이였고 나중에 결혼까지 했다. 좀 더 시간이 지나서 두 사람을 다시 만난 적 있었다. 바로 내가 강의하는 강의실에서였다. 두 사람은 어색하게 나에게 인사했다. 그리고 시간이 더 지나서 차 선생님은 내가 총괄실장으로 있던 네트워크 병원에 실장으로 면접 보러 왔다.

두 번째 병원에서 정치에 밀려 퇴사하면서 한동안 많이 힘들었다. 아무런 힘도 없는 자신에 대한 자책이 들었고, 앞으로 병원 일을 계속할 수 있을까 하는 회의적인 생각도 들었다. 동시에 반드시 성공하겠다는 오기도 들었다. 그리고 우연처럼 내게도 새로운 꿈이 생겼다. 지금 와서는 꿈에 대한 열망뿐만 아니라, 그때 겪은 상처와 열등감도 내가 계속 성장할 수 있는 원동력이 되어 준 것이 아닐까 생각한다.

다시
수습 직원이 되다

나는 잘 정비된 병원 시스템을 경험해 보고 싶었다. 병원코디네이터 업무도 좀 더 체계적으로 배우고 싶었다. 그때 한 네트워크 치과에서 지점을 낸다는 공고를 보고 지원했고 면접을 거쳐 입사했다. 본점은 부산에 있었다. 나는 수습 3개월 동안 본점에서 병원 일을 배우기로 했다. 3달 후에는 내가 일할 지점 병원이 개원할 예정이었다.

본점은 해운대 앞에 있었다. 그 병원의 인테리어는 지금까지 내가 통상적으로 보아 온 병원 인테리어와 사뭇 달랐다. 대기실에는 멋진 그랜드 피아노가 자리 잡고 있었으며, 통유리 너머로는 바다가 펼쳐졌다. 병원코디네이터는 흔한 병원 유니폼이 아닌, 사복 스타일의 원피스를 유니폼으로 입었고 머리 스타일도 자유로웠다. 진료실 직원들도 깔끔하고 세련된 유니폼을 입고 있었다.

병원 시스템도 남달랐다. 대표 원장님은 의료서비스에 관심이 많은 분이었고 덕분에 환자응대 체계가 잘 정비되어 있었다. 원장님의 주 진료는 치아미백과 라미네이트였는데 젊은 여성 환자가 많았고, 원장님 인맥이 좋아서 연예인들도 종종 찾아왔다. 직원들은 원장님을 존경했고 병원에 대한 자부심이 대단했다.

나는 병원에서 마련해 준 숙소에서 숙식을 해결하며 월요일부터 토요일까지 출근했다. 야간진료가 일주일에 3번이었고 종일 눈코 뜰 새 없이 바빴다. 밤 10시까지 일하고 퇴근하는 날이면 완전히 녹초가 됐다. 그래도 배울 점이 많아서 즐거웠다. 비록 내가 경력자였지만 배우러 간 입장이었기 때문에 신입들과 함께 제일 먼저 출근해서 청소기 돌리고 물걸레질하고 책상을 닦는 등 환자 맞을 준비를 했다. 준비가 끝날 때쯤 본점 직원들이 출근하면 아침 회의 후 하루를 시작했다. 데스크에는 팀장을 비롯해 3명이 근무했고 의자는 2개밖에 없었다. 배우러 간 나와 다른 직원들은 종일 힐을 신고 서 있었다. 다리가 너무 아플 때면 화장실에 가서 잠시 앉아 있다 나오곤 했다.

그때 병원코디네이터 팀장인 유 실장님이라는 분이 있었다. 유 실장님은 원장님 지인으로 입사했고 병원 일은 여기가 처음이라고 했다. 처음에는 낙하산 딱지 때문에 힘들었지만 그만큼 직원들에게 인정받기 위해 많은 노력을 기울였다고 말했다. 그 결과, 유 실장님의 상담동의율은 90%를 넘었고 원장님과 직원들에게도 인정받게 되었다. 나를 비롯한 직원 교육도 유 실장님이 맡았다.

"이 선생님, 잠깐만."

본점에 출근하며 일을 배운 지 한 달 정도 되었을 무렵, 유 실장님이 나를 조용히 불렀다. 한 달간 지켜보니 수습 직원 3명 중 내가 가장 열심이라 일을 가르쳐 주고 싶은 마음이 들었다는 것이다. "앞으로 내가 상담할 때 같이 들어와요. 상담 내용 받아 적는 척하면서 관찰하고 공부해 보세요. 많은 도움이 될 거예요." 병원에 근무하는 사람들은 잘 알 테지만 상담실장이 자기 상담을 후배에게 보여 주는 일은 거의 없다. 상담에 자신 없을 수도 있고, 자신만의 노하우를 알려 주고 싶지도 않으니까. 나는 유 실장님의 배려가 너무나 고마웠다. 덕분에 본점에서 상담동의율이 가장 높은 유 실장님의 상담을 보고 들으며 배울 수 있었다.

상담에 어느 정도 감이 오자, 나는 본점의 모든 임상사진을 분석하기 시작했다. 진단과 치료 계획은 원장님의 몫이지만, 어떤 사례가 어떻게 개선될 수 있는지는 많이 봐야 보는 눈이 생긴다. 하루에 10시간 넘게 모니터 앞에 앉아 임상사진을 분석하자 2주가 지나니 점차 사진이 눈에 익기 시작했다.

다음으로 간 곳은 치아미백실이었다. 다른 병원에는 치아미백기가 보통 1대고 환자도 간혹 있을 뿐이지만, 이곳은 치아미백기 5대가 모두 쉼 없이 돌아갔다. 나는 그곳에서 치아미백 시술 장면을 자세히 관찰했다. 진료실 직원들이 환자에게 하는 멘트를 받아 적고 치아미백 사례도 공부했다. 상담하기 위해서는 진료 과정을 알아야 하며, 예후도 어느 정도 예상할 수 있어야 하기 때문이다.

이전 병원에서는 상담으로 인한 스트레스가 적었는데, 여기는 직원별 상담동의율을 매일 점검했다. 나는 수습 직원이기에 실적으로 압박을 받지는 않았지만 평가는 했다. 그래서 당시 내 관심은 온통 상담동의율에 가 있었고 상담 실력을 높이고자 여러 노력을 기울였다. 예를 들어 진료 과목 특성상 트렌드가 중요하겠다는 생각에 여성 패션지 몇 개를 구독했다. 전체적인 얼굴 이미지를 보기 위해 관련 책들을 읽고, 협상과 설득 능력 향상을 위한 세미나에도 참석했다. 또한 심리학이나 행동유형 분석을 공부하면서 배운 내용은 상담 때 활용했다. 예를 들어 대조 효과*를 상담에 활용하기 위해 큰 비용의 치료 먼저 권하고 작은 비용의 치료는

---

* 비싼 물건에 먼저 노출되면 그보다 덜 비싼 물건은 원래보다 훨씬 저렴하게 인식되는 효과.

나중에 이야기했다. 또 상담이 끝나면 치료계획서를 만들어 환자의 사인을 받았다. 사인한 치료계획서는 당사자에게 주었다. 그러자 자신이 조금이라도 개입(사인)한 일에는 책임지려는 심리 때문에 취소율이 낮아졌다. 상담 시 손실에 대한 개념을 언급하기도 했다. 사람들은 이익보다 손실을 더 크게 생각하기 때문이다. 시각화를 이용하면 동의율이 30% 더 올라가기 때문에 환자 개개인과 비슷한 사례를 사진으로 보여 주며 상담했다. 신체언어를 읽는 훈련을 하기 위해 6개월 동안 음소거로 TV 드라마를 보면서 인물의 표정과 행동만으로 대화를 유추하기도 했다.

이러한 노력 덕분에 상담 능력이 점차 향상되어 상담동의율이 80% 밑으로 내려가지 않게 되었고, 병원에서도 실력을 인정받았다.

개원 병원에서
일하다

3개월 동안 본점에서의 훈련을 마친 후, 마침내 지점 병원에 정식으로 출근했다. 개원 병원이 특히 힘든 이유는 청소도 청소지만, 작은 기구부터 고가의 장비까지 모든 걸 하나하나 세팅해야 하기 때문이다. 새로 출근한 병원도 개원까지 얼마 남지 않은 상태라 막바지 인테리어 공사가 한창이었다. 나는 직원들과 함께 온갖 박스와 쓰레기를 치웠다. 청소가 끝나면 환자 동선 정리, 장비 및 기구 구매, 사무용품과 가구 배치 등을 했다. 병원에서 일하려면 때론 궂은일도 도맡아 해야 한다. 여자라도 전구를 갈아야 하고, 에어컨 필터를 뽑아 청소해야 하고, 무거운 짐도 번쩍번쩍 들어 옮겨야 한다. 고장 난 기계를 손수 고쳐야 하는 날도 있다.

나는 그 후로도 개원 병원에서 여러 번 일했는데, 그러다 보니 병원마다 원장 성향도 다 다르다는 것을 알았다. 어떤 원장은 본인이 더 열심히 청소하고 무거운 짐도 곧잘 나른다. 반면 손 하나 까닥하지 않는 원장도 있다. 이런 작은 모습으로도 그 병원의 앞날이 어느 정도 예상되곤 한다.

지점 병원에는 본점과 마찬가지로 대기실에 그랜드 피아노가 있었다. 나는 아침마다 가장 먼저 출근해서 대기실 청소와 데스크 정리를 하고 컴퓨터를 켰다. 그리고 병원 환기를 시키면서 피아노를 치고 있으면 다른 직원들이 하나둘 출근했다.

화장실은 파우더룸과 함께 건물 내부에 있었다. 인테리어가 모두 유리로 되어 있어서 세련돼 보였으나, 환자가 한 번 왔다 가면 온 사방이 손자국 천지가 되는 단점도 있었다. 화장실 접점도 중요하므로 나는 수시로 위생을 점검했다. 수건과 유리세정제를 갖추고 환자가 다녀갈 때마다 들어가 쓸고 닦았다. 퇴근 시간에는 직접 변기를 청소했다. 처음에는 그런 내 모습을 쳐다만 보던 직원들도 하나둘 동참하기 시작했다.

상담 차트는 따로 빼서 '성공, 실패, 보류'로 분류했다. '실패'는 이유를 분석하고 '보류'는 2주에 한 번씩 전화를 돌렸다. 직원들과 업무매뉴얼을 만들고 계속 수정하며 병원의 체계를 잡기 위해 노력했다.

환자는 점점 늘었고 병원도 자리를 잡아 갔다. 문제는 이런 나의 모습이 튀었는지, 나를 좋아하지 않는 직원들이 몇 있었다는 점이다. 당시 병원에서는 진료 흐름이 원활하도록 전 직원이 무전기를 사용했는데, 하루는 직원 중 한 명이 원장님과 전 직원이 다 듣는 무전기에 대고 나에게 이렇게 말했다. "이 선생님, 선생님 담당 환자가 컴플레인 걸었어요. 해결하세요." 알고 보니 발치 환자가 드레싱 받으러 와서 이를 뽑은 자리가 아직 아프다고 가볍게 한 말을 일부러 그렇게 전한 것이었다. 순간 기분이 좀 상했지만 한편으로는 어린 직원이 귀엽게 느껴졌다. 그래서 밥도 사 주고 술도 함께 마시며 친해졌다. 직원 대부분이 신입이었고 나는 경력자였기 때문에 직원들은 점차 나를 의지했다.

나는 후에 여러 개원 병원에서 일하거나 컨설팅을 진행했는데, 이때의 경험이 나에게 큰 자산이 되었다.

시골 병원에서의 경험과
슬럼프

개원 병원이 안정될 때쯤, 나는 다시 새 병원에 들어갔다. 병원의 다양한 시스템에 항상 목말라 있고, 서울은 아니어도 주로 도시 병원에서만 일했던 나는 새로운 병원에서 새로운 시스템을 경험하고 싶었다.

병원은 작은 지역사회에서 자리를 잘 잡은 곳이었다. 원장은 총 3명이었고 주로 보철과 임플란트 위주로 수술했다. 병원이 위치한 지역은 개발이 막 시작된 곳으로 주변에 있는 아파트 몇 곳을 제외하면 전부 논밭이었다. 조금만 가면 기차역이 있는데, 그곳이 시내였다. 그런데 저녁 9시면 가게 문이 다 닫혔고 그 흔한 프랜차이즈 카페 하나 없었다. 도시에서만 살다가 막상 시골 병원에 가니 낯선 점이 한둘이 아니었다.

도시 병원에는 환자들이 주로 도넛, 아이스크림, 케이크 등을 선물로 사 왔는데 이곳의 환자들은 찐빵, 달래, 냉이, 찐 옥수수, 삶은 감자 등을 가져왔다. 그제야 도시와 시골 병원의 차이를 실감할 수 있었다. 확실히 작은 동네라 소문이 금세 퍼졌고, 동네 주민이 결혼하면 원장님도 결혼식에 참석해야 했다. 나이 많은 어르신 환자가 많았고 그들은 새벽부터 와서 병원 문 열기를 기다렸다. 특이한 점은 맞아서 오는 외상 환자가 많다는 것이다. 자동차보험 및 산재보험 처리 환자가 많아서 관련 서류 처리하는 법을 이 병원에서 배웠다.

병원에는 역시나 환자가 많았다. 도시에서는 비가 오거나 날씨가 궂으면 환자들이 약속을 줄줄이 취소하는데, 시골에서는 비가 오면 농사를 짓지 못해서 오히려 환자가 미어터졌다. 때때로 도떼기시장 같은 분위기가 연출됐다. 이전에 근무하던 병원의 하루 내원 환자가 30명이라고 하면 이곳은 150명이 넘었다. 전과 같은 방식의 성의 있는 응대는 꿈도 꿀 수 없었다. 환자가 오고 가는 것 확인, 예약, 수술 확인 전화, 해피콜만으로도 벅찼다.

진료시간에는 밀려오는 환자를 처리하기 바빴고, 그 외 시간에도 해야 할 일이 있었다. 대표 원장님은 병원 시스템 구축에 열의가 높은 분이었다. 평일 아침저녁으로 직원 교육이 있었고 때론 주말에도 교육을 받으러 병원에 나왔다. 그러던 어느 날 지시가 떨어졌다. 매뉴얼 작업을 하자는 것이었다.

병원에서는 직원들의 업무 효율성을 높이고 환자 편의를 증대하기 위해 매뉴얼 작업을 한다. 진료매뉴얼, 환자응대 및 관리 매뉴얼, 사진매뉴얼 등 종류도 많고 업무 전반에 대해 꿰고 있어야 작업이 가능해서 직원들이 어려워하는 일 중 하나다. 결국 경험이 있는 내가 매뉴얼 작업을 맡게 되었다. 환자응대 매뉴얼뿐만 아니라 차트를 뒤져서 소개환자 목록을 만들고, 보험청구 교육도 진행했다. 다행히 동료 직원들이 잘 따라왔다. 하지만 환자가 많아 근무시간에는 도저히 할 수 없어서 직원들과 매일같이 야근했다. 몸은 고되었지만 오늘은 어떤 야식을 시킬지 함께 고민하는 시간이 즐거웠고, 고생해서 만든 결과물을 보고 기뻐하는 원장님을 보면 뿌듯했다. 그런 재미에 바쁘게 일했고 나는 점차 병원에서 인정받았다. 몇 달이 지나자 나는 병원의 중요한 경영회의에 들어가게 되었다.

회의에 들어가기 전, 차 실장님이 나를 조용히 불렀다. 차 실장님은 잘못된 점이 있으면 참지 못하고 꼬박꼬박 지적하는 내 성격을 알고 있었다. "이 선생, 회의 때 평소처럼 하고 싶은 말 다 해선 안 돼요. 알겠어요? 말없이 조용히 있는 게 가장 좋고, 만약 내가 이렇게 하면 입 다물도록 해." 그러더니 내 발을 꾹 밟았다.

경영회의가 시작되었다. 내가 말을 꺼내려 하자 차 실장님이 정말 내 발을 밟았다. 테이블 아래에서 이뤄진 일이라 다른 사람들은 눈치채지 못했다. 나는 슬쩍 발을 빼고 내 할 말을 했다. 경영회의가 끝나고 나는 업무를 하기 위해 데스크로 돌아갔다. 그때였다. "너 제정신이야?!" 차 실장님이 나에게 버럭 소리를 지른 것이다. 대기실에는 환자 열댓 명이 앉아 있었다. 이후, 차 실장님은 내가 인사해도 받지 않고 사사건건 시비를 걸었다. 나 역시 지고는 못 사는 성격이라 신경전을 벌이느라 출근하는 하루하루가 스트레스였다.

차 실장님은 평소에도 대기실에서 직원들 머리를 '바리깡'으로 다 밀어 버리겠다는 둥 폭언을 일삼았다. 직원은 그런 식으로 잡아야 한다고 생각하는 사람이었는데 내 생각은 달랐다. 차 실장님은 출근시간도 일정하지 않았고, 원장님 없는 날이면 나가서 놀다가 늦게 들어오곤 했다. 차 실장님의 처세가 너무 모범이 되지 않아 직원들 불만도 컸다. 원장님이 다 알면서도 묵인하는 이유는 차 실장님이 상담을 잘한다고 알려졌기 때문이었다. 차 실장님은 자신의 상담 방식을 '카리스마'라고 했지만 내가 볼 때는 그저 강압적일 뿐이었다. 환자들도 불만이 많았다. 상담 때 수술 예약을 잡은 환자가 집에 돌아가 전화로 취소하거나, 취소하지는 않아도 상담 때문에 기분이 너무 나쁘다는 말을 전화로 하곤 했다. 그런 전화를 계속 받다 보니 차 실장님의 상담 실력에 의심이 갔다. 그래서 이전 병원에서 했듯이 차 실장님의 상담동의율을 조사해 보았다. 역시나, 취소율이 높아 실제 동의율은 간신히 반을 넘을 뿐이었다.

그러던 중, 한 병원 컨설팅 회사에서 연구원을 모집한다는 공고를 냈다. 일주일 중 하루는 다른 연구원들과 공부하고 프로젝트에도 참여할수 있는 좋은 기회였다. 나는 당장 지원하고 싶었지만 그 하루가 평일이어서 병원의 허락을 받아야 했다. 차 실장님은 당연히 반대했다. 나의 편의를 봐주면 다른 직원들과의 형평성에 어긋난다는 것이었다. 다행히 대표 원장님이 일주일 중 하루는 오전 근무만 하고 가도록 허락해 주었다. 차 실장님 몰래 차비하라고 10만 원씩 챙겨 주기도 했다. 원장님의 지원속에 나는 의료경영컨설턴트의 꿈을 키워 나갈 수 있었다.

주말에는 의료경영 MBA 스터디에 참여했다. 헬스케어 산업 교재와저널을 읽으며 발표와 토론을 했는데, 그때 공부했던 내용은 국내 의료경영대학원에서 흔히 다루는 내용이 아니었다. 따라서 교재 대부분이 원서였고 나는 공부와 번역을 병행해야 했다. 예를 들어 CAM은 comple-mentary and alternative medicine의 약자로, '보완대체의학'이라는의미다. 그런데 용어를 한국어로 번역해도 그게 뭔지 몰라서 다시 공부해야 했다. 이렇게 1년을 힘들게 공부하자 내 지식과 이해도가 놀랍도록성장했다. 멀리까지 공부하러 다니는 수고로움은 문제되지 않았다. 지금도 듣고 싶은 세미나가 있으면 새벽부터 일어나 부산, 대구도 마다치 않고 달려간다.

이렇게 열과 성을 다했음에도 불구하고 나에게 정체기가 찾아왔다. 시골 병원에서의 생활에 적응하지 못한 점도 있지만, 3~4년 차에 온다는슬럼프가 나에게도 어김없이 찾아온 것이다. 원장님들이 나를 인정할수

새내기 코디네이터의
병원 적응기

록 차 실장님의 견제도 심해졌다. 무엇보다 전과 달리 공부하면 할수록 현실이 너무 답답했다. 나는 제대로 된 환자응대를 배우기 위해 많은 시간과 돈을 투자했는데, 이 병원은 너무 바쁘다 보니 성의 있는 응대가 어려웠다. 환자와 얼굴 보며 대화할 시간조차 부족해서 내가 배우고 경험한 것들을 내 식대로 활용해 볼 수 없었다. 한마디로 배우는 건 많지만 스스로 발전하고 있다는 생각이 들지 않았다. 나는 병원코디네이터가 되기 전에 했던 고민으로 되돌아갔다. 적성에 대한 고민이었다.

행동유형DISC을 공부하며 자신을 분석하니, 나는 사교성, 친화력이 부족하고 반대로 추진력, 분석력이 높다는 결과가 나왔다. 지금 내가 하는 병원 일은 사람을 대하는 일이었다. '이제 나는 뭘 해야 하지? 병원을 그만두어야 하나?' 나는 행동유형 분석 강의를 하는 교수님께 상담을 요청했다. 상담 때 나는 진지하게 고민을 털어놓았다. 지금 하는 일이 사람을 상대하는 서비스업 계통인데, 사교성이 너무 낮게 나와서 직업을 바꾸어야 할 것 같다고 말이다. 나는 당연히 교수님이 내 의견에 동의할 거라고 생각했는데 그렇지 않았다. 오히려 괜찮다고, 행동은 환경에 따라 바뀔수 있어서 중요한 건 균형이며, 낮은 점수가 나온 행동유형은 앞으로 개발하면 된다고 조언해 주었다.

그날 이후로 나는 친화력과 사교성을 높이기 위해 부단히 노력했다. 나중에 총괄실장이 되어서는 직원 관리 때문에 그 부분이 특히 더 중요했다. 지금은 신기하게도 주변 사람들 모두 나더러 친화력 갑, 사교성 갑이라고 한다. 나의 본래 성향이라기보다는 사회생활하면서 만들어진 사회적 성향이다. 사람을 상대하는 직업에 오래 몸담다 보니 그런 매너가 몸에 밴 것이다. 지금은 상대를 배려하면서 편안하게 대화를 이끌어 나가는 능력이 나의 큰 강점이자 자산이 되었다.

병원코디네이터가 되고 싶거나 이미 병원코디네이터로 일하면서 환자 응대와 상담을 어렵게 느끼는 이들이 많다. 나 역시 이 문제로 오랫동안 진지하게 고민했기에, 누구라도 노력하면 얼마든지 능력을 개발할 수 있고 잘할 수 있다고 말해 주고 싶다.

행동유형 분석을 통해 나의 동기부여 요소는 '도전'과 '성취'라는 것도 알게 되었다. 나의 성향을 알고 나니, 노력도 하지 않고 자기보다 실력 있는 부하 직원을 견제하는 실장이 있는 시골 병원에서는 내가 무언가를 더 시도하거나 성취하는 것이 어렵다는 판단이 들었다. 그런 생각을 할 때쯤, 마침 전에 일했던 병원에서 스카우트 제의를 해왔다. 나는 망설임 없이 병원을 옮겼고, 그곳에서 내 기량을 마음껏 펼치고 많은 성과를 내면서 슬럼프를 극복할 수 있었다.

마인드와 가치관이
중요한 이유

병원에 입사하고 연차가 낮을 때는 접수 및 수납, 보험청구, 일일결산보고 등의 업무능력이 중요하지만, 연차가 오를수록 요구되는 능력이 달라진다. 환자, 즉 사람을 이해하는 능력이 중요해지는 것이다. 그 단계까지가려면 많은 공부와 자기 수양이 필요하다. 나는 특히 기본 마인드와 가치관이 병원 직원에게 중요하다고 생각한다.

얼마 전 친한 실장님이 찾아와 하소연했다. 직원들이 친절하지 않다며 원장님이 서비스 교육을 하는데, 멘트 하나까지 매뉴얼로 정리해도 친절 문제가 해결되지 않는다는 것이다. 예를 들어 해피콜을 할 때는 수술하고 간 환자 상태가 어떤지 정말 걱정되는 마음으로 전화해야 하는데, 직원 대부분은 병원에서 시키니까 하는 시늉만 한다는 것이다. 그래서 환자가 전화를 받지 않으면 차트에 '전화 안 받음'이라고 적고 끝이라고. 아무리 친절교육을 해봤자 소용없는데 원장님만 모른다고, 마인드라는 것은 교육이나 매뉴얼로는 해결될 수 없는 부분인 것 같다고 말했다.

나 역시 비슷한 생각을 했었다. 막 개원한 병원에서 일했을 때였다. 그곳 원장님의 가장 큰 고민은 직원들이 환자를 기억하지 못한다는 것이었다. 직원들은 구환(기존 환자)에게 매번 신환(처음 오는 환자)처럼 이름을 물었고 형식적으로 응대했다. 원장님이 직원들에게 수정을 요청하면 직원들은 "환자가 많아서 일일이 기억할 수 없다"며 핑계를 댔다. 고민하다 못한 원장님이 나에게 '얼굴인식 시스템'을 들여올 수 있는지 알아봐 달라고 하셨다. 하지만 그 당시 얼굴인식 시스템은 비용이 한두 푼이 아니었고 활용도가 낮았다. 무엇보다 이 문제는 기기를 들여온다고 해결되는 부분이 아니었다.

나도 하루에 환자가 150명에서 200명까지 오는 병원에서 일한 적 있다. 분주하고 정신없는 와중에도 환자 얼굴과 이름을 최대한으로 기억하려 노력했다. 정말 기억하기 어려우면 환자의 외모적인 특징이나 인상착의라도 차트에 적었다. 무엇보다 환자를 기억하는 가장 좋은 방법은 친밀한 관계를 맺는 것이다. 아무런 유대 관계가 없으면 환자를 기억하기 어렵지만, 환자와 한 마디 대화라도 나누고 관계 맺기 노력을 하면 한결 기억하기 수월해진다. 신기하게도 이런 노력을 하니 환자들도 나를 기억해 줬다. 이렇게 환자와의 관계가 형성되면 병원에서는 굳이 얼굴인식 시스템과 같은 비싼 기기를 들일 필요가 없어진다.

만약 병원에 일은 잘하는데 불친절한 직원이 있다면, 그 직원의 가치관을 살펴보는 것도 도움이 된다. 함께 일했던 정 선생님은 일에 열성적이고 센스도 있었다. 그런데 이상하게 환자응대가 형편없었다. 환자 말을 도중에 자르는 건 물론, 말투는 어딘가 쌀쌀맞았으며 환자에게 인사도 하지 않다. 한 번은 정 선생님의 환자응대에 화가 난 적도 있었다. 80대 노부부가 예약보다 30분 일찍 내원했을 때였다. 힘든 몸을 이끌고 병원에 막 들어서는데, 정 선생님이 거기에 대고 "아직 예약시간 아니니 기다리세요" 하고 쌀쌀맞게 툭 던지곤 고개 숙여 자기 할 일만 했다. 결국 내가 나서서 자리를 안내하고 따뜻한 차를 드리며 오느라 고생하셨다, 조금만 기다리시면 곧 진료실로 안내해 드리겠다고 말해야 했다. 정 선생님의 무신경한 모습을 여러 번 목격하면서 나는 아무래도 그분에게 데스크 업무가 맞지 않는 것 같다는 생각을 했는데, 어느 날 우연히 그 이유를 알 수 있었다. 병원 인사평가제도를 만들면서 직원들이 자신의 업무 중요도를 평가하도록 했을 때였다. 정 선생님은 환자응대 업무에는 모두 낮은 중요도를, 그 밖의 사무 관련 업무에만 높은 중요도를 매겼다. 즉, 정 선생님이 생각하는 병원코디네이터의 업무란 '사무직'이었던 것이다. 그러니 아무리 친절교육을 해도 환자를 배려하는 응대가 나올 수 없었다.

이 일을 계기로 서비스 교육도 중요하지만 기본적인 마인드나 가치관이 형성되어 있지 않으면 밑 빠진 독에 물 붓기가 될 수 있다는 걸 깨달았다. 그 이후로 환자와의 친밀한 관계 형성을 중요하게 생각하는 병원에서 일할 때는 반드시 직원들의 가치관이나 각자 생각하는 업무 중요도를 파악했다. 그리고 나 자신도 형식적이지 않은, 진심을 담은 환자응대를 하기 위해 늘 깨어 있으려 노력했다.

병원 직원의 기본,
센스와 유연성

임플란트 수술이 있는 날이었다. 예상 수술 시간은 2시간 남짓. 그런데 생각보다 길어져서 오전 9시 반에 시작한 수술이 오후 1시를 넘어서 간신히 끝났다. 환자는 50대 여성분이었는데 너무 힘들었는지 대기실 소파에 앉아서 눈물을 흘렸다. 누가 보아도 공감과 위로가 필요한 순간이었다. 그때 데스크에 있던 한 선생님이 환자에게 말을 걸었다. 매우 친절하게 웃으며 경쾌한 목소리로 "어머~ 수술 끝나셨네요. 잠시만 기다리시면 처방전 드릴게요"라고. 옆에서 지켜보던 나는 당황해서 급히 환자 손을 잡으며 수습했다. "○○○ 님, 수술이 예상보다 길어져서 힘드셨지요? 원장님께서 실제로 보니 엑스레이상에서 보신 것보다 뼈가 없으셔서 더 이식해 드리느라 시간이 오래 걸리셨대요. 시간이 걸리더라도 뼈를 충분히 이식해야 나중에 뒤탈도 없고 임플란트를 오래오래 잘 사용하실 수 있어요."

또 다른 사례도 있다. 지금이야 수가가 많이 내려갔지만, 임플란트 시장이 한창 성장할 당시에는 전악 임플란트 비용이 2000~3000만 원이었고, 이런 분들은 치과에서 그야말로 VVIP 환자였다. 한 전악 임플란트 환자의 임플란트 보철을 장착하는 날이었다. 보통 본뜬 것을 치과기공소에 보내 제작하는데, 간혹 본을 잘못 뜨거나 제작이 잘못되어서 환자 구강과 잘 맞지 않는 경우가 발생한다. 이런 경우를 '리메이크'라고 하며, 본을 처음부터 다시 떠야 한다. 물론 제일 힘든 사람은 본을 두 번 떠야 하는 환자다. 그런데 하필 VVIP 환자의 본을 다시 떠야 하는 일이 발생했다. 이런 경우 병원에 대한 환자의 신뢰가 떨어질 수 있어서 응대에 특히 신경 써야 한다. 그 환자가 좀 까다로운 분이라 나는 매우 조심스럽게 말했다. "○○○ 님, 정말 죄송한데 원장님께서 이를 구강에 맞춰보니 지금도 좋지만 더 잘해 드리고 싶다고 하시네요. 더 좋은 이를 넣어 드리고 싶어서 본을 다시 한 번 뜨고 싶은데 괜찮으세요?" 그러자 환자는 웃으면서 "암~ 더 좋게 해준다는데 다시 뜨지 뭐. 나 시간 되니까 잘 떠줘요, 실장님"이라고 말해 주었다. 안심하고 원장님께 이를 전해 드리는 사이에 일이 벌어졌다. 진료실 선생님이 환자에게 "○○○ 님, 이가 잘못 만들어져서 본 다시 뜨셔야 해요"라고 말하고 있는 게 아닌가! 순간 몹시 당황한 나는 다시 환자에게 가서 상황을 수습해야 했다.

'아' 다르고 '어' 다르다고, 전달하는 방법에 따라 우리 병원에 대한 신뢰를 얻을 수도 있고 무너뜨릴 수도 있다. 환자에게 솔직히 이야기하고 양해를 구해서 진행하는 게 좋을 때도 있고, 상황에 따라 센스를 발휘해야 하는 순간도 있는 것이다.

우선순위를 몰라 발생했던 일도 있었다. 병원에 점심시간이 시작될 무렵이었는데, 한 초등학생이 빠진 이를 우유에 담아 담임선생님과 함께 왔다. 이가 빠지면 최대한 빨리 봐주어야 한다. 그런데 직원 한 명이 아이의 담임선생님에게 지금 점심시간이 시작되었으니 다른 병원 가거나 한 시간 기다리라고 말했다. 그 모습을 지켜본 원장님이 바로 환자를 불러 진료를 봐줬다. 그리고 그 직원은 진료가 끝나고 원장님에게 크게 혼이 났다. 아무리 점심시간이 시작되었어도 응급환자가 있다면 봐줘야 한다는 것이었다.

우리의 예상 범위 안에서 늘 똑같이 행동하는 환자들만 병원에 내원한다면 기존 매뉴얼대로 응대하더라도 아무런 문제가 없을 것이다. 하지만 병원은 물건을 찍어 내는 공장이 아니어서 응급상황과 돌발상황이 종종 발생한다. 우리는 이런 상황에서 유연하게 대처하는 직원을 '센스 있다'고 말한다. 그리고 병원에서는 예측하지 못한 상황이 발생하더라도, 당황하지 않고 유연하게 대처할 수 있는 '센스 있는' 직원을 원한다.

업무 센스를 기르자

내가 생각하는 '센스가 좋다'는 건 업무를 잘한다는 의미뿐만 아니라 눈치가 빠르고 유연성이 있다는 뜻이다. 미즈노 마나부의 《센스의 재발견》에서는 '센스'란 타고난 것이 아니라 '길러지는 것'이며, 우리가 센스를 기르기 위해서는 우선 '평범함'을 알아야 한다고 주장한다. 평범함이 무엇인지 알아야 평범함보다 부족한 것, 평범함보다 조금 나은 것, 평범함보다 훨씬 뛰어난 것을 알 수 있기 때문이다. 결국 병원에서 센스가 좋은 직원이 되려면 내가 하는 업무의 기본이 무엇인지 알고, 그것보다 더 낫거나 뛰어난 것이 무엇인지 알아야 한다. 이를 위해서는 ① 업무와 관련된 지식과 경험 쌓기 ② 주변의 일 잘하는 사람 관찰하기 ③ 상황별 대처법을 고민하고 적용하기 등이 필요하다.

병원에서 일하면서
행복했던 순간

누군가 나에게 병원에서 일하면서 언제 행복했느냐고 묻는다면 '관계에서 오는 기쁨을 느꼈을 때'라고 대답할 것 같다. 상사와의 관계, 직원과의 관계, 환자와의 관계, 그리고 나 자신과의 관계….

병원 직원들은 아침부터 저녁까지, 심지어 야간진료가 있는 날에는 밤까지 병원에서 시간을 보낸다. 따라서 상사와 동료들과의 관계는 병원 생활 만족도에 큰 부분을 차지한다. 나도 원장님이나 직원들과 사이가 좋을 때는 출근하는 발걸음이 가볍고, 뭔가 트러블이 있으면 마음이 무겁고 표정도 어두웠다.

메디컬커리어연구소에서는 2014년부터 2017년까지 교육생들을 대상으로 '병원에서 일하는 우리는 언제 행복을 느낄까?'라는 질문 주고 그 답변을 정리했다. 주로 나온 답변은 다음과 같다.

— 환자의 치료 만족도 및 경과가 좋을 때
— 함께 일하는 직원들과 사이가 좋고 동료들에게 본보기가 되었을 때
— 성과를 내서 능력을 인정받을 때
— 일을 통해 성장한다는 느낌이 들 때
— 내가 하는 업무가 환자에게 도움이 되었을 때

나도 이 답변에 전적으로 공감한다. 무엇보다 시술 및 수술을 통해 환자의 외형뿐만 아니라 내면에도 치유가 이뤄지는 모습을 지켜볼 때 행복했다.

한 성형외과에서 근무했을 때였다. 한 여대생이 심한 부정교합과 비대칭으로 병원을 찾았다. 여대생은 외모에 대한 강박 때문에 친구들과 어울리지 못하고 점점 폐쇄적인 성격이 되었다. 결국 주변에서 위험하다고 말리는데도 불구하고 큰맘 먹고 양악 수술을 결심했고, 대학병원부터 유명 병원 여러 곳에서 상담을 받던 중 우리 병원까지 오게 되었다. 여대생은 나와 상담하는 동안 눈도 잘 마주치지 못하고 안색이 내내 어두웠다. 나는 어린 여대생이 진심으로 잘 되길 바라는 마음으로 성의껏 상담을 진행했다. 함께 상담받은 여대생 어머니가 나에게 신뢰가 간다고 했고, 마침내 여대생은 우리 병원에서 수술하게 되었다. 수술 후 여대생은 몰라보게 예뻐졌다. 그 후 남자친구도 사귀고 성격도 많이 밝아졌다며, 감사의 뜻으로 병원에 찾아왔다. 눈을 마주치고 환하게 웃는 모습에 나의 마음도 뭉클해졌다.

또한 앞니가 벌어지거나 치아가 예쁘지 않은 환자들은 잘 웃지 않고, 웃거나 말할 때 손으로 입을 가리곤 한다. 이런 환자들이 치아교정이나 라미네이트 치료를 받고 나서 당당하게 웃는 모습을 보는 것 또한 보람이다.

병원에서 이뤄지는 여러 관계뿐만 아니라, 나 자신과의 관계도 중요하다. 나 자신과의 관계는 내 업무를 바라보는 관점에서 시작된다. 다람쥐 쳇바퀴 돌 듯, 병원에서 같은 업무만 하다 보면 타성에 빠질 수 있다. 내 업무의 이유와 의미를 잊게 되는 것이다. 하지만 우리가 환자를 대하는 어느 한 접점은 전체 의료서비스의 완성을 위해 매우 중요한 부분이다. 마치 퍼즐의 한 조각과도 같아서 그 조각이 맞춰지지 않으면 완성된 의료서비스를 환자에게 제공할 수 없다.

몇 년 전, 한 TV 프로그램에서 에드워드 권 셰프가 했던 말이 기억에 남는다. "배우가 연기를 통해 감동을 전하듯이, 셰프는 음식을 통해 대중과 소통합니다." 셰프가 음식을 통해 소통하듯이, 병원에서 일하는 우리는 의료서비스를 통해 환자와 소통하고 관계를 맺는다. 환자, 즉 사람을 돕는 것. 그게 바로 우리가 병원에 있는 이유라고 생각한다.

다시 한 번 나에게 병원에서 일할 때 언제 행복했냐고 묻는다면, 나는 환자 및 직원들과의 원만한 관계, 병원 직원인 내 존재의 인정, 그리고 일에서 '의미'를 발견하는 작은 순간순간이었다고 말하고 싶다.

반복되는 업무에 지치거나, 자신이 작은 부품에 불과하다고 여기는 병원 직원들을 볼 때면 나는 이렇게 묻고 싶어진다.

병원에서 일하면서 행복했던 순간을 기억하나요?

질문: 내성적인 성격이라 환자응대를 할 수 있을지 걱정입니다.

답변: 저 또한 내성적인 성격이어서 이 직업이 과연 나의 적성에 적합한지 많은 고민을 했습니다. 하지만 제 경험으로 비추어 볼 때, 환자응대와 상담 역량은 체계적으로 공부하고 노력하면 얼마든지 발전시킬 수 있답니다. 게다가 내성적인 성격이 오히려 환자의 마음에 공감하는 데 도움이 될 수 있어요. 너무 걱정하기보다 자신감을 갖고 차근차근 노력하기를 바랍니다.

질문: 병원코디네이터가 되고 싶은데 눈에 띄는 외모가 아니라서 자신이 없어요.

답변: 병원코디네이터는 환자를 응대하는 직업이기 때문에 아무래도 호감 가는 외모를 선호하는 것 같습니다. 외모에 대한 기준은 과마다, 병원마다 다른데 특히 성형외과는 과 특성상 외모를 많이 보는 편이긴 합니다. 성형외과가 특히나 외모를 많이 보는 이유는 내원한 환자들이 직원 얼굴을 보고 그 병원에서 수술했다고 생각하는 경향이 있어서 그렇습니다. 하지만 '표정은 언제나 외모보다 매력적이다'는 말처럼 외모보다는 밝은 표정, 말투에서 느껴지는 상냥함 등이 더 중요하다고 생각합니다. 외모로 고민하기보다, 밝고 편안한 분위기를 어필할 수 있도록 노력하기를 권합니다.

질문: 병원코디네이터 1년 차인데 언제까지 이 일을 할 수 있을까 불안해져요.

답변: 병원코디네이터로 시작해서 만년 병원코디네이터로 일하기보다는, 그 경험과 노력을 바탕으로 성장하면서 지속적으로 일할 수 있다고 생각합니다. 제 주변 분들만 보더라도 병원코디네이터로 입사해서 실장이 되고, 총괄실장까지 성장해서 육아휴직 후에도 계속 일하시는 분들이 꽤 많습니다. 50살이 넘어서도 현직에서 활발히 일하는 분들도 많답니다.

상담실장,
환자의 마음을 잡아라

병원 상담이란
무엇인가?

강남의 한 유명 병원에서 경영전략 회의가 한창 진행되고 있다. 그런데 무슨 일인지 분위기가 심상치 않다. 이번 회의 주제는 '상담동의율 향상'이다. 사실 지난번 회의도 지지난번 회의도 같은 주제였다. 매달 마케팅 비용으로 1억 원 이상 지출하고, 마케팅 부서를 따로 결성해 공격적인 마케팅을 진행하는데도 상담동의율이 13~15%밖에 되지 않는다. 신환 분석 자료를 보면 유입은 상당한데 그것이 치료 동의로 연결되지 않았다. 마케팅 비용 대비 매출은 손해인데 그렇다고 마케팅 비용을 줄일 수는 없고, 반대로 마케팅 비용을 더 늘리자니 마이너스 경영이 되는 이러지도 저러지도 못하는 상황에서 나오는 결론이란 매번 '상담실장을 압박하자'였다. 그런데 아무리 상담실장을 쪼아도 상담동의율은 제자리걸음이다. 도대체 무엇이 문제일까?

또 다른 사례를 보자. 내가 연자로 초대받아 강연하러 갔을 때의 일이다. 내 앞 순서로 강의하는 사람은 쇼호스트였다. 그는 방송에서 물건 판매할 때의 노하우를 소개했는데, 그 노하우란 물건에 하자가 있어도 좋은 물건이라고 자기 자신을 속이는 것이라 했다. 그런 후 소비자들에게도 거짓말하여 판매한다는 것이다. 그는 청중들에게 사실 여러분도 물건 파는 사람들 아니냐며(그 강연장에는 병원장들과 병원 직원들이 있었다), 비록 하자가 있어도 무슨 수를 써서라도 팔고 보라는 말로 강연을 마쳤다. 내

순서가 되었다. 나는 참석자들에게 우리는 병원에서 일하는 사람들이며, 우리가 하는 일은 물건 판매가 아니라고 재차 강조해야 했다.

병원 상담을 환자를 현혹해 진료받도록 유도하는 것이라 여기면 상담자의 모든 말과 행동도 거기에 맞추어 이루어지게 된다. 지금까지 이런 생각을 가지고 접근하는 병원치고 장기적으로 성장하는 병원을 보지 못했다. 매출 당기기에만 급급하다 보면 정작 중요한 걸 놓치게 된다. 결국 오래가는 병원이란 환자와 신뢰 관계를 잘 형성하는 병원이다.

병원 상담이란 우리 병원의 진료 철학을 담아 환자에게 치료의 필요성과 중요성을 설명하여 그 가치를 전달하는 것이다. 따라서 어떤 진료 철학을 담아 환자를 대할지, 어떻게 병원의 가치를 전달할 수 있을지 고민하고 정의 내리는 과정을 무엇보다 선행해야 한다.

상담실장,
병원의 가치를 전달한다

병원에서 일하다 보면 목표를 가지고 차근차근 준비해서 상담실장이 되기보다, 어느 날 갑자기 환자를 상담해야 하는 상황에 맞닥뜨리는 경우가 대부분이다. 나 역시 내 위의 실장이 출산휴가를 가면서 아무런 준비 없이 첫 상담에 들어갔다. 지금도 그때를 떠올리면 얼굴이 달아오른다.

상담실장은 병원에서 중간관리자에 속하며, 병원마다 상담실장이 되는 경로는 다르다. 병원코디네이터부터 차근차근 연차를 쌓은 사람이 상담실장이 되는 병원이 있고, 경력자만을 상담실장으로 채용하는 병원도 있다. 또 어떤 곳은 병원 경력이 없어도 영업 실력이 있는 사람을 상담실장 자리에 앉혀 놓기도 한다.

병원에 기쁜 마음으로 내원하는 환자는 많지 않다. 모든 환자들은 어느 정도 자신만의 고민과 두려움을 안고 방문한다. 어떻게 환자 상담을 하게 되었든, 어떤 경로로 상담실장이 되었든 간에 우리는 병원의 본질이 무엇인지, 우리가 마주하는 환자가 누구인지를 항상 기억해야 한다.

상담실장의 역할

병원에서 상담실장의 역할은 매우 중요하다. 상담실장을 단지 '영업하는 사람'이라고 말하는 이들도 있지만 그렇지 않다. 상담실장은 적합한 의료서비스를 제공할 수 있도록 환자의 욕구를 파악하고, 환자와 의료진 사이에서 중간 매개체 역할을 하는 사람이다.

상담실장이 자신의 역할을 올바르게 수행하기 위해서는 명심해야 할 점들이 있다.

첫 번째, 우리 병원의 진료 철학을 파악해야 한다. 병원에서 추구하는 가치를 알아야 그에 맞는 상담을 할 수 있으며, 그것이 환자들에게 병원의 인상을 결정짓는 중요한 요인이 된다. 최대한으로 매출을 끌어올리는 상담을 권하는 병원이 있는가 하면, 장기적으로 생각해서 꼭 필요한 치료만을 권하는 병원도 있다.

두 번째, 우리 병원의 진료 프로세스 및 원장의 진료 방식을 알아야 한다. 병원마다 주 진료, 진료 방식, 상담 과정 등이 달라서 이를 알아 가고 적응하는 기간이 필요하다.

세 번째, 책임감이 있어야 한다. 이는 중간관리자로서의 책임감과 환자에 대한 책임감 모두를 의미한다. 병원코디네이터는 대부분 상담실장을 목표로 삼는다. 이들은 같은 병원에서 일하는 상담실장의 모습을 보고 배운다. 상담실장이 환자한테 하는 행동, 말투, 컴플레인 처리 방식, 환자에 대한 책임감까지 그대로 흡수한다. 한 번은 내가 환자에게 수술 후 주의사항을 알려 주기 위해 상담실에서 나왔을 때였다. 막내 병원코디네이터가 평소 내가 환자들에게 말하는 주의사항을 토씨 하나 틀리지 않고 환자에게 말하고 있었다. 그 일로 '내가 실장으로서 모범을 보여야 아랫사람도 보고 배우겠구나' 하고 생각했다. 또한 상담할 때는 간도 쓸개도 다 내어 줄 것처럼 굴다가, 환자가 시술 또는 수술을 받고 나면 얼굴 한 번 내비치지 않고 나 몰라라 하는 실장들이 있다. 본인이 상담한 환자라면 병원 문을 나설 때까지 책임지는 것이 기본인데, 퇴근 시간이라고 다른 직원에게 맡기고 집에 가버리는 일도 비일비재하다. 이런 행동은 직원들이 그대로 배우고 답습하게 되며, 더 나아가 병원 문화로까지 자리 잡을 수 있어서 주의가 필요하다.

네 번째, 끊임없이 공부해야 한다. 상담실장에게 임상지식은 기본 중의 기본인데, 오로지 영업력만 중요하다고 생각하는 이들이 있다. 하지만 요즘은 인터넷의 발달로 환자들이 많은 정보를 빠르게 접하므로 상담실장은 트렌드에 민감해야 하고 새로 나온 장비나 시술을 알고 있어야 한다. 환자들이 잘못된 지식을 가지고 있으면 올바르게 설명해 줘야 할 의무도 있다. 환자들은 큰 시술이나 수술을 결정하기 전에 여러 병원에서 상담받는다. 당연히 상담실장에 대해서도 비교한다. A 병원에서는 제대로 된 설명과 상담을 해주는데, B 병원에서는 임상지식 하나 없이 환자 당기기에 급급하다면 환자들은 어떤 병원을 더 신뢰할까? 전문성이라는 것은 많은 공부와 경험에서 우러나오므로 상담실장은 발전을 멈추지 말아야 한다.

다시 한 번 강조하자면, 병원에서의 상담은 환자에게 우리 병원만의 가치를 전달하는 과정이다. 그리고 그 가치에는 우리 병원의 철학이 반드시 녹아 있어야 한다. 상담실장은 그 부분을 충분히 이해한 후 상담에 임해야 한다. 또한 책임감 있는 말과 행동, 모범적인 중간관리자의 모습을 보이고, 끊임없는 공부와 경험으로 전문성을 갖춰야 한다.

상담의 시작,
라포 형성

병원 상담에는 단계가 있다. 환자 상태를 파악하는 단계, 원장이 내린 진단과 치료 계획을 바탕으로 설명과 설득을 하는 단계, 그리고 보통 클로징이라고 하는 마무리 단계이다.

상담 첫 단계에서 상담자는 환자가 병원에 온 이유가 무엇인지, 내원 경로는 어떻게 되는지, 치료비는 얼마로 예상하는지, 환자 본인이 예상하는 시술 또는 수술은 무엇인지 등을 파악해야 한다. 이때 중요한 것이 바로 환자의 마음을 여는 '라포 형성'이다.

병원에서 일하면서 귀에 못이 박이도록 들은 나머지 쉽게 간과할 수 있는 게 바로 라포가 아닐까 싶다. 라포rapport는 두 사람 사이의 공감적인 인간관계 또는 그 친밀도를 의미하는 심리학 용어로, 병원에서는 의료진과 환자 사이의 '신뢰 관계'를 뜻한다. 성공적인 치료를 위해서는 환자의 적극적인 협조가 중요한데, 여러 연구에서 환자의 협조를 끌어내기 위한 중요한 요소로 이 라포를 꼽는다.

병원에서 환자와의 라포는 상담실뿐만 아니라 모든 접점에서 형성되어야 한다. 환자는 우리 병원을 한 접점이 아닌, 모든 접점에서 받은 총체적인 느낌으로 평가하기 때문이다. 나의 경우 병원에 새로운 환자가 오면 상담실장인 내가 직접 접수하고 안내하면서 상담 전부터 라포를 형성했다. 이렇게 첫 응대에서부터 라포를 형성하면 상담실에서 환자의 마음을 여는 시간을 단축할 수 있었다.

그 밖에 어떤 방식으로 환자와 라포를 형성할 수 있을까? 대표적으로 '언어적 의사소통'과 '비언어적 의사소통' 방식이 있다.

언어적 의사소통

대화에는 두 종류가 있는데, 하나는 용건을 전하는 대화이고 다른 하나는 용건 이외의 잡담, 즉 스몰토크small talk이다. 우리는 안부 인사나 날씨 등의 스몰토크를 통해 환자의 마음을 녹이고 공감대를 형성할 수 있다.

접수 시 사용할 수 있는 스몰토크 예시는 다음과 같다.

첫 번째로 '거주지'에 관한 대화이다. 환자가 차트에 작성한 주소를 보고 자신과의 유사점을 최대한 찾는다. 운 좋게 같은 곳에 사는 환자를 만나면 "저도 같은 동네 살아요"라고 말을 건넬 수 있고, 그렇지 않아도 주변에 유명 맛집이 있거나 관광지가 있으면 꼭 한번 가보고 싶다고 말할 수도 있다. 그러면 환자들도 편한 마음으로 관련 이야기를 해준다.

'직업'에 관해서도 공감대를 형성할 수 있다. 내원경로를 조사하다 보면 (회사 근처라 내원했는지, 집 근처라 내원했는지 등) 자연스럽게 환자의 직업에 관한 이야기를 나누게 된다. 환자가 학생이라면 어디 학교에서 무슨 전공을 하는지 묻거나 공부할 때 어려운 점, 취업 준비 등으로 이야기를 풀면 환자의 마음이 쉽게 열린다. 이때 주의할 점은 꼬치꼬치 캐묻지 말고 자연스럽게 대화를 이끌어 나가야 한다는 점이다.

아이와 함께 내원한 부모와는 아이를 칭찬하면서 긍정적인 대화를 나눌 수 있다.

라포는 긍정적일 것!

라포란 환자와의 긍정적 상호작용이다. 따라서 부정적인 언어보다는 긍정적인 언어를 사용하는 게 좋다. 환자의 표정이 썩 좋아 보이지 않더라도 "안색이 나쁘시네요"와 같은 말 대신 "안녕하세요? 오늘 기분이 좋아 보이시네요"와 같이 최대한 긍정적인 말로 환자를 맞이한다. 사람은 '일관성의 법칙'에 의해 한 번 긍정적인 대답을 하면 계속 긍정을 유지하려는 속성이 있기 때문이다. 정 할 말이 없으면 날씨 이야기를 하거나 옷, 액세서리 등을 칭찬한다. 병원 직원들도 처음에는 어색하다고 하지만 자꾸 하다 보면 어느새 익숙하고 자연스러워진다.

비언어적 의사소통

비언어적 의사소통으로는 표정, 말투, 몸짓, 용모, 복장 등이 있다. 커뮤니케이션에서 시각과 청각 이미지가 중요하다는 의사소통 이론인 '메라비언의 법칙'처럼 비언어적인 부분도 라포 형성에 상당히 중요한 역할을 한다.

병원 직원들의 표정과 시선 처리, 말투에서 환자는 자신에게 보이는 호감이나 관심의 정도를 느낀다. 용모나 복장도 중요한데, 병원에서는 신뢰감을 주기 위해 보통 유니폼을 입는다. 유니폼은 늘 깨끗하고 단정해야 하며, 과한 액세서리나 화장, 향수, 네일아트 등은 삼가는 게 좋다.

프로페셔널은 걸음걸이에서부터

직원들에게 워킹 연습을 시키는 병원들이 있다. 병원 직원이 웬 워킹 연습이냐며 이상하게 생각할지도 모르겠다. 실제로 내가 다녔던 병원에서는 직원들에게 모델처럼 걷기를 강조하면서 환자가 없는 시간에 따로 연습시켰다. 또 다른 병원에서도 직원들의 걸음걸이와 자세를 민감하게 지적했다. 나도 처음에는 잘 이해되지 않았다. 하지만 직원들이 슬리퍼를 질질 끌거나, 어깨가 축 처져서 힘없이 걷는 모습이 환자들에게 어떻게 비칠까? 고개 들고 자신 있게 걷는 모습 자체가 환자들에게 우리가 전문가라는 비언어적 표현을 한다.

그 외 라포 형성 기법

라포 형성을 위한 또 다른 기법으로는 관찰, 페이싱, 미러링, 백트래킹, 감정 반영이 있다.

관찰은 비언어적인 표현을 읽는 것, 말 그대로 '관찰하는 것'이다. 우리는 환자를 관찰함으로써 많은 정보를 유추할 수 있다. 관찰은 관심에서 비롯된다. 환자 표정을 살피고, 전과 달라진 점을 관찰하고, 거기에 관해 말을 건네면 환자들은 주의 깊은 관심을 받고 있다고 느낀다. 행동에서도 단서를 발견할 수 있는데, 예를 들어 팔짱을 끼고 상대방의 말을 듣는다는 건 경계심이 있다는 표시다. 그러니 되도록 환자의 팔짱을 풀고 상담을 시작해야 한다. 내가 사용했던 방법은 환자에게 손거울이나 자료를 쥐여 주는 것이었다. 또는 환자의 발끝이나 다리의 방향이 출입문 쪽을 향해 있다면 빨리 나가고 싶다는 신호이므로 그럴 때는 핵심만 짚어 주는 상담을 하곤 했다.

페이싱pacing은 흔히 페이스 조절이라고 하는 '보조 맞추기'이다. 상대방 말의 속도나 음조에 자신을 맞추는 것이다. 환자가 기쁘고 빠르게 말하면 상담자도 기쁘고 빠르게 말하고, 슬프고 느리게 말하면 상담자도 거기에 맞춘다. 이 과정에서 상담자는 환자의 감정 상태를 읽을 수 있고,

환자는 상담자에게 감정과 생각이 지지받는다는 느낌을 받는다.

미러링mirroring은 거울처럼 상대방의 행동을 따라 하는 행위다. 여기에서 주의할 점은 자연스러워야 한다는 것이다. 예를 들어 상대방이 오른 팔을 올리면 나는 한 박자 느리게 왼팔을 올리는 식으로 스며들 듯이 해야지, 그렇지 않으면 자칫 장난하는 것처럼 보일 수 있다. 카페에 가서 사람들을 관찰하다 보면 한 명이 음료를 마시면 다른 한 명도 따라서 음료를 마시는 것을 볼 수 있는데, 서로 라포가 잘 형성되어 있을 때 무의식적으로 이와 같은 미러링을 하게 된다.

백트래킹back tracking은 상대방이 말한 문장 중에서 핵심 단어를 맞장구치 듯이 되풀이하여 말하는 기법이다. 예를 들어 환자가 "어제 친구랑 영화 봤어요"라고 말하면 "아, 친구랑 영화 보셨군요" 하고 대답하는 식이다. 이를 통해 환자들은 상담자가 자신의 이야기에 주의를 기울인다는 느낌을 받는다.

감정 반영은 상대방이 느끼는 감정을 파악하여 반영, 즉 공감하는 것이다. 예를 들어서 환자가 "저는 물만 마셔도 살찌는 것 같아요"라고 말할 때 A 실장은 "설마요, 다른 것도 드시겠죠"라고 말하고, B 실장은 "어휴, 정말 속상하시겠어요" 하며 감정에 동조해 준다면 어떨까? 당연히 환자는 자신의 말에 공감하는 B 실장에게 마음을 더 열게 된다.

상담할 때 라포가 잘 형성되면 환자가 꺼내기 어려운 이야기를 하기도 한다. 가슴성형 수술을 하기 위해 내원한 한 여성 환자는 접수 때부터 표정이 어두웠다. 상담을 진행하면서 들어 보니, 남편이 외도한 사실을 알게 되었는데 자신의 몸 때문인 것 같다며 눈물을 흘렸다. 그래서 수술을 하고자 여러 병원을 돌며 상담받았다고 했다. 나는 티슈를 건네며 환자의 이야기를 들어 주었다. 내가 했던 말은 "아…", "네…", "속상하시겠어요"가 전부였다. 환자는 한참 울고 나서 "내가 주책없네. 이야기 들어 줘서 고마워요. 여기에서 수술받고 싶어요"라고 말했다. 환자는 수술 후에 고맙다며 케이크를 사 왔다.

상담실장,
환자의 마음을 잡아라

선상담,
환자를 파악한다

환자와 라포를 형성하면 본격적으로 상담에 들어간다. 선상담은 원장 진료 전에 이루어지는 상담을 뜻한다. 주로 비보험 진료가 이루어지는 과에서 선상담을 많이 진행한다. 이러한 '선상담(상담실장)-진료(원장)-후상담(상담실장)' 프로세스는 상담실장이 환자의 상태를 선상담 때 미리 파악해서 진료 전에 원장에게 전달할 수 있다는 장점이 있다. 또한 대기시간이 길어질 때 환자가 혼자 너무 오래 기다리지 않도록 선상담을 활용할 수 있다.

선상담에서는 질문을 통해 환자를 파악한다. 가장 먼저 환자가 우리 병원에 '왜' 왔는지 알아야 한다. 환자가 당장 불편한 부분만 일부 해결하러 왔는지, 전반적인 치료를 원하는지에 따라 상담 내용과 방향성이 달라진다. 예를 들어 점 하나 빼러 온 환자에게 리프팅부터 여러 가지 치료를 권하고 견적을 내주면 환자는 부담을 느끼게 된다.

환자가 우리 병원에 온 이유를 파악한 후에는 다음과 같은 내용을 확인한다.

① 내원경로, 소개 여부
소개로 온 환자, 인터넷 광고를 보고 내원한 환자, 지나가다 병원 간판 보고 내원한 환자 등 내원경로에 따라서 병원에 대한 신뢰도가 다르다.

특히 가족이나 지인 소개로 내원할 때는 병원에 대한 신뢰도가 높으므로 병원 간판을 보고 방문한 환자에 비해 상담이 수월하다.

② 거주지, 직업

환자가 거주지 근처라 내원했는지, 회사 근처여서 왔는지에 따라 치료 시간과 내용이 달라질 수 있다. 직업을 통해 라이프 스타일을 확인하는 것도 좋다. 밤에 일하는 환자는 아침 첫 시간을, 직장인은 야간진료를, 학생들은 토요일을 좀 더 선호한다.

③ 구매 결정권자

비용을 지급하는 사람이 누구인지 파악한다. 학생 혼자 오면 엄마와 동행하게 한 후 상담을 진행해야 하고, 부부가 내원하면 보통 구매 결정 권자가 아내이기 때문에 아내와 이야기를 많이 하게 된다. 노부부는 자식이 구매 결정권자인 때가 있어서 마찬가지로 파악이 필요하다.

④ 병력 및 수술 경험, 재수술 여부

병력이나 수술 경험뿐만 아니라, 특히 성형외과에서는 재수술 또는 재 시술 여부를 반드시 확인해야 한다. 재수술은 시간이 더 오래 걸리고 까 다로울 수 있다. 비용부터 예상치 못한 여러 상황이 발생할 수 있어서 재 수술 여부와 횟수는 반드시 미리 알아야 한다.

⑤ 다른 병원 상담 경험

다른 병원에서의 상담 경험을 파악함으로써 환자가 무엇을 중시하는지 알 수 있다. 먼저 환자에게 다른 병원에서도 상담받았는지 묻고, 그 병원으로 결정하지 않은 이유를 묻는다. 환자가 "가격이 비싸서요" 또는 "불친절해서요"와 같이 대답해 주면 그 부분(가격, 친절 등)에 중점을 두고 상담을 끌고 나간다. 아울러 질문을 통해 다른 병원의 수가까지 파악할 수 있다.

⑥ 환자 성향

상담 시 환자의 성향을 파악하는 일은 매우 중요하다. 예를 들어 보수적 성향이 강한 환자들은 자연스럽고 안전한 시술이나 수술을 선호한다. 개방적인 성향의 환자들은 새로운 시도를 선호하고 개인적인 욕구를 중요시한다. 안정형 환자들에게는 너무 강하게 압박하거나 생각할 여유를 빼앗으면 안 된다. 분석적인 성향이 있는 환자들은 자료를 토대로 한 전문적인 상담을 선호한다. 우유부단한 성향이 있는 환자들은 선택지를 장황하게 나열하기보다는 어느 정도 선에서 정리해 줄 필요가 있다.

상담 시 환자의 직업적 특성도 염두에 두어야 한다. 은행원처럼 돈을 만지는 직업군의 사람들은 대체로 깐깐하며 비용에 민감하다. 꼼꼼하고 세밀한 작업을 하는 직업군을 가진 환자들은 작은 실수도 싫어한다. 시장에 위치한 병원에는 시장 상인들이 많이 오는데 대부분 현금 결제하며, 마찬가지로 비용에 민감하다. 같은 의료계 종사자는 특히 더 신경 써야 한다. 본인이 잘 알고 있다고 생각해서 예민하게 반응할 수 있으며, 정확한 정보를 요구하기 때문이다. 대기업에 다니는 환자들은 논문자료를 요청하기도 해서 평소에 시술이나 수술 재료에 관해서도 공부해 두는 게 좋다.

⑦ 예상 비용

환자가 예상하거나 준비한 금액이 실제 치료비와 차이가 크면 동의가
어려워진다. 환자가 금액을 얼마로 예상하는지, 준비한 금액이 어느 정
도인지를 반드시 파악해야 한다.

⑧ 기대치

환자의 기대치가 너무 높으면 시술이나 수술 후 컴플레인이 발생할 수
있다. 특히 만족의 기준이 주관적인 미용성형 분야의 상담 시 환자 기대
치를 파악하고 조정해 주는 일은 무척 중요하다.

⑨ 수술 또는 시술 목적

면접, 결혼, 관상, 대회 출전, 여름휴가 등 시술 또는 수술하려는 목적
에 따라 진료 시기와 회복 기간이 달라질 수 있다.

선상담 시 반드시 지켜야 할 주의사항이 있다. 상담실장이 엑스레이를
분석해 시술이나 수술 진단을 내려서는 안 된다는 것이다. 진단은 반드
시 원장이 해야 한다. 만약 상담실장 마음대로 진단하고 수술 계획까지
세웠는데 환자가 원장을 만나서 진단이 다르게 나오면 어떻게 될까? 환
자는 그 실장을 신뢰하지 못하게 된다. 물론 많은 경험을 통해 예측은 할
수 있지만, 진단은 반드시 원장이 해야 한다는 점을 명심하자. 진단이라
는 것은 그 후 진료까지 책임을 진다는 의미이기 때문이다.

후상담,
환자의 고민에 해결책을 제시한다

후상담에 들어가기 전 반드시 원장에게 진료 내용을 확인해야 한다. 병원 기준이 있는데도 불구하고, 원장이 그 날 기분에 따라 환자에게 비용을 다르게 말해 주는 일도 있기 때문이다. 만약 모르고 있다가 후상담 때 원장과 다른 비용이나 치료 계획을 말하면 환자는 실장을 신뢰하지 못하고, 원장하고만 상담하겠다고 할 수 있다.

원장에게 진료 내용을 확인한 후에는 후상담을 시작한다. 나는 가장 먼저 이렇게 말하곤 했다. "○○○ 님, 원장님 진료 잘 받으셨죠? 지금부터는 더 궁금하신 점이나 비용, 일정 등을 자세히 안내해 드릴게요." 그런 후 아래 내용을 환자가 얼마나 이해하고 있는지 질문을 통해 확인한다.

— 권유받은 치료법
— 대략적 치료 기간, 수술 시간, 회복 기간
— 비용

내가 초보 때 자주 저질렀던 실수가 환자의 이야기를 듣지 않고 병원의 치료 계획을 먼저 말하는 것이었다. 환자가 치료를 모두 받을 거라고 짐작해서 전체적인 치료 계획과 비용을 열심히 설명했는데 결국 언제 유학하러 간다거나, 다른 곳으로 언제 이사를 간다거나 할 때가 있었다. 환자는 당장 필요한 일부만 해결하러 왔는데 그 부분에 대한 파악이 부족했던 것이다. 그러니 상담은 환자의 이야기를 먼저 들은 후 시작해야 한다. 그리고 환자가 진료 결정을 내리기 전에 무엇을 고민하고 있는지 파악한다.

다음은 환자가 주로 고민하는 네 가지 유형이다.

해결책 제시는 'If 화법'으로

환자의 고민에 해결책을 제시하는 의사소통 방법으로는 'If 화법'이 있다. 단어 그대로 "만약…"으로 말을 시작하는 방법이다. 예시는 다음과 같다.
·"만약 (환자가 고민하는 부분)이 해결된다면 진료받으실 수 있나요?"
·"만약 날짜가 조정된다면 수술하실 건가요?"

① 다른 치료를 원함

원장이 권하는 치료(시술 또는 수술)가 환자가 원하는 방향과 다른 때가 있다. 보통은 원장이 환자에게 설명하고 설득한다. 그런데도 간혹 끝까지 본인이 원하는 방향으로 하겠다고 주장하는 환자들이 있다. 이럴 때는 환자가 원하는 방향으로 수정해도 되는지 원장에게 확인한 후 진행한다. 그리고 환자가 원하는 방향으로 진행할 때 발생할 수 있는 부분에 대해서는 환자에게 확실하게 인지시키고, 확인 사인을 받는다.

② 치료에 대한 두려움

누구나 시술이나 수술을 받아야 하는 상황에 놓이면 두렵기 마련이다. 병원에서 일하는 우리야 매일 봐서 익숙하게 느껴지지만 환자들은 그렇지 않을 것이다. 또한 통증, 부작용, 안전성 등 여러 부분이 걱정될 것이다. 환자에게 통증에 관해 설명할 때는 다른 치료와 비교해서 설명하면 좋다. 예를 들어 치과에서 임플란트를 하나 해야 하는 환자가 얼마나 아픈지 물으면 "사랑니 뽑아 보셨어요? 사랑니 뽑는 것보다 덜 아파요"라고 말한다. 그때그때 언론에서 문제시되어 환자들이 민감하게 반응할 수 있는 사항의 답변도 미리 준비해 두어야 한다.

다음은 상담 때 환자들이 주로 궁금해하는 것들이다.

— 치료 도중 의료진이 바뀌지 않는지

— 마취과 의사 상주 여부 및 안전성 확인

— 사후 관리 및 책임 관련

— 개원한 지 얼마나 되었는지

— 원장의 이력 및 경력, 나이 등

대리수술에 대한 불신

몇 년 전, 성형외과에서 이루어지는 대리수술이 크게 이슈화되었던 적이 있다. 언론에서 이런 문제들이 터지면 바로 환자들의 불신으로 이어지기 때문에 대비가 필요하다. 현재 성형외과를 비롯한 여러 병원에서는 환자의 보호자가 확인할 수 있도록 실시간 수술 중계 시스템을 도입하기도 하고, 홈페이지에 다음과 같이 안내하기도 한다.

·상담 시 본인의 담당 의사 성함을 반드시 확인하고 숙지하세요.

·수술 들어가기 전에 담당 의사를 다시 한 번 확인하세요.

·수술 장면을 동영상으로 촬영해 드립니다. 미리 말씀해 주세요.

③ 내원 시간 및 회복 기간

직장인이면 아무래도 내원할 수 있는 시간이 여유롭지 않다. 다음은 실제로 상담 시 자주 이루어지는 대화 사례이다.

— 환자: 제가 직장인이라 매번 시간을 빼기 어려워요.
— 코디네이터: 그럼 오시기 힘들다는 말씀이네요?
— 환자: 네.

대화가 이렇게 끝나면 환자가 이탈할 가능성이 커진다. 따라서 토요일이나 야간진료 등을 활용해 예약을 잡도록 한다. 회복 기간도 환자의 상황을 고려해서 유연하게 잡아야 한다. 잠깐 한국에 오는 유학생, 휴가 나온 군인, 결혼을 앞둔 예비 신랑 또는 신부, 연차 내서 방문하는 직장인 등 환자의 일정을 파악해서 최대한 여유롭게 회복 기간을 잡아 환자의 부담을 덜어야 한다. 회복 기간을 여유롭게 잡기 위해서는 가능한 날짜 중에서 될 수 있으면 빨리 잡아 주는 게 좋다.

④ 비용 부담

병원에 상담하러 오는 환자들은 일반적으로 많은 조사를 하고 오기 때문에 본인이 예상하는 비용이 있다. 환자가 준비한 금액과 병원에서 제시하는 금액 차이가 크면 그 격차를 줄여 주어야 한다. 예를 들어, 색소 침착과 건조함을 주호소로 내원한 환자가 있는데, 병원에서 권하는 치료의 총비용은 200만 원(레이저 10회와 물광주사)이라고 하자. 환자는 50만 원을 생각했고 그 비용보다 더 낼 생각이 없다. 이럴 때 원장의 확인하에 환자가 우선순위로 생각하는 치료를 먼저 진행하는 방향으로 진행할 수 있다. 치과 진료 때도 예산 부족으로 충치 여러 개를 한 번에 치료하기

상담실장,
환자의 마음을 잡아라

어려운 환자가 있을 수 있다. 그럴 때는 급한 충치부터 차례대로 치료하기를 권한다.

병원 진료의 가치를 알기

내가 상담을 처음 시작할 때 가장 힘들었던 부분이 바로 환자에게 비용 이야기를 하는 것이었다. 내가 죄지은 것도 없는데 이상하게 돈 이야기가 입에서 떨어지지 않았다. 중요한 건, 상담자인 내가 먼저 병원 진료의 가치를 아는 것이다. 스스로 우리 병원 진료의 가치를 이해하지 못하고 비용 상담에 들어가면 환자에게도 그 느낌이 고스란히 전달되기 때문이다.

비용 관련 유의점

후상담에서는 비용 이야기를 중점적으로 하게 된다. 다음은 비용과 관련해 몇 가지 주의해야 할 것들이다.

① 비용 조정 시 유의점

제가 어제 F 병원에 갔는데, 월말까지도 아니고 마침 오늘까지 예약하면 할인해 준다고 하더군요. 할인하는 날짜의 기준이 뭔지…. 병원은 괜찮아 보였는데 너무 상술 같아서 그 점이 좀 걸렸어요. 환자도 많고 잘 되는 병원 같은데 왜 그럴까 하는 생각이 들더라고요.

- 한 온라인 카페에 올라온 상담 후기 글

위의 글은 이유 없는 '쉬운' 할인에 환자들이 어떻게 느끼는지 여실히 보여 준다. 나는 상담실장 교육 때마다 환자에게 매달리는 느낌을 주지 말라고 당부한다. 정 당일 예약 조건으로 비용을 할인해 줘야 한다면 이런 말이라도 하라고 한다. "오늘 바로 예약해 주신다면 그만큼 우리 병원을 신뢰해 주신다는 뜻이기 때문에, 그 점에 대한 감사의 의미로 약간의 비용 배려를 해드리겠습니다."

요즘은 온라인상에서 비용 정보가 활발히 공유되고 있고, 환자 간 비용 차이가 있으면 그로 인한 컴플레인도 많아서 비급여 진료도 비용 조정을 하지 않는 추세다. 그러나 어쩔 수 없이 비용적인 배려가 필요한 상황이라면 반드시 합당한 명분이 있어야 하고 꼭 이유를 기록해 놓아야 한다.

"어머니, 지도 먹고 살아야지유~"

내가 시장 한복판에 있는 병원에 다녔을 때였다. 병원에는 노인분들이 많이 왔는데, 늘 원장님을 붙잡고 치료비 할인을 요구했다. 그러면 원장님은 큰 소리로 "아이고, 어머니. 지도 먹고 살아야지유. 지도 힘들어유~"라며 넉살 좋게 말했는데, 그러면 환자들도 웃음을 터트리며 "허긴, 그래. 원장님도 먹고 살아야지"라고 말했다. 그때 환자가 진료비 할인을 요구할 때는 넉살 좋게 넘기는 것도 한 방법이라는 걸 알았다.

② 치료비가 비싸다고 하는 환자

치료비가 비싸다고 하소연하는 환자의 말에는 크게 '다른 병원보다 비싸다', '준비한 금액보다 비싸다', '자신의 예상보다 비싸다' 등의 의미가 있다.

다른 병원보다 비싸다며 치료를 망설일 때는 그 이유, 즉 우리 병원의 차별점에 대한 설명과 설득이 필요하다. 준비한 금액보다 비싸다는 의미

상담실장,
환자의 마음을 잡아라

일 때는 앞서 설명한대로 전체 치료를 부분 치료로 수정하는 접근이 필요하다. 환자가 자신의 예상보다 비싸다고 할 때는 본인에게 필요한 치료가 무엇인지 정확히 인지하지 못하고 있을 수 있어서 그 부분에 대한 설명과 설득이 필요하다.

충분히 설명했는데도 불구하고 환자가 계속 비용 할인을 원할 때는 유명 병원이 돌연 폐업해서 환자들이 붕 뜨게 된 사례를 들며 치료 결과의 중요성을 강조하는 방법도 있다. 이럴 때 내가 주로 했던 멘트는 다음과 같다. "처음 치료를 시작할 때는 환자분들께서 비용에 초점을 맞추시지만, 치료가 끝날 때는 비용이 아닌 결과에 중점을 두세요. 결국 가장 중요한 건 비용이 아닌 결과입니다." 그러면 환자 대부분은 고개를 끄덕였다.

③ 과도한 할인을 요구하는 환자

이른바 '의료 쇼핑' 환자 중에는 다른 병원과 비교하면서 할인을 더욱 요구하는 이들이 있다. 어느 정도 선이라면 병원의 기준에 따라 진행할 수 있지만, 터무니없는 수준의 할인을 요구하는 환자들은 병원의 어떤 할인 정책과 치료 결과에도 만족하지 못하며, 결국 컴플레인으로 이어지는 일이 대다수다. 나는 이러한 환자들은 최저가 치료를 차별화로 내세우는 병원에서 진료받는 게 적합하다 생각해서 원장과 상의하에 돌려보냈다.

상담 마무리, 좋은 인상을 남긴다

상담에서는 마무리도 중요하다. 상담을 마칠 때는 환자의 고민이나 궁금한 점을 최대한 해소해 주어야 하며, 될 수 있으면 상담 후 당일 치료를 받거나 치료 예약을 할 수 있도록 한다. 이때 중요한 건, 환자가 생각해 보겠다고 하거나 다른 병원에서도 상담을 받아보겠다고 할 때 무리하게 붙잡아서는 안 된다는 점이다.

친한 동생이 한 병원에서 치아교정 상담을 받았을 때였다. 상담 후 동생은 생각해 보겠다며 상담실을 나가려는데, 실장이 붙잡더니 돌연 50%를 할인해 주겠단다. 그전까지는 높은 금액을 부르다가 결정을 보류하니 어떻게든 예약을 잡으려 한 것이다. 동생은 무척 불쾌해 했으며, 그 병원을 불신하게 되었다.

이처럼 환자가 치료를 보류했을 때는 무리하게 매달리지 말고 기분 좋은 마무리를 하는 게 중요하다. 다음과 같은 멘트도 좋다. "다른 병원에서 상담받으시더라도 궁금한 점이 생기면 언제든 저에게 연락 주세요."

상담이 끝나고 환자가 떠날 때는 배웅하면서 상담이 어땠는지, 불편한 점은 없었는지, 더 궁금한 점은 없는지 한 번 더 묻고 다음을 약속하는 말을 한다. 마지막까지 웃는 얼굴로 상담을 마무리하면 환자에게 좋은 인상을 남길 수 있고, 우리 병원에서 진료를 받을 가능성이 커진다.

상담동의율
향상법

높은 상담동의율을 위해서 가장 중요한 것은 무엇일까? 바로 의료의 본질이다. 그 본질이 제대로 지켜지고 있다면 당연히 상담동의율도 높아진다. 그렇지만 요즘처럼 의료기관 간 경쟁이 치열한 상황에서는 아무리 훌륭한 의료진이 있다 해도 다른 요소가 뒷받침되지 않으면 환자들에게 어필하기 어려울 수 있다. 따라서 상담동의율 향상을 위한 설득 및 상담 기술은 시간이 갈수록 중요해지고 있다. 이제부터 상담동의율을 높이는 방법을 살펴보도록 하자.

의사소통 기술 점검

흔히, 환자의 치료 동의를 받기 위해서 어떤 대단한 노하우가 필요하고 생각하는 경향이 있다. 그러나 막상 온라인상에서 환자들의 솔직한 후기 글을 살펴보면 그렇지 않다는 사실을 알 수 있다. 너무 기본적이라 별로 중요하게 생각하지 않았던 것들, 예를 들어 눈을 맞추고 건네는 인사나 대기시간 안내와 같은 어찌 보면 소소한 것들에서 환자는 치료받을 병원을 결정한다.

다음은 환자에게 신뢰를 줄 수 있는 기본적이면서도 꼭 알아야 할 항목이다. 이를 통해 나의 상담 방식을 점검할 수 있다.

— 미소 띤 얼굴로 환자를 맞이한다.

— 환자의 이름을 불러 준다.

— 상담자 자신을 소개한다.

— 환자에게 증상과 안부 등을 묻고 스몰토크를 나눈다.

— 환자와 눈을 맞추고 이야기한다.

— 의학 용어를 남발하지 않고, 환자의 눈높이에서 쉽게 설명한다.

— 환자의 이야기를 끊지 않으며 질문을 허용한다.

— 환자를 재촉하거나, 바쁜 느낌을 주지 않는다.

— 검사 방법, 치료 계획, 부작용 등을 설명한다.

— 적극적으로 경청하며 공감한다.

— 개방형 질문(열린질문)을 한다.

— 비언어적인 의사소통에 신경 쓴다.

— 눈을 맞추며 끝인사 한다.

상담실장들에게 설문조사한 결과, 위의 항목 중에서 특히 잘 지켜지지 않는 3가지 항목은 '상담자 자신을 소개한다', '환자에게 바쁜 느낌을 주지 않는다', '개방형 질문(열린질문)을 한다'였다.

① 상담자 소개하기

상담실에서 환자를 처음 만날 때 눈을 맞추고 나누는 첫인사는 매우 중요하다. 어떤 상담자들은 환자가 들어오건 말건 컴퓨터 화면이나 차트만 보면서 말로만 인사를 건네기도 한다. 그런 상태에서 상담자 자신에 대한 소개도 없이 바로 상담에 들어가면 환자로서는 자신이 소홀하게 여겨진다는 느낌을 받게 된다.

나는 상담 시작 전에 반드시 내 명함을 환자에게 건네주었다. 비교적 어려 보이는 점을 보완하고 환자에게 신뢰를 주기 위해서였다. 이력이 적힌 명함을 주며 나를 소개한 후 상담을 시작하면 환자들은 내 말에 더 귀 기울여 주었다.

환자를 부르는 호칭

병원마다 환자를 호칭할 때 '환자분', '고객님' 등 여러 방식을 사용한다. '어머님', '아버님' 호칭은 요즘 나이와 관계없이 미혼인 분들이 많아 유의해야 한다. '선생님'이라는 호칭을 쓰기도 하는데, 오히려 부담스러워 하는 환자도 있다. 병원마다 지역도 문화도 달라서 환자의 호칭은 그 병원의 문화를 따르는 게 좋지만, 만약 그렇지 않다면 '○○○님'과 같이 환자의 이름을 부르는 게 가장 좋다.

② 바쁜 느낌 주지 않기

환자의 이야기를 중간에 자르고 상담자 본인의 말만 하거나, 환자가 질문할 틈을 주지 않는 이들이 있다. 또는 시간에 쫓겨서 재촉하거나, 바쁜 느낌을 줘서 환자를 조급하게 만들기도 한다.

한 병원에서 환자가 큰소리 내는 장면을 목격했다. 이 병원은 상담실장 없이 진료팀장이 환자를 상담했는데, 진료 보조를 하느라 상담 중에도 자꾸 자리를 비웠다. 그때마다 이야기가 끊겼고 그게 세 번 정도 반복되자 본인이 소홀히 여겨진다는 느낌을 받은 환자가 컴플레인을 한 것이다. 아무리 바쁘더라도 환자 앞에서는 여유로운 모습을 보여야 하며, 상담 중에는 잠시라도 자리 비우는 걸 삼가야 한다.

③ 개방형 질문(열린질문)과 폐쇄형 질문(닫힌질문) 활용하기

병원에서 상담할 때는 개방형 질문과 폐쇄형 질문이 모두 필요하다. 개방형 질문은 보통 환자에게 정보를 얻기 위해 사용한다. 육하원칙으로 시작하는 질문을 하고, 환자의 대답에서 중요한 내용을 찾아내 그에 관해 다시 질문하면서 대화를 이어나가는 방식이다. 단, 캐묻듯이 해서는 안 된다. 개방형 질문으로는 "왜 수술을 결심하셨나요?", "언제로 수술 날짜를 계획하시나요?", "어느 정도로 치료비를 예상하세요?" 등이 있다. 이때 환자가 대답하기 어려워한다면 선택 사항을 나열해 주는 것도 방법이다. "무엇이 가장 고민되세요? 예를 들어 통증, 부작용, 회복 기간, 비용…."

폐쇄형 질문은 단답형 대답을 유도하는 질문 방식이다. 상담을 마무리할 때나 환자의 개입을 이끌 때 주로 사용한다. 환자로부터 "예"라는 대답을 반복적으로 얻다 보면, 환자는 일관성의 법칙에 의해 스스로 선택한 것에 책임을 느낀다.

— 의료진: 증상이 더 심해지기 전에 치료해야 하는 거 알고 계시죠?
— 환자: 네.
— 의료진: 최대한 빠른 시간으로 예약을 잡아 드릴까요?
— 환자: 네.

환자 맞춤상담

상담 중 상담실장이 이른바 '영혼 없는' 말투로 환자에게 말을 다다다

쏟아 내는 경우가 있다. 그러나 환자들은 병원의 일방적인 정보를 듣기 위해 내원한 게 아니다. 환자들은 병원에서 개개인의 상태를 충분히 인지하고, 성의 있는 '맞춤상담'을 해주길 바란다. 환자들이 맞춤상담을 받았다고 느낄 수 있도록 내가 실천했던 방법으로는 웰컴북 증정과 스케줄링이 있다.

웰컴북Welcome Book은 우리 병원의 소개가 담긴 책자다. 호주의 유명 치과 의사인 패디 룬드 박사Dr. Paddi Lund의 세미나에서 아이디어를 얻었다. 상담하러 온 신환들에게 웰컴북을 줄 때는 병원의 소개뿐만 아니라 환자와의 상담 내용을 기재했고, 수록된 치료계획서에 환자 사인을 받아서 증정했다. 이 과정을 통해 환자들은 이곳이 성의 있고 체계적인 병원이라 여겼다. 환자가 집에 가져간 웰컴을 본 가족들도 상담 내용이 더 잘 이해된다며 좋아했다는 후기도 돌아왔다.

스케줄링scheduling은 환자 개인의 전체적인 내원 일정을 계획해 주는 것이다. 치료나 수술, 시술 등을 받기 위해 언제 내원해야 하는지, 팔로업(사후 관리) 일정은 어떻게 되는지 일정을 짜서 치료계획서와 함께 전달한다. 이때 팔로업 일정을 강조하면 병원의 평생고객관리 시스템도 함께 어필할 수 있으므로 환자 만족도를 높일 수 있다.

작은 동의부터 얻기

큰 동의를 얻기 전, 먼저 작은 동의부터 얻고 점차 큰 동의를 얻어 내는 방법을 심리학에서 문전 걸치기 기법foot-in-the-door technique 또는 단계적

요청법이라고 부른다.[*]

병원에서는 환자가 전체 치료를 한 번에 진행할 수 없을 때 급한 것부터 치료하거나, 총 10회 치료 중 5회를 먼저 받아 본 후 그다음을 결정하게 하는 방식으로 응용한다.

프레이밍 효과 활용

'틀 효과'로도 불리는 프레이밍 효과framing effect는 질문이나 문제 제시 방법에 따라 사람들의 해석이나 의사 결정이 달라지는 현상을 일컫는다. 이 이론에서는 긍정적인 인식 틀을 적용하면 긍정적인 결론이, 부정적인 인식 틀을 적용하면 부정적인 결론이 난다고 한다.

상담에서도 이 인식 틀을 통해 동의율을 높일 수 있다. 상담 시 긍정적인 단어를 주로 사용하는 것도 그러한 방법 중 하나다. 그 밖에 다음 단어들도 상담할 때 유용하게 활용할 수 있다.

— 손해 보지 않는, 한정, 안전한, 보증된, 증명된, 임상자료, 수월한, 쉬운

반면 사용할 때 신중해야 하는 단어도 있다. 의료는 제품이 아닌, 사람이 사람에게 제공하는 서비스다. 따라서 언제든 치료 계획이 변경되거나 바뀔 수 있다. 통증만 하더라도 사람마다 느끼는 정도가 다르듯이 치료 결과도 사람에 따라 다르게 느낄 수 있다. 그러므로 '완벽', '100%', '반드

---

[*] 로버트 치알디니. 2002. 《설득의 심리학 1》. 이현우(역자). 21세기북스.

시'와 같은 단어는 유의해서 사용하고 항상 여지를 남겨 놓는 것이 좋다.

시각화 및 스토리텔링

시청각 도구를 사용하지 않았을 때의 프레젠테이션 성공률은 38%인데 비해, 시청각 도구를 사용했을 때는 성공률이 67%로 높아진다고 한다. 시청각 도구를 활용하는 것만으로도 성공률이 무려 30% 가까이 상승한다는 것을 알 수 있다.*

상담할 때도 치료 효과를 여러 번 설명하는 것보다 잘된 사례의 사진을 한 번 보여 주는 게 훨씬 좋다. 환자들이 이해하기도 쉽고 '나도 저렇게 되고 싶다'는 생각을 불러일으켜서 상담동의율을 높일 수 있다. 상담에 활용할 수 있는 시청각 도구로는 치료 전후 사진, 상담용 PPT, 모형, 동영상, 소책자 등이 있다.

나는 특히 미용 관련 상담을 할 때는 환자의 모습을 사진으로 찍어서 당사자에게 보여 주었다. 그러면 환자 대부분 "이렇게 심한지 몰랐는데…"라는 반응을 보인다. 자신의 얼굴을 거울로 볼 때보다 사진으로 찍어서 볼 때 환자들이 느끼는 심각성의 정도가 더 커진다. 주관적인 심미에 관한 시술 또는 수술은 차후에 있을 컴플레인이나 의료소송 대비 차원에서도 필요하므로 사진동의서를 갖추고 환자의 동의를 받은 후 사진을 촬영한다. 요즘은 일부러 약점을 잡아 병원에 환급을 요구하는 환자들도 있어서 치료 전후 촬영은 꼭 필요하다.

---

* 유종숙, 최환진. 2014. 《프레젠테이션 프로페셔널》. 커뮤니케이션북스.

내가 경험하기로는 병원마다 사진 관리가 잘 되는 곳도 있지만, 안 돼서 뒤죽박죽인 곳이 많다. 차이점은 담당자의 유무에 있다. 사진은 꾸준히 정리해야 분실이나 누락, 유출을 막을 수 있고, 상담 시 활용할 수 있는 귀중한 자료가 될 수 있다. 사진을 관리할 때는 환자별로 노출해도 되거나 그렇지 않은 경우, 노출할 때는 얼마나 노출할 수 있는지도 점검해야 한다.

사진매뉴얼 제작하기

사진을 직원 모두가 촬영할 때는 사진마다 편차가 커지므로 사진매뉴얼이 필요하다. 사진매뉴얼에 들어가는 항목으로는 치료별 촬영 부위 및 각도, 사진 조리개·셔터 등 값 조절 방법, 미러 사용법, 촬영 멘트, 촬영 장소, 배경색, 헤어 및 메이크업 등이 있다. 병원 특성에 따라 이 항목들을 고려해서 만든다.

시각화와 함께 활용할 수 있는 또 다른 방법은 '스토리텔링'이다. 환자는 자신과 비슷한 상황에서 치료받고 상태가 좋아진 다른 환자들의 후기를 궁금해한다. 그래서 상담할 때 비슷한 사례의 다른 환자를 예시로 들어 설명하면 환자 자신도 치료 후 그러한 효과를 얻을 수 있을 거란 기대로 동의율이 오르게 된다.

상담실 위치 및 환경

상담실 위치와 환경도 상담동의율에 영향을 미친다. 예를 들어 병원 안쪽에 상담실을 만들면 좋다. 심리적으로 바깥쪽에 있는 상담실보다 안쪽 상담실에서 상담받은 환자는 스스로 병원 안쪽까지 들어와 '개입'했다고 느끼기 때문이다.

상담실 유리가 투명해서 복도 풍경이 다 보이면 집중도가 떨어지기 때문에 요즘은 반투명 유리를 사용하기도 한다. 또한 집중도를 위해 상담실 안에 책상만 두거나, 전문적인 느낌을 주기 위해 큰 서재처럼 꾸미거나, 병원에서 수술 또는 시술받은 연예인 사진을 두는 등 상담실 컨셉과 환경도 병원마다 조금씩 다르다. (여담이지만, 나는 레몬 향이 집중력을 높여 준다는 말을 듣고 아로마오일 램프를 사서 상담실에 레몬 향을 마구 뿌려 놓곤 했다.) 흔히 상담실에 원장의 수료증이나 자격증을 진열하기도 하는데, 원장뿐만 아니라 상담실장이 교육받은 수료증이 있으면 마찬가지로 환자들에게 신뢰를 줄 수 있다.

나의 상담 실력 높이는
노하우

상담을 처음 시작할 때는 두려움부터 앞선다. 어느 순간 익숙해지면 자신이 상담을 꽤 잘하는 것처럼 느껴질 때도 있다. 컴플레인을 겪지 않은 상태에서는 아무래도 상담동의율 향상에만 집중하게 되는데, 나중에 컴플레인이 들어오면 감당하기 힘들 수 있다. 그러면서 다시 '내가 잘하고 있는 걸까?' 하고 고민에 빠지거나 타성에 젖기도 한다.

　나 역시 그런 과정을 겪었다. 치열하게 고민하면서 여러 시행착오를 겪기도 했는데, 여러분의 시행착오가 조금이라도 줄어들기를 바라며 상담 실력을 향상하는 방법을 나누고자 한다.

상담일지 작성

"측정할 수 없으면 관리할 수 없고, 관리할 수 없으면 개선할 수 없다." 이는 미국 경영학자 피터 드러커 Peter Ferdinand Drucker가 남긴 말이다.

　만나는 상담실장들에게 "상담일지를 쓰세요?" 하고 물어보면 반 이상은 쓰지 않는다고 답한다. 상담을 잘해서 동의율을 올리고 싶다면, 가장 먼저 자신의 상담동의율을 알고 개선해야 한다.

　상담 실력을 향상하기 위한 첫걸음이 바로 상담일지 작성이다. 상담일지를 작성하고 관리하면서 자신이 잘하는 상담과 그렇지 않은 상담을 알 수 있다. 예를 들어 보톡스 시술의 상담동의율이 높은데 레이저 시술은 그렇지 않다면, 왜 그런지 고민해 보고 개선하기 위해 노력해야 한다. 마찬가지로 우리 병원에서 동의가 잘 이루어지지 않는 진료와 그 원인도 파악할 수 있다.

일반적으로 상담일지에는 날짜, 환자 이름, 차트 번호, 신환·구환 구분, 내원경로, 담당 의사, 예상 치료 및 계획, 금액, 동의 여부(동의하지 않았다면 이유 기재), 환자의 나이 및 성별, 소개자 이름(소개로 왔을 때) 등의 항목을 넣고, 마지막 비고란에는 참고 사항을 기재한다. 이러한 상담일지에는 특별한 형식이 필요하지 않으며 보기 편하고 정리하기 쉽게 만들면 된다. 다만 주의할 점은 환자별 상담 내용과 치료 계획, 금액 등을 누구나 쉽게 알아볼 수 있어야 한다는 것이다. 그리고 상담일지뿐만 아니라 환자 차트에도 이 내용을 자세히 기록해 놓는다. 그래야 담당자가 오프일 때 환자가 불시에 내원하거나 전화로 문의하면 다른 직원이 상담일

날짜	순서	이름	차트 번호	신/구	내원경로	담당 의사	예상 치료	치료 계획
1일	①	김옥희	13453	신환	소개	Kim	충치	골드 인레이
	②	박은수	12564	신환	소개	Yoo	충치	보험 진료
	③	정지연	13678	구환	간판	Lee	교정	투명교정
	④	유승현	15678	신환	인터넷	Kim	양악 수술	윤곽 수술
2일	①	김진욱	8754	구환	인터넷	Lee	피부염	보험 진료
	②	홍상희	9578	구환	광고	Kim	점	Er 레이저
	③	이시우	9075	신환	소개	Yoo	사마귀	co2 레이저
	④	한주리	14321	신환	근거리	Yoo	보톡스	턱 보톡스

상담일지(예시)

지와 차트의 기록을 보고 상담과 응대를 할 수 있다.

비동의 환자는 '보류'와 '거절'로 나누어진다. 보류는 말 그대로 결정을 미루는 환자들이다. 환자가 좀 더 고민해 보기로 했다면 일주일 안에 전화해서 확인한다. 이때 동의를 종용하는 느낌을 주지 않도록 주의한다. 나는 전화해서 추가로 궁금한 점은 없는지 묻고 다른 대안이나 해결책을 제시해 주었다. 만약 "방학 때 할게요"라고 말할 때는 기록해 두었다가 방학 전에 다시 연락한다. 다른 병원에서 하겠다고 하는 등 거절일 때는 이유를 파악해서 개선한다.

상담매뉴얼 만들기

상담교육 때마다 나는 교육생들에게 병원에 상담매뉴얼이 있는지 묻는다. 안타깝게도 병원 10곳 중 1곳 정도만이 상담매뉴얼을 가지고 있

금액	상담자	동의(○/×)	비동의 이유	나이	성별	소개자	비고
150만 원	김지은	×	비용	50	F	김욱(15732)	보류(추후 다시 연락)
청구 금액	유안나	○		34	F	유지민(5789)	
600만 원	김지은	○		22	F		
700만 원	유안나	×	통증	26	M		보류
청구 금액	김지은	○		28	M		
25만 원	유안나	×	일정	42	F		시기 조정(여름휴가)
20만 원	유안나	○		30	M	조수민(9450)	
15만 원	김지은	×	비용	29	F	이유진(직원)	거절(다른 병원)

다. 나는 특히 이 상담매뉴얼 작업을 상담실장들이 하기를 강력히 추천하는데, 만들면서 머릿속에 정리되는 내용을 토대로 조리 있고 논리적인 설명을 할 수 있기 때문이다.

상담매뉴얼을 만들기 위해서는 먼저 우리 병원의 진료 항목을 정리해야 한다. 각 진료 항목별 흐름을 토대로 상담매뉴얼을 작성한 후 원장과 상의하여 수정하는 과정을 거친다. 완성된 후에는 계속 업그레이드하면서 관리한다.

상담매뉴얼에 기재되는 항목은 다음과 같다.

항목	내용(예시)
① 진료명(시술/수술)	·쌍꺼풀 수술double eyelid operation
② 원리 및 방법	·눈을 뜰 때 안검(눈꺼풀)에 주름이 생기게 하는 수술
③ 종류	·절개법/매몰법/부분절개법 등
④ 제품 및 재료	
⑤ 특징(장단점)	·매몰법: 피부를 절개하지 않고 2~4개의 작은 구멍으로 수술하는 방법. 흉이 남지 않으며, 실밥을 뽑을 필요가 없고, 절개법보다 붓기가 빨리 빠진다. 단, 라인이 쉽게 풀릴 수 있다.
⑥ 주의 사항	·매몰법: 눈을 비비는 행동은 삼간다.
⑦ 차별점	·원장 실력 ·대학병원으로 유명 이상의 최첨단 시설과 장비 ·수술 후 체계적인 관리 시스템 ·소개환자가 전체 환자의 90% 이상
⑧ 자주 하는 질문	·회복 기간이 어느 정도인가요? ·치료할 때 얼마나 아픈가요?
⑨ 비용 기준	

상담매뉴얼 양식(예시)

① 진료명(시술/수술)

기본 진료명을 기재한다. 병원별로 같은 진료라도 이름이 다를 수 있으니, 될 수 있으면 다른 병원에서 불리는 진료명도 함께 명시한다. 환자들이 어떤 이름으로 질문할지 모르기 때문이다. 실제로 걸려 오는 문의 전화에 "우리는 그런 진료 안 해요"라며 끊어 버리는 일도 보았다. 물론 이름만 다를 뿐 그 병원에서 취급하는 진료였다.

② 원리 및 방법

①번의 시술 또는 수술에 대해 설명한다.

③ 종류

이 항목에서 병원별 차별점을 찾을 수 있다. 시술법 자체가 다른 병원과 다를 수 있고, 우리 병원에서만 가능한(원장이 개발한) 시술법이 있을 수 있으며, 장비가 다를 수 있다. 따라서 차별점이 있다면 기본 시술법과 함께 기재하고 숙지한다.

④ 제품 및 재료

치료에 사용하는 기술·재료·제품 종류 등을 기재한다. 예를 들어 치과에서 금니(크라운)를 씌울 때는 금 함량에 따라 크라운 종류가 달라지므로 이를 기재할 수 있다. 피부과에서는 보톡스나 필러 제품명을 넣을 수 있다. 성형외과에서도 코 성형의 경우 고어텍스, 실리콘, 알로덤 등 사용하는 재료명을 넣을 수 있다.

⑤ 특징(장단점)

치료의 장점과 더불어 이점을 기재한다. 이 치료를 받는 환자에게 어떤 가치와 이점이 생기는지 상세하게 기술한다. 환자의 저항을 극복할 수 있는 상담 기술이 바로 이 장점의 어필이다.

단점을 기재하는 이유는 여러 치료법 중에서 환자가 무엇을 선택할지 고민할 때 비교 설명을 해주기 위해서다. 만약 비용 때문에 고민하는 환자라면 더 저렴한 다른 치료법을 권할 수 있다. 그 밖에 치료 기간, 부작용 등 주 진료 위주로 장단점을 비교해 설명할 수 있어야 한다.

⑥ 치료 전후 주의사항

치료 전후 주의사항 고지는 매우 중요하다. 수술 전 금식이라고 아무리 말해도 사탕이나 껌을 먹고 오는 환자가 있고, 물도 마시지 말라고 주의를 주면 '커피는 괜찮겠지' 하고 생각하는 환자도 있으며, 네일아트를 지우고 오라고 해도 그대로 와서 수술 당일 젤네일 지우느라 시간이 지연되어 전체 일정에 차질이 생기는 일도 있다.

주의사항은 직원이 먼저 숙지해야 한다. 특히 원장을 비롯해 전 직원의 말이 통일되어야 한다. 찜질만 하더라도 원장은 얼음찜질을 3일, 뜨거운 찜질은 그 이후에 하라고 했는데 실장은 뜨거운 찜질은 하지 말라고 하고, 다른 직원은 얼음찜질만 일주일 하라고 하면 어떨까? 환자는 헷갈릴 뿐만 아니라 병원을 신뢰하지 않게 된다. '직원들이 알아서 하겠지'라고 생각해 그냥 맡기지 말고 세심하게 신경 써서 매뉴얼을 만들고 교육해야 한다.

⑦ 차별점

홈페이지나 SNS에 기재되어 있는 우리 병원의 차별화 요소와 상담 때 어필하는 내용이 따로 놀지 않아야 한다.

⑧ 자주 하는 질문

상담하다 보면 환자들이 공통으로 하는 질문이 있다. 이를 미리 정리해 두면 한눈에 파악할 수 있으며, 상담할 때 훨씬 자신감이 생긴다.

"저, 혹시 원장님 연세가…?"

환자들은 자신의 예상보다 젊어 보이는 원장을 만나면 나이를 궁금해한다. 온라인에서도 너무 젊은 원장은 경험이 없어서 안 되고, 너무 나이 많은 원장은 최신 기술이 없어서 안 된다는 등 여러 이야기가 돈다. 그래서 환자들이 원장에 관해 공통으로 하는 질문에 어떻게 대답할지 원장과 미리 상의한 뒤 전 직원이 내용을 공유해야 한다.

· 자기 관리를 잘해서 동안이셔서 그렇지 실제 나이는 꽤 있으시다.
· 개원한 지는 얼마 안 되었지만 다른 병원에서의 총 경력이 15년 이상이다.
· 젊으신 만큼 감각적이시고 최신 방식에 맞게 치료를 잘해 주신다.

⑨ 비용 기준

병원의 비용(할인) 기준이 있어야 한다. 만약 비급여 항목에 대해 환자마다 다른 비용을 적용하게 되면 나중에 컴플레인이 크게 발생할 수 있다. 비용 할인은 소개환자(일반 소개자/VIP 소개자) 할인, 가족(환자 가족/직원 가족) 할인, 지인(직원 지인/원장 지인) 할인, 장거리 환자 할인, 특정 조건(사진 공개, 치료 후기 작성) 할인 등 여러 기준이 있다.

다른 병원 모니터링

단기간에 상담 실력을 높이는 방법 중 하나가 바로 실력 있는 상담자의 상담을 관찰하는 것이다. 하지만 보통 다른 직원에게 상담하는 모습을 보이는 걸 부담스러워 하고, 자신의 노하우라고 생각해 공개를 꺼리는 상담실장도 있다.

우리 병원의 상담을 관찰할 수 있다면 가장 좋겠지만, 여의치 않다면 다른 병원에 환자로 가서 직접 상담받아 보기를 권한다. 나 역시 일을 가르쳐 줄 사람이 없어서 쉬는 날이면 큰 병원에 환자로 가서 시스템을 관찰하고 상담도 받았는데, 그 경험이 나중에 크게 도움되었다. 다른 병원에 가서 직접 상담받으면 배울 점도 있지만, 그렇지 않은 점도 보일 것이다. 배울 점은 받아들여서 내 스타일대로 발전시키고, 좋지 않은 점은 반면교사로 삼으면 된다.

상담 시 다른 병원 험담은 금물!

한 번은 모니터링 차원에서 모 병원에서 상담받는데, 상담실장이 경쟁 병원을 심하게 헐뜯어서 불편한 적이 있었다. 험담은 반드시 연관자의 귀에 들어가게 되어 있다. 특히 병원 업계는 생각보다 매우 좁고 어디에서 누구를 부딪칠지 모르므로 사실이 아닌 이야기를 지어내거나 무분별한 험담은 삼가는 것이 좋다.

상담 촬영하기

상담을 시작한 지 얼마 되지 않았을 때 나는 내 상담을 스스로 녹음해서 들어 보곤 했다. 그러나 녹음은 비언어적 의사소통을 볼 수 없다는 단점이 있어서 동영상 촬영으로 방법을 변경했다.

본인은 잘하고 있다고 생각하지만 막상 촬영해서 내 모습을 보면 환자와 눈도 맞추지 않고 컴퓨터 화면이나 차트만 보거나, 습관적으로 볼펜을 굴리거나, 다리를 떨거나, 환자 말을 자르고 자기 말만 하는 등 생각지도 못한 여러 가지 모습을 발견하게 된다. 동영상으로 자기 모습을 보면 개선해야 할 점을 깨달을 수 있어서 도움이 된다.

나는 당사자들의 동의하에 원장을 비롯한 다른 상담자들의 모습을 촬영해 함께 보며 피드백하는 시간을 가지곤 했다. 처음에는 동영상 촬영을 부끄러워하던 직원들도 지적이 아닌 피드백을 주고받으며 상담 능력이 향상하는 것을 느끼자 나중에는 나보다 더 적극적으로 참여했다.

사례 분석

상담은 경험이다. 경험은 시간이 흘러 쌓이는 것이어서 단기간에 만들 수 없다. 그럴 때 진료 전후 사진과 차트를 보고 공부하면서 간접적으로 경험을 쌓고 실력도 늘릴 수 있다.

먼저 우리 병원 환자의 전후 사진을 보면서 어떤 진료를 받았을지 예상해 본다. 그리고 차트를 보고 실제로 어떤 진료를 어떻게 받았는지 확인한다. 처음에는 잘 보이지 않고 예상이 빗나가기도 하지만, 차츰차츰 익숙해지면서 원장의 진료 방식도 자연스럽게 알 수 있다. 어떤 사례가 어떻게 치료되는지 자꾸 봐야 보는 눈이 생기고 상담도 잘할 수 있다.

직접 진료받기

환자의 관점에서 설명해 주는 일은 정말 중요하다. 이를 위해 가장 좋은 방법은 내가 그 진료를 직접 받아 보는 것이다. 직접 진료받으면 자신의 경험에 비추어 설명을 더 잘할 수 있게 되고 환자의 마음도 이해할 수 있게 된다. 물론 모든 진료를 다 받아 볼 순 없겠지만, 우리 병원의 미용시술이나 간단한 진료를 경험해 볼 수는 있다. 예를 들어 피부과에서는 새로운 시술이나 레이저 장비가 들어오면 제일 먼저 직원들이 체험해 본다. 치과에서도 직원들이 직접 치아교정이나 치아미백 등의 진료를 받기도 한다.

교육 및 세미나 듣기

앞에서 언급한 여러 가지 노력과 함께 꾸준히 교육 및 세미나에 참석하기를 추천한다. 세미나에 가면 다른 병원 직원들과 만나 고민거리를 나눌 수 있고, 여러 가지 사례를 접할 수도 있다. 그러면서 나 자신을 돌아보며 발전해 나갈 수 있다.

환자에게 신뢰를 주지 못하는
상담 유형은?

나는 병원의 평판 조회 등 여러 가지 이유에서 주기적으로 온라인 모니
터링을 한다. 그러다 보면 적나라한 환자 후기와 뒷이야기를 많이 접하
는데, 이를 통해 환자들 대부분이 병원의 '신뢰'를 중요시한다는 점을 알
수 있다. 환자들은 첫 예약부터 내원 후 진료와 상담을 거쳐 후 병원 문
을 나설 때까지, 그 모든 과정을 통해 이곳이 신뢰할 수 있는 병원인지
아닌지를 판단한다. 그중에서도 환자와 가장 많은 대화를 나누는 상담실
장은 당연하게도 신뢰 형성에 상당히 중요한 역할을 한다.

상담을 통해 신뢰 형성하기 위해서는 환자에게 신뢰를 주지 못해서 치
료 동의가 이루어지지 않는 대표적인 사례를 살펴보는 것이 도움된다.

원장과 직원의 말이 다름

나는 원장 진료 때 상담실장이 함께 들어가기를 권한다. 만약 "나는
우리 원장님과 10년 넘게 일해서 눈빛만 봐도 아는 사이라 안 들어가도
돼" 하고 생각한다 해도 원장 진료 때는 환자와 함께 들어가는 것이 좋
다. 환자마다 같은 진료라도 세부적인 내용이 달라질 수가 있는데, 만약
상담실장이 원장과 다른 설명을 하면 당연히 환자는 그 상담실장을 신뢰
하지 않게 되기 때문이다. 입사한 지 얼마 안 된 상담실장이 그 병원에

어울리는 상담 실력을 갖추는 가장 빠른 방법도 원장 진료를 직접 보고 듣는 것이다. 임상지식도 늘게 될 뿐만 아니라, 우리 병원의 스타일을 익히고 원장과 한목소리를 낼 수 있게 된다.

상담실장이 원장을 신뢰하지 못함

상담실장이 원장을 믿지 못하면 상담에 자신감이 떨어진다. 물론 환자도 상담 중 그걸 느낀다. 내가 우리 원장님을 신뢰해야, 그 마음이 환자에게 진심으로 전달될 수 있다. 본인이나 가족이 진료받아야 할 때 어디에서 진료받겠느냐고 상담실장들에게 물으면 10명 중 절반은 자신의 병원에서 진료받는다고 하고, 나머지 반은 다른 병원으로 간다고 한다. 나부터 원장을 신뢰하고 있는지, 가족이나 친구에게 이 진료를 권할 만큼 자신이 있는지 점검해 보아야 한다.

지나치게 친절하거나 장황한 상담

지나치게 친절해도 상담을 리드하지 못한다. 상담자가 계속 친절하게 웃으며 환자가 이래도 네, 저래도 네 하면 환자는 의심을 품게 된다. 환자는 자신이 잘못 알고 있는 점을 병원 직원이 정확히 짚어 주고 어떤 치료가 필요한지 자신 있게 말해 주길 원한다.

또한 여러 치료법을 장황하게 나열해도 환자는 무엇을 선택할지 결정 내리기 어렵다. 지금 이 환자에게 정말 필요한 치료가 무엇인지, 그리고 왜 우리 병원에서 치료받아야 하는지를 명확하게 설명할 수 있어야 한다.

너무 강하게 밀어붙이는 상담

너무 우유부단한 상담도 신뢰를 주지 못하지만, 너무 강하게 밀어붙이는 상담도 거부감을 준다. 상담할 때는 환자에게 궁금한 점을 묻고 그 부분에 대해 차근차근 설명해 주면서 대화를 해나가야 하는데, 환자의 이야기는 듣지도 않고 자기 말만 하거나 환자에게 설교하는 식의 상담을 하면 환자는 불쾌감을 느낀다. 독단적으로 밀어붙여서 당장은 환자가 치료에 동의하더라도 나중에 집에 돌아가서 전화로 예약을 취소하거나 컴플레인이 발생할 수 있다.

횡설수설 설명하는 상담

특히 초보 상담자들이 겪는 어려움이다. 환자에게 어떤 말을 어디까지 해야 할지 잘 모르고, 환자의 돌발 질문에 당황하기도 한다. 그래서 이말 저말 늘어놓다 보니 겉으로는 말을 하고 있는데 속으로는 자신도 무슨 말을 하는지 몰라 점점 식은땀이 나며 환자 표정은 어두워진다. 이럴 때는 앞서 설명한 상담매뉴얼이 필요하다. 상담매뉴얼을 직접 만들면서 내용을 정리하고 자주 하는 질문을 미리 파악하면 환자 앞에서도 점차 당황하지 않고 논리적인 설명을 할 수 있게 된다.

부작용을 지나치게 강조하는 상담

환자가 나중에 컴플레인하는 것이 싫어서 치료의 어려움과 부작용을

상담실장,
환자의 마음을 잡아라

강조해 설명하는 상담실장이 있다. 물론 부작용은 의무적으로 반드시 설명해야 한다. 환자가 진료를 너무 쉽게 생각해도 안 되지만, 한편으로는 너무 부담스럽게 생각해도 안 된다. 발생할 수 있는 상황에 대해서 환자에게 정확히 설명해 주되, 진료가 완료되었을 때의 긍정적인 결과도 환자가 알 수 있도록 해야 한다.

원장 진료가 너무 짧거나 불발됨

보험 진료과에서는 있을 수 없는 일이지만 비보험 진료과에서는 종종 벌어지는 일이다. 예약하고 방문했지만 수술이 길어져서 상담실장만 만나고 오거나, 대기시간에 비해 원장 진료가 너무 짧아서 컴플레인이 발생하곤 한다. 환자가 병원에 오는 목적은 원장을 만나는 것이다. 애써 마케팅해서 환자를 병원에 오게 했는데 그 노력이 전부 물거품될 수 있으니 주의해야 한다.

비대면 상담,
온라인 및 전화 상담 방법

환자가 우리 병원에 내원하기 전에 이루어지는 온라인(홈페이지) 상담, 전화 상담과 같은 비대면 상담의 중요성은 우리가 너무나 잘 알고 있다. 비대면 접점에서의 응대 정도에 따라 환자의 내원 여부가 결정되기 때문이다.

온라인 상담

병원 홈페이지나 SNS에 올라오는 문의를 원장이 직접 관리하는 병원도 있고, 직원들이나 마케팅팀이 전담하는 곳도 있다. 요즘은 '전문의 상담' 카테고리를 따로 만들어 "온라인 문의는 전문의들이 100% 직접 답변해 드립니다"라고 홍보하기도 한다. 일반적으로 홈페이지에 올라오는 문의를 처리하는 과정은 다음과 같다.

〈온라인 상담 과정〉
① 문의 글이 올라오면 담당자에게 알림 메시지가 간다.
② 담당자가 문의 내용을 원장에게 보낸다. (출력, 메일, 메신저 등)
③ 원장에게 확인받은 답변을 등록한다.
④ 글 작성자에게 문자나 메일로 답변 완료 메시지를 보낸다.
⑤ 다음 날 글 작성자에게 다시 메시지를 보내, 전화 상담이나 예약을

상담실장,
환자의 마음을 잡아라

유도한다.

이 과정은 어느 병원이나 비슷하겠지만 답변의 속도, 내용, 형식, 예약
및 방문 유도 등에서 차별화하면 환자 내원율을 높일 수 있다. 답변은 신
속(1시간 이내)하게 하는 것이 좋다. 예약 유도뿐만 아니라, 예약 후 내원
관리도 중요하다. 온라인으로 상담받은 환자의 내원율을 주기적으로 점
검하고 관리한다.

답변을 달 때는 '첫인사, 본문, 끝인사 및 마무리' 형식을 갖춘다. 대면
상담과 마찬가지로 첫 부분에 라포 형성 멘트를 적은 후 답변한다. 내용
은 일대일 상담하듯이 환자 개인에게 맞춤으로 답변하는 느낌을 주어야
하며 지인이나 가족, 본인의 경험을 언급('우리 어머님도 그런 적이 있으신데
요…')하는 것도 한 방법이다.

다음은 온라인 상담 형식(예시)이다.

① 첫인사
내원한 환자에게 하듯이 날씨나 안부 등의 스몰토크를 곁들인 감성적
인 인사로 시작한다.

② 본문
─환자의 질문 내용을 한 번 더 확인한 후 답변한다.
　예시) 보톡스와 필러 중 어떤 게 더 좋을지 질문하셨는데요.
─일대일 상담하듯이 질문 대목마다 답변한다.
　질문) 제가 지방흡입 수술과 지방 녹이는 주사 중에 고민하고 있는데요. 지

방흡입은 회복이 오래 걸리나요?

답변) 지방흡입과 주사 중에 고민하고 계시군요. 먼저 지방흡입은….

— 병원의 차별화 멘트를 기재한다.

예시) 저희 병원은 시술받으신 분들의 만족도가 높아서 90% 이상 소개로
내원하는 병원입니다.

— 연관된 치료 후기를 링크로 걸어 홈페이지 방문을 유도한다.

③ 마무리 및 끝인사

— 내원 시 뵙겠다는 끝인사로 마무리한다.

예시) 날씨가 쌀쌀한데 건강 꼭 챙기시고, 예약하신 날짜에 뵙기를 희망합
니다.

전화 상담

병원 콜센터는 환자의 내원 여부를 결정하는 중요한 접점이다. 하지만
대부분 병원에서는 초보 병원코디네이터를 콜센터에 배치한다. 콜센터
가 없는 병원에서도 역시 데스크에 있는 직원이 주로 전화 응대를 한다.
하지만 기본적인 임상지식이 부족하거나 경험이 부족하면 매번 "잠시만
요…" 하고 실장을 연결해야 하거나 실수를 하기도 한다. 이럴 때 나는
주로 두 가지 방법을 사용했다.

첫 번째로 콜센터가 있는 병원에서는 신입 사원이 아닌 부실장급을 콜
센터에 배치했다. 콜센터에서 전화 응대와 상담을 경험시킨 후 실장으로
승진시켰는데, 그러면서 전화 상담에서 내원으로 이어지는 프로세스를

경험할 수 있고 전화 상담 기술도 쌓을 수 있다.

두 번째로 콜센터 직원 또는 병원코디네이터에게 기본적인 임상지식을 교육시켰다. 병원코디네이터는 친절 및 서비스 매너 교육을 받고 입사하고, 입사해서도 CS 위주로 교육받게 된다. 하지만 우리가 일하는 곳은 병원이다. 병원에서 가장 기본이 되어야 하는 것은 환자에 대한 이해와 더불어 임상지식이다. 어떤 질문에도 자신 있게 대답해 줄 수 있을 때 환자는 이 병원이 전문적이라고 느낀다. 전화 응대를 하는 직원은 반드시 병원의 진료적인 부분을 공부해야 하며, 환자 질문에 제대로 답변해 줄 수 있어야 한다.

전화 상담도 온라인 상담과 마찬가지로 프로세스가 있다. 이에 맞춰서 기본 응대 스크립트를 만들면 전화 상담동의율을 높이는 데 도움받을 수 있다.

다음은 전화 상담 때의 기본적인 응대 형식이다.

① 첫인사("감사합니다. ○○ 병원 코디네이터 ○○○입니다.")
② 진료 대상자 파악
③ 문의 내용 확인
④ 환자의 현재 상태 및 니즈 탐색
⑤ 환자의 질문에 답변
⑥ 다른 병원에서의 치료 또는 상담 경험 확인
⑦ 우리 병원의 진료 설명 및 장점 어필
⑧ 비용 안내
⑨ 환자가 고민하는 부분 파악 및 예약 유도

⑩ 병원 위치 안내(찾아오는 방법, 주차 등)

⑪ 마무리와 끝인사

⑫ 문자 메시지(예약 확인 및 병원) 주소 발송

명심해야 할 점은 전화 상담도 대면 상담과 크게 다르지 않다는 점이다. 환자가 고민하는 부분을 파악하고 해결책을 제시한 후 예약을 유도하는 게 핵심이다. 환자가 내원을 고민하는 이유가 무엇인지 파악하고 안심시켜 준 뒤 예약을 권유해야 한다. 만약 환자가 전화 상담 후 예약을 하지 않으면 그 이유에 대해 정중히 묻는다. "예약 때문에 고민하고 계시군요. 실례지만 어떤 부분 때문에 망설이시는지 여쭤도 될까요?" 환자의 이야기를 듣고 최대한 배려해 줄 수 있는 부분을 알려서 내원할 수 있도록 하는 게 중요하다. 만일 환자가 비용 때문에 고민이라고 하면 환자의 사정을 어느 정도 배려할 수 있도록 병원에서 직접 만나 자세한 이야기를 나누면 좋겠다고 말하는 것도 나쁘지 않다.

컴플레인 관리는
예방부터

1920년대 한 보험사의 손실통제 부서에 근무하던 허버트 윌리엄 하인리히Herbert William Heinrich는 산업재해를 분석하다가 '1:29:300의 법칙'을 발견했다. 이 법칙은 대형사고 1건이 발생하기 전, 소형사고가 29건 발생하고, 소형사고 이전에 같은 원인의 사소한 징후들이 300번 나타남을 의미한다. 즉 대형사고가 발생하기 전, 관련된 수많은 가벼운 사고와 징후들이 존재한다는 것이다.

병원에서 발생하는 컴플레인도 마찬가지다. 어떤 컴플레인이 발생하기 전에 그와 관련된 수많은 징후가 있었을 것이다. 우리가 그것을 미처 인지하지 못하거나 사소하게 생각해서 그냥 넘겼을 뿐이다.

병원에서 일어나는 컴플레인은 크게 병원 측의 잘못으로 인해 발생하거나 환자의 주관적인 불만족으로 발생하는데, 대표적인 컴플레인 사례는 다음과 같다.

— 갑작스러운 치료 계획 변경으로 치료비 증가

— 주의사항, 검사, 진료 내용, 촬영, 비용 등의 설명 누락

— 긴 대기시간

— 치료 기간의 연장

— 치료 결과에 대한 불만족

— 직원 불친절 또는 배려 부족

— 환자와의 관계 맺기가 잘 이루어지지 못함

컴플레인을 관리하는 방식은 병원별로 다르다. 미리 방지하고자 신경 쓰는 곳이 있는가 하면, 무조건 돈으로 무마하려는 곳도 있고, 컴플레인 전담 직원을 둔 곳도 있다. 최근에는 컴플레인 방지를 위해 환자 경과를 점검하는 '경과팀'을 꾸린 병원도 있다.

사람의 성향에 따라 컴플레인 응대 방식에도 차이가 난다. 어떤 원장은 컴플레인만 발생하면 진료실에서 나오지 않아 실장이 혼자 애먹기도 하고, 반대로 어떤 실장은 컴플레인이 발생하면 무조건 원장에게로 들고 간다. 실제로 모 병원 원장님은 제발 자기네 실장이 어느 정도는 해결책을 들고 와서 보고했으면 좋겠다며 나에게 하소연하기도 했다.

최대한 예방할 수 있는 컴플레인이 있지만, 그렇지 않은 것도 있다. 컴플레인을 당장 해결해 줄 수 없을 때는 환자가 상황을 이해할 수 있게 자세히 설명해 주어야 하며, 주기적으로 연락해서 병원에서 신경 쓰고 있음을 느끼게 해야 한다. 아무것도 할 게 없다는 생각에 그대로 환자를 내버려두면 제2의, 제3의 컴플레인으로 이어질 수 있다. 컴플레인이 어떤 이유로 발생했든지 간에, 컴플레인 관리에서 가장 중요한 건 예방과 관심, 그리고 끝까지 책임지고 노력하는 모습을 환자에게 보여 주는 것이다. 지속해서 책임감 있는 모습을 보이면 나중에 환자가 항의하거나 재수술을 원할 때 올바르게 대처할 수 있으며 더 나아가 큰 컴플레인을 방지할 수가 있다.

미국의 유명 컨설턴트인 자넬 발로Janelle Barlow와 다이애너 몰Dianna Maul은 공동저서에서 '정서계좌' 개념을 설명한다. 통장에 돈을 저축하듯이, 사람과 사람 관계에서도 긍정적인 경험이 이 정서계좌에 차곡차곡 적립된다는 개념이다. 평소 정서계좌에 긍정적인 경험이 많이 쌓여 있으면 부정적 경험을 해서 인출이 일어나더라도 마이너스가 아니다. 반면, 평소 긍정적인 경험이 거의 바닥인 관계에서는 부정적 경험으로 인출이 일어나면 마이너스 통장이 될 수 있다.

병원에서의 컴플레인도 마찬가지다. 평소 환자와의 관계가 잘 형성되어 있으면 컴플레인을 할 일도 조금 더 수월하게 넘어갈 수 있지만, 그렇지 않으면 서로 이해하고 넘어갈 수 있는 일도 컴플레인으로 돌아온다. 따라서 환자 한 명 한 명을 응대할 때마다 정서계좌 개념을 생각하면서 긍정적인 경험을 쌓도록 노력해야 한다.

민망한 질문을 할 때는 환자를 배려하자

산부인과 모니터링을 위해 대기실에서 차례를 기다릴 때였다. 산부인과 대기실에는 대부분 여성 환자들이 있지만, 남편이나 남자친구와 함께 와서 대기하는 사람들도 있다. 그곳 병원 직원이 접수하면서 환자에게 이렇게 질문했다. "마지막 생리일은 언제였나요? 피임은 하시죠?" 모든 사람에게 다 들리도록 무신경하게 묻는 말에 나조차 민망해졌다. 환자가 짜증이 섞인 말투로 "꼭 여기에서 대답해야 하나요?" 하고 묻자, 직원은 "그럼 어디에서 하나요?"라고 무미건조하게 되물었다. 그러자 환자가 "지금 저한테 기분 나쁜 거 있으세요?" 하고 따졌고 결국 큰소리가 오갔다. 직원이 조금만 배려했어도 환자 마음이 상하지 않았을 일이었다.

---

* 자넬 발로, 다이애너 몰. 2002. 《숨겨진 힘: 감성》. 최중범(번역). 김영사.

중간상담

상담할 때 말고는 상담실장 얼굴을 볼 수 없다며 불만을 토로하는 환자들이 있다. 치료를 진행하면 환자들은 병원에 주기적으로 방문한다. 일 잘하는 실장들은 본인이 상담한 환자가 오면 인사하며 안부도 묻고 치료가 잘 진행되고 있는지, 불편한 점은 없는지 점검한다. 관계 관리를 하면서 만족도를 높이는 것이다. 그런데 이를 상담실장이 몰라서 못 할 수도 있고, 병원 시스템상 하기 어려울 수도 있다. 만약 상담실에서 온종일 상담만 하느라 상담한 환자들이 치료를 잘 받고 있는지 살필 겨를이 없다면, '중간상담'을 추천한다. 중간상담은 치료 중 환자의 경과와 만족도를 점검하는 것이다. 중간상담을 하는 것만으로도 환자는 병원에서 신경을 써주고 있다고 느낀다. 환자가 처음 추천받은 치료 중에서 비용 등의 이유로 우선순위가 되는 치료를 먼저 진행할 때는 다음에 진행할 치료 설명과 계획에 관해서도 이야기 나눌 수 있다.

사례 1. 개선이 필요한 전화 상담

– 병원 직원: 말이 빠르고 무뚝뚝함

직원: 감사합니다. ○○ 병원입니다.

환자: 안녕하세요? 문의 좀 드리려고 하는데요.

직원: (무뚝뚝하게) 네.

환자: 제가 4개월 전에 가슴 초음파 검사를 했는데 한쪽에 뭔가 잡힌다고 해서 재검사받으라고 해서요. 제거해야 할 수도 있다고 하는데, 혹시 여기서 도 제거해 주시나요?

직원: 네.

환자: 제가 수유하고 나서 가슴이 많이 쳐져서 가슴 수술도 고려 중인데, 종양 제거하고도 수술할 수 있나요? 만약에 하게 되면….

직원: (환자 말을 가로채고) 가능하시죠.

환자: 아, 동시에도 가능한….

직원: (다시 말을 가로채고) 원하신다면요.

환자: 혹시 비용은 얼마 정도 들까요?

직원: 비용은 다 합쳐서 450만 원 정도 생각하시면 되고요. 가슴 멍울이 한 개 인가요?

환자: 네. 제가 4개월 전에 검사할 때 한 개라고 하셨어요, 선생님께서.

직원: 그럼 크기 기억나세요?

환자: 크기는 크지 않다고만 말씀하셨거든요. 제가….

직원: (빠르고 쏘아붙이는 말투로) 그렇게 되면 좀 애매한데, 왜냐하면 이게 크기에 따라 가격이 달라져요.

환자: 아, 그래요?

직원: 네.

환자: 하나만 있다고 하시더라고요. (환자 목소리도 점점 쌀쌀맞아짐)

직원: 지금 오셔서 상담하시고 그 멍울 제거까지 원하시는 거예요?

환자: 제거가 필요하면 해야죠. 그때 선생님도 제거가 필요하면 해야 한다고 하셨어요.

직원: 아, 그래요? 그래서 6개월 뒤에 다시 보자고 하신 거예요?

환자: 그때는 3개월 뒤라고 하셨어요. 그래서 지금 할 때가 됐….

직원: (퉁명스럽고 급한 말투로) 그럼 병원에 한 번 내원하셔서 다시 초음파 검사를 하는 것도 괜찮을 것 같아요. 제거는 당일에 안 하시더라도 상담 먼저 하시는 것도 괜찮죠.

환자: 아, 알겠습니다. 예약하고 가야 하죠?

직원: 네네.

환자: 오전은 몇 시부터 하세요?

직원: 오전 10시부터 하고요, 미리 예약만 해주시면 돼요. 당일로는 좀 힘드시고 다른 분들도 뭐 일주일 전부터 예약해 주세요.

환자: 아… 네, 알겠습니다. 그럼 제가 아이가 있어서 일정 확인해서 다시 연락드릴게요.

직원: 네, 그러세요.

개선할 점

① 환자 파악(환자가 누구인지, 무슨 이유로 전화했는지 등)을 위한 질문 없이 환자가
　　묻는 말에만 단답형으로 대답
② 퉁명스럽고 쌀쌀맞은 어투
③ 환자 말을 번번이 가로채서 자기 할 말만 함
④ 병원의 장점이나 차별화 멘트 부족
⑤ 성의 없는 답변

사례 2. 비교적 좋은 전화 상담

– 병원 직원: 밝고 경쾌한 목소리

직원: 정성을 다하는 ○○ 병원입니다.

환자: 안녕하세요?

직원: 네, 안녕하세요?

환자: 이 병원도 가슴 초음파 하나요?

직원: 그럼요, 저희 병원은 가슴전문 병원이어서 검진 센터도 다 갖춰져 있
　　　습니다.

환자: 아, 제가 동네에서 4개월 전에 검사받았는데 한쪽에 혹이 있다고 해서
　　　요. 재검사해야 한다고 하는데요.

직원: 혹 제거요?

환자: 네, 재검사받아서 이게 자라면 제거해야 한다고 해서요.

직원: 네, 맞아요. 저희 병원은 처음이시죠?

환자: 네네.

직원: 네, 그럼 검사 예약을 좀 도와드릴게요. 언제쯤 가능하신가요?

환자: 검사 예약이요? 제가 아이를 맡겨야 해서⋯ 토요일만 가능해요. 스케줄 보고 다시 연락드릴게요.

직원: 네, 전화해 주세요.

환자: 비용은 얼마나 들어요?

직원: 혹의 길이마다 달라져요. 자세한 가격도 그때 말씀해드리겠습니다.

환자: 그럼 저 하나 더 여쭤볼게요. 제가 모유 수유하고 가슴이 좀 처져서 교정하고 싶거든요.

직원: 네, 그 부분은 가슴이 어느 정도 처졌는지 상태를 먼저 봐야 합니다. 일단 그것도 같이 상담 예약을 도와드릴까요? 현재 고객님 상태를 원장님께서 먼저 보시고 나서 어떤 교정이 필요한지 말씀해주실 거예요.

환자: 네. 이 병원에서 암 검사도 가능한가요?

직원: 네, 원장님이 유방외과 전문의이시고 이 자리에서 같은 진료만 20년 넘게 하셨어요. 학회도 많이 열고 연구도 꾸준히 하시고요. 그래서 저희 병원은 검진 센터와 관리 프로그램이 다 짜인 곳이에요.

환자: 네.

직원: 저희는 재수술로도 유명하거든요. 다른 병원에서 잘못된 환자분들 여기서 재수술도 많이 하세요. 유방암 치료 받으신 분들은 나중에 없어진 가슴도 만들 수 있어요.

환자: 그럼 제가 토요일로 예약하려고 하면 언제 해야 할까요?

직원: 토요일에 상담이랑 원장님 상담도 받아 보실 건가요?

환자: 네, 이왕이면 같이하고 싶은데요.

직원: 그러시면 이번 주 토요일 2시로 예약을 잡아드릴게요.

환자: 네, 감사합니다.

직원: 네, 감사합니다. 토요일에 뵙겠습니다.

긍정적인 점

① 친절하고 상냥한 어투
② 질문으로 대화를 이어가면서 환자의 니즈를 파악
③ 예약을 잡기 위한 멘트
④ 병원의 차별점 및 장점 어필
⑤ 상대적으로 자세한 설명

중간관리자,
직원 관리가 관건이다

4년 차,
중간관리자가 되다

"이 선생. 오랜만이네. 잘 지냈어요?"

갑작스럽게 걸려온 전화. 예전에 함께 일했던 최 원장님이었다. 최 원장님은 내가 잘 지내는지 궁금하다고, 한번 보자고 했다. 웬일로 연락을 다 하셨을까? 나는 반가운 마음 반, 조금 의아한 마음 반으로 약속을 잡았다. 만나기로 한 날, 퇴근 시간에 맞춰 최 원장님 병원으로 갔다.

― ○○ 치과

병원 앞에서 간판을 보니 감회가 새로웠다. 고작 몇 년이 지났을 뿐인데 그새 많이 낡은 듯했다.

'그동안 시간이 많이 지났구나.'

이 병원은 내가 병원코디네이터로 처음 일했던 곳이다. 대학 졸업한 지 얼마 안 되어 들어간 첫 직장이고, 일이 서툴고 힘들어서 하루하루 간신히 버텼던 곳. 매일 그만둘 거라며 동기들과 속닥거리고, 아침마다 위축된 마음으로 들어서던 그때를 기억하며 병원 문을 열고 들어갔다.

"안녕하세요? 원장님 뵈러 왔습니다."

병원 대기실에는 직원이 몇 명 있었다. 전부 낯선 얼굴이었다. 직원들은 뚱한 얼굴로 나를 훑어봤다. 마침 최 원장님이 진료실에서 나왔고 우리는 근처 식당에서 저녁 식사를 했다.

최 원장님은 식사하면서 병원에 있었던 일들을 말해 주었다. 들어 보니 병원에는 원장이 원래 두 명이었는데, 나중에 한 명 더 합류해서 총 세 명으로 늘었다고 한다. 그런데 얼마 전, 무슨 이유에선지 갈라서게 되면서 병원에는 최 원장님 혼자 남게 되었다. 의사 한 명으로는 병원을 운영하기 어려워서 최 원장님은 다른 원장을 한 명 더 데려왔다. 문제는 새로 온 의사가 치아교정 위주로 진료한다는 점이었다. 이미 주변에는 유명한 치아교정전문 치과가 여럿 있었다. 결국 경쟁력 부족으로 병원은 어려운 상황에 처했고, 지금은 직원들 월급조차 마이너스 통장에서 충당하는 실정이라고 했다.

"그래서 이 선생, 와서 도와줄 수 없어요?"

생각지도 못한 스카우트 제의였다. 얼마 전 실장 자리 하나가 공석이되었는데, 내가 바로 떠올랐다고.

"이 선생에게 직원 관리를 부탁하고 싶어요. 병원에 서로 화합하는 문화를 만들어 줘요."

최 원장님은 병원의 가장 큰 문제가 조직문화에 있다고 생각했다. 원장이 세 명이었을 때 만들어진 세 개의 팀 문화가 그대로 존속되었기 때문이다. 최 원장님은 나더러 예전처럼 직원들을 다독이고 이끌어 달라고 부탁했다.

나는 제안을 곰곰이 생각해 보았다. 병원에 새 문화를 정착시킨다는 건 상당한 노력과 시간이 드는 일이다. 무엇보다 구습에 얽매여 있는 직원들을 설득하기 어렵다. 하지만 이 일은 나에게 기회가 될 수도 있다. 당시 나는 시골 병원에서 일했는데 다시 도시로 가고 싶은 마음이 있었다. 무엇보다 지금까지의 경험을 활용해 직접 병원의 조직문화를 만들고, 시스템을 구축하고 싶은 열망이 있었다. 현재 다니는 병원에서는 밀려드는 환자 처리하기도 급급했다. 이미 확고히 자리 잡은 조직문화에는 내가 비집고 들어갈 틈도 없었다. 오래 생각할 것도 없이 나는 그 자리에서 최 원장님의 제안을 수락했다.

2주 뒤, 나는 예전에 다니던 병원에 다시 출근했다. 한동안 직원들이 환자를 대하는 모습, 일하는 모습을 지켜보기만 했다. 직원들은 열 명이 채 되지 않았는데도 서로 분열되어 있었다. 각자 맡은 업무만 할 뿐 돕거나 협력하는 분위기가 아니었다.

직원들 복장도 깔끔하지 못했다. 유니폼은 깨끗하지 않았고, 몸에 금목걸이와 귀걸이를 주렁주렁 달거나, 캐릭터 양말을 신은 채 간호화를 구겨 신은 직원도 있었다. 더 좋지 않은 건 환자를 대하는 태도였다. 환자를 눕혀 놓고 직원들끼리 사담을 나누거나 웃고 떠들며 몰려다녔다. 환자가 없으면 준비실에서 아예 나오지 않았다. 환자에게는 "그러셨어?" 하는 반말도 존댓말도 아닌 어중간한 말투로 대했고, 진료 마감 30분 전에는 환자가 있건 말건 휴지통을 비우고 퇴근할 준비를 했다.

눈에 보이는 상황이 심각했다. 나는 새로운 내부 시스템부터 정착시킨 후 외부 홍보를 통해 환자를 유입해야겠다고 생각했다. 그리고 이 병원의 중간관리자로서 할 일의 목록을 적어 보았다.

다음은 그때 내가 만든 업무 리스트다.

업무	내용
환자응대 교육	인사, 접수, 음료 대접, 내원경로 및 거주지 파악(신환), 배웅
대기시간 및 진료 흐름 관리	대기 환자 관리, 대기실 환경 관리
환자 상담	전화 응대 및 상담 매뉴얼 만들기 상담 시 전 직원 멘트 통일화(원장 포함) 상담매뉴얼 및 보조자료 작성(사례별 사진 활용)
직원 교육	회의 및 교육 시스템 정비 환자응대 및 환자 소지품 관리 교육 컴플레인 예방 교육 사진 촬영 교육 차팅 및 보험청구 교육 업무 분담(재료·물품·장비 관리)
직원 채용	구인 공고
고객관리(CRM)	당일 내원 환자 수 파악(신환·구환 비율 파악) 예약 시스템 도입 및 예약부도율(예약취소·변경) 관리 소개환자 및 VIP 환자 관리 환자 이탈률 관리
병원 브랜딩 전략	마케팅 방법 및 차별점 구상
일일결산표 재구성	주요 진료 파악 보험 및 비보험 진료 비율 파악 수입 및 지출 파악 카드 및 현금 매출 비율 파악
기타	무전기 사용, 팀별 업무매뉴얼 만들기, 연월차 재정비, 워크숍, 회식, 병원 내 소통창구 조성 등

병원 시스템 정비 목록

병원
중간관리자란?

최 원장님이 내게 처음 제안했던 역할은 직원 관리와 환자 상담이 전부였다. 하지만 병원에서 좀 더 많은 일을 하고 싶었던 나의 요구로 경영에도 참여할 수 있는 총괄실장의 지위를 갖게 되었다.

병원에 신입으로 입사한 후 1년에서 3년이 지나면 경력자가 된다. 4~5년 차 이상이 되면 팀장이, 6년 차가 넘으면 실장이 될 수 있다. 실장 위에 총괄실장 직급이 있는 병원도 있고, 실장이 곧 총괄실장인 병원도 있다. 연차별 승진 단계는 병원 규모나 정책에 따라 조금씩 다르다. 요즘은 일반 기업처럼 대리, 과장, 차장, 부장 등의 직급 체계를 가진 병원도 있다. 경쟁이 치열해지고, 병원에 '경영'이라는 개념이 도입되면서 병원 조직이 예전보다 복잡해지고 세분되었기 때문이다.

병원에서는 리더십이 필요한 팀장급부터를 '중간관리자'라고 한다. 병원마다 중간관리자에게 요구하는 역량이 다르고 직급 체계에 따라 역할이 달라지기도 한다. '실장'이라고 해도 상담만 하는 상담실장인 경우가 있고, 상담부터 직원 관리, 마케팅, 경영, 행정 등 업무 전반을 총괄하는 총괄실장인 경우가 있다. 물론, 병원에 근무하면서 시간이 흐른다고 누구나 다 중간관리자가 되는 건 아니다. 한 번 병원코디네이터로 입사하면 끝까지 접수와 수납만 하는 만년 병원코디네이터가 되는 병원도 있고, 어느 날 갑자기 외부에서 온 사람이 병원 경력이 하나도 없음에도 불구하고 중간관리자 자리에 앉기도 한다. 또는 위에 있던 중간관리자가 갑작스럽게 퇴사하는 바람에 아무런 준비 없이 중간관리자 자리에 앉게 되는 경우도 있다.

중간관리자는 권력자인가?

나는 종종 병원장과 직원 대상으로 "중간관리자는 어떤 역할을 하는 사람이라고 생각하세요?" 하고 묻는다. 원장들은 대부분 이렇게 답한다. "원장이 진료에만 집중할 수 있도록, 진료 외 모든 일을 맡아 처리하는 사람." 반면 직원들은 "원장님과 직원들 사이에서 다리 역할을 하는 사람"이라고 대답한다. 중간관리자가 이 두 역할, 즉 진료 외 업무 수행과 조직원들 간의 중간자적 역할을 모두 하려면 다방면에서 역량이 필요하다. 직원들을 통솔할 수 있는 리더십이 필요하며, 원장의 신뢰도 쌓아야 한다. 원장과 직원 중 어느 한쪽으로 치우쳐서도 안 되고 직원들을 제멋대로 부리려 해서도 안 된다. 하지만 실상은 어떤가? 무조건 원장 편만 들거나, 반대로 직원들을 선동해 원장을 소외시키는 중간관리자도 있다. 주말에 직원들 불러서 개인 이삿짐 나르게 하거나, 심지어 프러포즈 이벤트를 준비시키는 중간관리자도 보았다. 중간관리자의 역할에 대한 이해와 역량이 부족한 사람들이다.

만약 신입 직원들이 자리를 잡지 못하고 병원을 금방 나간다면 원장을 비롯해 중간관리자들의 역량을 점검해 보아야 한다. 한 번은 이런 일이 있었다. 내가 의원급에서 병원급으로 막 성장한 병원에 다녔을 때였다. 그 병원 경영지원부에는 재무권과 인사권을 모두 가진 중간관리자가 있었다. 재무권과 인사권에서 핵심 권력이 나오기 때문에 일반적으로 이 두 가지를 한 사람에게 집중시키지 않는다. 그런데 이 병원 중간관리자는 집중된 권한을 통해 '절대 권력'을 누리고 있었다. 중간관리자와 직원들 간에 분쟁이 일어나고, 이로 인해 직원들이 퇴사하는 상황이 반복됐다. 어느 날, 그 중간관리자와 이야기 나눌 기회가 있어서 내가 질문했다. "중간관리자의 역할이 뭐라고 생각하세요?" 그러자 중간관리자는 대단한 비결이라도 알려 준다는 듯 이렇게 대답했다. "다른 건 의미 없어요. 작은 일도 최대한 크게 부풀려 보고하고 생색내는 것, 그게 중요해요. 중간관리자는 윗사람에게만 잘 보이면 됩니다." 나는 그 말을 통해 이 사람이 직원들과 왜 그렇게 분쟁을 일으키는지 알 수 있었다.

실무 능력과 관리 능력은 다르다

병원 중간관리자의 주요 업무란 원장과 직원이 업무에 집중할 수 있는 환경을 조성하는 것이다. 이러한 중간관리자가 되기 위해서는 일반 직원들에게 요구되는 것과는 다른 역량이 필요하다. 왜냐하면 업무를 직접 수행하는 '실무 능력'과 그것을 전체적으로 통솔하는 '관리 능력'은 다르기 때문이다.

얼마 전, 직원이 60명 정도 되는 병원에 컨설팅 갔을 때였다. 이 병원의 문제점은 원장이 업무 지시를 내려도 직원들은 모르는 경우가 많고, 어떤 프로젝트를 추진해도 진전 없이 흐지부지 끝난다는 점이다. 전 직원 면담을 하면서 관찰한 결과, 원인은 중간관리자인 원무과 김 실장에게 있음을 알게 되었다. 김 실장은 병원에서 십 년 넘게 실무만 하다가 이번에 처음으로 중간관리자가 된 사람이었다. 덕분에 중간관리자로서의 역할을 이해하지 못했다. 원장이 지시한 업무를 직원들에게 배분해 주지 않고 혼자 다 떠맡고 있었으며(그러니 일 진행이 더딜 수밖에 없었다), 자기 할 일만 하느라 병원 내 소통창구 구실도 하지 못했다.

실제로 병원 현장에 가보면 김 실장처럼 실무에서 능력을 인정받던 사람이 리더가 되었을 때 성과를 내지 못하는 일이 비일비재하다. 어느 날 갑자기 중간관리자 자리에 올라 그 역할이 무엇인지 알지 못하기도 하고, 중간관리자로서의 역량을 갖추기 위한 어떠한 준비와 노력도 하지 않았기 때문이다.

중간관리자가 자신의 역할을 제대로 하지 못한다고 생각해 교육과 상담을 의뢰하는 병원이 많다. 한 병원장의 불만은 진료 일정에 공백이 너무 많다는 것이었다. 중간관리자인 실장이 일정 관리를 전혀 하지 않는다고 했다. 알고 보니 그 중간관리자는 이전 병원에서도 직책은 실장이었지만 진료 보조 업무만 주로 했다. 따라서 그런 보조가 실장의 업무라고 여겼고 상황이 이러하니 종종 진료 공백이 생겼다. 나는 원장이 원하는 중간관리자의 역할을 실장에게 알려 주고, 실장과 일반 직원의 역할을 명확히 구분했다. 그런 후 스케줄 관리 교육을 진행하니 문제가 해결되었다.

중간관리자의 역할 및 역량

중간관리자에게는 다음과 같은 역할이 필요하다.

① 리더십 및 소통 기술
— 병원의 운영 방침에 따라 직원들의 업무를 지원
— 격려 및 조언을 통해 직원들의 동기부여를 돕고 솔선수범함

— 직원들에게 격려·코칭 및 피드백 제공

— 중간자적 역할(원장과 직원 간 중재)

② 직원 관리 및 인재 육성

— 직원경험관리 및 직원 교육

— 인사평가 시스템 정비

— 권한위임을 통해 직원들의 자율성과 역량 강화

— 직원 채용 및 고용브랜드 구축

③ 서비스 기획 및 질 관리

— 고객 만족 서비스 기획

— 지속적인 서비스 질 관리 및 모니터링

중간관리자는 병원 환경과 시스템을 기획·관리하고, 구성원들의 성과를 평가하고 성장을 돕는 역할을 한다. 병원의 의료서비스를 기획하고 지속해서 모니터링하면서 개선점 찾고 수정하는 일을 한다. 그뿐만 아니라 예산 내에서 효율적으로 자원을 관리해야 하며, 변화하는 환경과 정책에 언제나 귀 기울이고 병원에 실제로 반영하는 추진력도 필요하다. 기획에 활용할 수 있도록 각종 통계자료를 분석하고, 한 번 추진한 기획과 직원들의 업무는 마무리될 수 있도록 항상 관리해야 한다. 무엇보다 직원이 일하기 좋은 환경을 조성하고, 직원과 원장의 원활한 관계를 돕는 역할을 해야 하므로 사람에 대한 이해, 리더십, 그리고 소통 능력이 중요하다.

중간관리자로서
파악해야 하는 것

병원에서 중간관리자로 일하기 위해서는 최우선으로 파악해야 할 것들이 있다. 먼저 자신이 일하는 병원에서 추구하는 경영철학과 핵심가치가 무엇인지 알아야 하고, 그 병원에서 중간관리자에게 요구하는 역할은 어떤 것인지 알아야 한다.

병원 경영철학 및 핵심가치

경영이념이라고도 부르는 경영철학은 우리 병원을 어떤 목적과 방식으로 경영해 나갈 것인지 그 방향을 제시해 준다. 핵심가치는 병원의 목표 달성을 위해 전 직원이 공유하고 실천해야 하는 기본적 가치로, 조직 내에서 바람직한 행동의 기준이 된다. 이러한 경영철학과 핵심가치는 병원의 비전, 방향성, 시스템에 그대로 반영된다.

특히 원장이 추구하는 경영철학 및 핵심가치에 따라 환자를 대하는 방식, 직원을 대하는 태도가 달라진다. 이는 곧 병원 문화가 되기 때문에 중간관리자로서 원장의 가치관을 파악하는 것은 중요하다. 원장의 가치관은 중간관리자가 병원 조직에 적응하고 인정받기 위해서는 물론, 개인적인 비전과 방향성 설정을 위해서도 꼭 알아야 한다.

몇 달 전, 나와 알고 지내던 윤 실장이 새로 입사한 병원에서 겪은 일을 들려주었다. 윤 실장이 이전에 다녔던 병원은 직원들에게 매출 경쟁 시키기로 유명한 곳이다. 그래서 윤 실장은 새로 들어간 병원에서도 매출을 유도하는 방식으로 환자를 상담했다. 그런데 하루는 원장님이 조용히 윤 실장을 불러서 말하더란다. 급하게 치료해야 하는 환자가 아니면 매출을 위해 압박하는 상담은 하지 말아 달라고. 정기적으로 검진하면서 꼭 필요할 때 치료를 권해야 환자들도 병원을 신뢰하고, 그것이 장기적으로 매출에도 도움된다는 이야기였다. 상담 능력에 자부심이 있던 윤 실장은 꽤 충격을 받았다. 하지만 그 조언이 없었으면 자신은 계속 매출 당기기에만 급급했을 거라며, 지금은 원장님에게 감사한 마음이 든다고 했다. 윤 실장은 이후 원장의 경영철학에 맞춰서 병원 경영과 관련된 의사 결정 및 운영 방식을 재설정했다.

직원과 비전 나누기

많은 병원 직원들이 병원에서 추구하는 경영철학, 핵심가치 등을 알지 못한다. 자신이 탄 배가 어디로 어떻게 가는지 모르는 셈이다. 조직문화가 제대로 자리 잡은 병원을 살펴보면 무엇보다 병원장의 경영철학이 명확하며, 이를 모든 직원과 공유한다. 핵심가치 및 비전의 전파는 한 번의 고지로 끝내는 것이 아니라 전 직원이 모여 주기적으로 제창하거나 병원 곳곳에 문구를 비치해서 상기시킨다. 비전 달성을 위해 목표를 설정할 때도 병원만의 성장이 아닌, 전 직원이 함께 성장하기를 장려하고 지원한다.

병원에서 요구하는 역할

중간관리자는 일반적으로 두 가지 유형으로 나뉜다. 바로 '성과중심형'과 '사람중심형'이다. 성과중심형 중간관리자의 특징은 '추진력'에 있다. 병원의 발전 방향을 제시하고 원장과 직원을 이끌어서 비교적 빠르게 성과를 낸다. 하지만 직원 개개인의 마음을 살피는 일에는 비교적 부족하다. 반면 사람중심형 중간관리자는 성과를 내는 속도는 느리지만 직원의 마음을 잘 헤아린다. 어떤 유형이 더 좋다, 나쁘다 할 수는 없으며 병원의 상황(안정적인 리더가 필요한지, 추진력 있는 리더가 필요한지)에 따라 요구되는 역할이 달라진다.

중간관리자의 역할은 원장의 성향에 따라서도 달라질 수 있다. 원장이 우유부단한 성향이라면 결단력 있게 일을 추진하는 성과중심형 중간관리자가 적합하다. 반면 원장이 불같은 성격에 많은 일을 벌여서 직원들이 힘들어한다면, 그 마음을 다독여 줄 수 있는 사람중심형 리더가 적합하다.

병원마다 달라지는 중간관리자의 역할에 대해 한 실장님과 이야기 나눈 적 있다. 그 실장님은 병원에 입사 면접을 볼 때 대놓고 묻는다고 했다. 이 병원에서 원하는 중간관리자가 '예스맨'인지 '노맨'인지. 지시받은 일만 조용히 하면서 있는 듯 없는 듯 지내는 중간관리자를 원하는 병원이 있는가 하면, 시키는 일만 하기보다 자기주장을 관철하면서 추진력 있게 일을 밀어붙이는 중간관리자를 원하는 병원도 있다. 따라서 이 병원에서 필요로 하는 중간관리자의 역할이 무엇인지, 나의 성향과 능력이 병원에서 원하는 리더상에 부합하는지 파악해야 한다.

당신의 조직은
무리인가, 팀인가?

올바른 리더가 되려면 조직에 대해 알아야 한다. 하지만 많은 병원 중간 관리자들이 조직에 대한 기본적인 이해가 부족하며, '팀'의 개념조차 알지 못하는 이들도 있다.

흔히 같은 일을 하면 같은 팀이라고 생각하지만, 팀은 '무리'와 다르다. 무리는 사람들이 공간적으로 가깝게 모인 집단을 의미한다. 함께 나눌 목표, 방향성, 상호작용 없이 말 그대로 '모여 있는 집합'인 셈이다. 반면, 팀에는 공동의 목표가 있다. 팀은 서로 다른 능력을 갖춘 사람들이 공동 목표를 이루기 위해 서로 교류하고 협력하며, 결과에 대한 책임도 공유한다. 또한 이를 주도하는 '리더'가 존재한다.

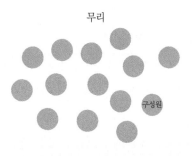

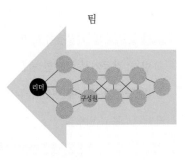

·구성원들이 거리적으로 가깝게 모여 있음
·특정 질서 및 구조가 없으며, 공동 목표가 없음

·리더가 존재
·공동 목표를 향해 상호협력함

무리와 팀의 차이

예를 들어, 병원에 5명으로 구성된 '상담팀'이 있다고 하자. 이 상담팀에는 리더가 없으며, 구성원들이 서로 경쟁한다. 결과가 좋지 않거나 문제가 생기면 팀의 공동 책임이 아닌, 한 개인의 책임으로 몰아간다. 이 조직은 이름처럼 '팀'이 맞을까? 이름만 팀인 무리, 또는 집단일 것이다. 이처럼 우리가 병원에서 팀이라고 부르는 코디팀, 간호팀, 관리팀, 수술팀, 원무행정팀 등이 정말 팀일 수도 있고, 아닐 수도 있다. 또한 리더가 있다 해도, 그 리더의 역량이 부족하면 팀이 아닌 무리나 집단이 될 수 있다.

조직심리학자 브루스 터크먼Bruce W. Tuckman은 팀의 형성과 발달을 다음의 4단계로 설명한다.[*]

— 형성기: 팀이 처음 구성되는 시기. 목표에 대한 공감대가 아직 불완전하며 팀원들 간의 역할과 책임이 불분명하다. 신뢰가 형성되지 않아 서로 경계하듯 조심스럽다.

— 갈등기: 팀원 간 생각의 차이로 인해 갈등과 분열이 일어난다. 자신의 위치를 명확히 하기 위한 팀원 간 경쟁이 심화되며, 리더의 업무 진행 방식에 대한 불만 토로로 의사 결정이 늦어지고 일 처리가 지연된다.

— 규범기: 갈등기를 극복한 팀은 이해를 통해 결속력이 강해지며 규범을 공유한다. 공동의 목표에 대한 공감대가 형성되고 목표 성취를 위해 구성원들이 자발적으로 노력한다.

— 성취기: 팀의 비전을 공유하고, 의사소통 및 권한위임이 효과적으로 이루어

---

[*] 박태현. 2012. 《팀으로 일하라》. 시그마북스.

진다. 팀원들이 기존의 성과에 만족하지 않고 더 많은 성과를 창출하기 위해 자발적으로 움직인다.

팀의 발달 단계 중 형성기에 오랫동안 정체되어 있거나, 심지어 무리에 머물러 있는 조직이 진정한 팀이 되기 위해서는 무엇이 필요할까? 책임감과 통솔력 있는 리더가 있어야 하고, 팀원들이 몰입할 수 있는 공동목표가 필요하다. 리더는 팀의 공동 목표가 무엇인지 팀원들에게 명확히 인지시키고, 팀원들과 상호작용하면서 한 방향으로 팀을 이끌어야 한다. 또한 성과를 위한 개인이 아닌 공동의 노력과 상호책임이 강조된다. 여러 연구에서도 밝혀졌듯이 서로 간의 빈번한 상호작용으로 정신모형(공통된 인식의 틀)을 공유하는 팀의 구성원은 자신의 업무에 긍정적이며, 업무적으로 더 많은 동기부여를 받는다.

병원에서 중간관리자는 리더에 해당하는 사람이다. 그만큼 중간관리자의 역할이 중요하며, 그가 어떤 리더십을 발휘하느냐에 따라 우리 병원 조직의 모습이 달라진다.

직원과의 관계,
소통이 먼저다

2018년 메디컬커리어연구소에서 병원 직원 대상으로 '함께 일하고 싶은 중간관리자, 함께 일하고 싶지 않은 중간관리자'에 대한 설문조사를 진행했다. 다음은 그 결과를 정리한 것이다.

① 함께 일하고 싶은 중간관리자

— 실무를 잘 안다.

— 직원들의 고민을 듣고 함께 해결책을 찾는다.

— 직원들의 롤모델이 되며 성장을 돕는다.

— 책임감과 통솔력이 있다.

— 말과 행동에 일관성이 있다.

② 함께 일하고 싶지 않은 중간관리자

— 업무 강도 및 중요도를 모른다.

— 직원 의견을 무시하고 멋대로 결정한 후 통보한다.

— 감정 기복이 심하다.

— 자신의 이익만 챙긴다.

— 직원들의 발전을 저해한다.

직원들이 함께 일하고 싶어 하는 중간관리자는 병원에서의 성과 창출 뿐만 아니라 직원들의 본보기가 되고, 성장을 도우며, 신뢰를 형성하는 사람이다.

직원과 거리 좁히기

병원 직원이 중간관리자로 승진하기도 하고, 외부에서 채용된 사람이 중간관리자 자리에 앉기도 한다. 어떤 경우든 중간관리자가 되어 가장 먼저 해야 할 일은 직원들의 마음을 여는 것이다.

병원 직원들은 보수적인 성향이 강하다. 외부에서 윗사람이 오면 대부분의 직원들은 일단 거리를 두고 경계부터 한다. 이런 상황에서 중간관리자가 기존의 병원 시스템을 무작정 변화시키려 들면 직원들의 집단 반발로 인해 먼저 나가떨어질 수 있다. 내가 새 병원에 중간관리자로 갔을 때도 성과에 대한 압박으로 마음이 조급했다. 마음이 조급해지면 전체를 보지 못하고 당장 눈앞의 사안에만 집중해 시야가 좁아진다. 그때 내가 했던 실수가 바로 직원들의 마음을 열기 위한 노력을 소홀히 했던 것이다.

첫 일주일 동안 나는 직원들이 일하는 모습을 지켜보며 개선해야 할 점을 정리했다. 그런 후, 원장님과의 미팅에서 앞으로 부족한 점을 보완하기 위해 매뉴얼 작업을 하겠노라 말했다. 원장님은 내 말이 끝나기 무섭게 전 직원을 회의실로 불렀다. 그러더니 당장 매뉴얼 작업을 시작하라는 지시를 내렸다. 당연하게도, 직원들은 내가 자기들을 험담하고 고자질했다고 여겼다. 안 그래도 좋지 않았던 병원 분위기가 더 나빠졌다. 하지만 성과중심적 성향이 있는 나는 어떻게든 매뉴얼 작업을 강행하려

했다. 내 딴에는 직원들이 볼멘소리하는 이유가 매뉴얼 작업이 번거롭고 방법도 모르기 때문이라고 생각했다. 그래서 내가 직접 매뉴얼을 작성해서 불평이 가장 많던 막내 직원에게 최대한 친절하게 건네주었다. 그러나 막내 직원은 자료를 건네받자마자 그대로 내 앞에 집어 던지더니 그 길로 병원을 나가 버렸다.

그 일을 겪은 후 나는 일하는 방식에 변화를 주었다. 마음에 들지 않는 점을 당장 개선하려 들기보다, 먼저 직원들과의 관계를 돈독히 하는 것에 중점을 두게 된 것이다. 아침 식사를 하지 못하고 출근한 직원들과 김밥을 나눠 먹거나, 직원들 생일이나 가족 행사가 있으면 개인적으로 챙겨 주기도 했다. 대화에 어울리기 위해 직원들이 보는 드라마나 좋아하는 연예인을 조사하고, 직원들이 잘하는 업무가 있으면 칭찬해 주었다. 무엇보다 직원들의 이야기에 귀 기울이려 노력했다. 매일 아침 출근하면 가장 먼저 직원들 표정을 살펴서 어두워 보이는 직원이 있으면 무슨 일 있는지 슬며시 묻고, 좋은 일이 있을 때는 함께 기뻐했다.

직원들이 바쁠 때는 청소 등 보조 업무를 대신해 주었다. 주 업무를 대신해 주면 직원들이 좋아할 거라고 착각하는 중간관리자들이 있다. 그러나 직원으로서는 업무를 빼앗긴다는 느낌을 받을 수 있으며, 자신이 일을 잘하지 못해서 가져간다는 인상을 받을 수 있으므로 주의가 필요하다. 따라서 직원들이 주 업무에 더 몰두할 수 있도록 보조 업무를 돕는 편이 좋다.

차근차근 노력하다 보니 어느새 직원들도 서서히 마음의 문을 열고 나를 따르게 되었다.

직원과 소통하기

이렇게 말하는 병원 직원들이 꽤 많다.

"우리 병원 실장님은 아침부터 상담실에 틀어박혀 거의 나오지 않아요. 종일 그 안에서 뭐 하는지 모르겠어요."

이런 중간관리자들은 대체로 직원들과 쌍방향 의사소통이 아닌 일방적 통보만 한다. 직원들이 일하면서 힘든 점은 없는지, 중간관리자로서 도와줄 점이 무엇인지 알려고 하지 않고, 설령 알아도 나 몰라라 한다. 하지만 의료서비스는 사람 업業이라고 할 정도로 직원들 말 한마디 한마디가 환자들에게 큰 영향을 준다. 따라서 중간관리자라면 직원들을 계속 살피면서 고충을 파악하고 해결을 도와야 한다.

리더가 현장을 직접 돌아다니면서 수시로 살피고 직원들과 소통하는 방식을 현장밀착경영*이라고 한다. 병원에서도 이 경영 방식은 매우 중요하다. 만약, 중간관리자가 온종일 방에 들어가서 자기 일만 하고 직원들을 살피지 않는다면 어떻게 될까? 당연히 문제 인식과 대응, 조치가 늦어지고 직원들과의 소통도 점점 줄어들게 된다. 나는 중간관리자로 일할 때 상담시간 외에는 상담실에 거의 들어가지 못했다. 대기실 분위기, 환자응대 상황, 직원들 컨디션과 근무 태도, 병원 시스템 등을 쉴 새 없이 살펴야 했기 때문이다. 환자가 너무 몰릴 때는 이른바 '교통정리'도 해야 했다. 이처럼 중간관리자는 늘 촉각을 곤두세우고 직원들과 병원 내외부 상황을 살피면서 문제가 발견하는 즉시 해결하도록 노력해야 한다.

---

* 톰 피터스, 로버트 워터먼. 2005.《초우량 기업의 조건》. 이동현(옮김). 더난출판.

직원 개인면담

직원들과 좀 더 깊이 있는 대화가 필요할 때는 개인면담을 진행했다. 인사평가를 위한 정기면담이 공식적인 자리라면, 개인면담은 좀 더 자유롭고 편안한 분위기 속에서 진행된다. 두 면담 모두 성과 향상을 목표로 하지만 개인면담은 직원의 업무 고충과 개인사까지 파악하고 관계를 강화하기 위한 목적으로 시행할 수 있다.

직원 개인면담을 할 때도 준비가 필요하다. 먼저 면담의 목적을 정한 후 면담 장소 및 시간을 약속한다. 어떤 방식으로 이야기를 풀어나갈지 미리 생각한 후 면담에 임하는 것이 좋다.

다음은 직원 개인면담 진행 순서와 방법이다.

① 스몰토크로 면담 시작하기

면담을 시작할 때도 환자 상담과 마찬가지로 스몰토크가 필요하다. 스몰토크는 본론과 관계없는 간단한 안부 인사나 공통 관심사를 통해 마음을 열고 공감대를 형상하는 대화 기법이다. 관리자가 먼저 열린 마음으로 다가가 직원과 대화하면 직원도 점차 자신의 이야기를 풀어낼 것이다.

② 질문하기(개방형 질문과 폐쇄형 질문)

직원의 고충을 파악하기 위해서는 적절한 질문 방식이 필요하다. 질문에는 개방형 질문과 폐쇄형 질문이 있다. 폐쇄형 질문은 "예"나 "아니오"처럼 단답형으로 대답을 얻는 방식이고, 개방형 질문은 육하원칙을 이용해 질문함으로써 대답하는 사람이 자기 생각과 의견을 자유롭게 이야기하도록 돕는 질문 방식이다. 직원의 속마음을 듣기 위한 면담에서는 주로 개방형 질문을 활용한다.

— 폐쇄형 질문 예시: "지난주에 바빴나요?", "고민이 있나요?"

— 개방형 질문 예시: "지난주에 어떤 일로 바빴나요?", "어떤 고민이 있나요?"

"어떤 이유에서~?"

개방형 질문할 때 '왜'로 시작하는 질문은 캐묻거나 비난하는 느낌을 줄 수 있어 주의가 필요하다. 한 번은 내가 지각한 직원에게 "오늘 왜 늦었어요?"라고 질문한 적이 있는데, 직원의 표정이 어두워져서 당황했다. 그 이후로 직원들에게 이유를 물을 때는 '왜'가 아닌 '어떤 이유'를 문장에 넣어 질문했다. "오늘 어떤 이유에서 늦게 출근했어요?"

③ 적극적 경청과 공감하기

직원이 자신의 이야기를 할 때는 적극적으로 경청해야 한다. 적극적 경청이란 수동적으로 듣는 행위가 아닌, 상대방의 이야기에 주의를 기울이고 공감을 표하는 것이다. 또한 상대방의 이야기를 중간에 자르거나, 내 식대로 판단하지 말아야 한다.

④ 면담 마무리하기

면담을 마무리할 때는 면담에서 이야기했던 내용을 한 번 더 정리하면서, 다음 면담 때까지 서로 지켜야 하는 게 무엇인지 합의한다. 면담에서 있었던 이야기는 다른 직원에게 옮기지 않아야 신뢰를 얻을 수 있다.

병원 직원들이 면담에서 말하는 고민 대부분은 '내가 업무를 제대로

중간관리자,
직원 관리가 관건이다

하는 건지 모르겠다', '이 일이 나한테 맞는지 확신이 들지 않는다', '어떻게 해야 지금보다 일을 더 잘할 수 있을지 고민이다' 등이다. 업무 적성을 고민할 때는 직업적성검사나 성격유형검사를 통해 직원을 도울 수 있다. 또한 비슷한 고민을 하는 사람들을 만나 함께 이야기하며 자극받을 수 있도록 교육 및 세미나 참석을 권하기도 한다.

이렇게 직원들의 고충 해결을 돕고자 진행하는 개인면담은 관리자와 직원 간 관계를 강화하는 것은 물론, 직원 유지율을 높이는 데도 도움된다. 일반 대기업에서는 중간관리자의 역량평가 때 채용 기여도와 함께 직원 유지율 기여도가 평가요소로 들어 있을 만큼 이는 중간관리자의 매우 중요한 역량 중 하나다.

직원이 따르는
중간관리자란?

직원들이 중간관리자를 따르게 하려면 소통을 통한 관계 맺기만으로는 부족하다. 직원들은 리더로서 믿고 따를 수 있는 중간관리자를 원한다. 중간관리자 스스로 직원들에게 본보기가 되어야 하며, 무슨 일이든 솔선수범해야 한다. 동기부여를 통해 직원들의 성장을 도와야 함은 물론이다.

본보기 되기

윗물이 맑아야 아랫물이 맑다는 속담처럼 직원들은 선배나 중간관리자의 언행을 그대로 보고 배운다. 따라서 중간관리자는 자신이 직원들에게 본보기가 될 수 있도록 언제나 태도와 언행에 신경 써야 한다. 만약 중간관리자가 단정치 못한 차림으로 신발을 구겨 신고 명찰도 달지 않고 일한다면 어떨까? 중간관리자가 그런 차림새로 근무하면 아래 직원들도 자꾸 편한 걸 찾게 되고 단정하고 깔끔한 복장을 기대하기 어려워진다. 병가 내고 백화점에서 쇼핑하다가 직원들한테 들키는 중간관리자, 직원들 출퇴근 시간은 칼같이 확인하면서 본인은 지각을 일삼는 중간관리자, 전날 과음하고 와서 초췌한 표정으로 환자를 맞이하는 중간관리자, 원장이 없는 날 늦게 출근해서 일찍 퇴근하는 중간관리자 등도 역시 직원들에게 본보기가 되지 못한다.

솔선수범하기

병원에는 해결해야 할 크고 작은 돌발상황과 사건 사고가 끊이지 않는다. 짐 나르기나 청소 같은 잡일도 해야 한다. 직원들은 처음에는 당연히 나서려 하지 않는다. 이때 직원들을 닦달하기보다, 중간관리자가 먼저 솔선수범하는 모습을 보이면 직원들도 자발적으로 따라 하게 될 것이다. 나는 중간관리자로 일할 때 가장 먼저 출근해서 제일 늦게 퇴근하곤 했다. 내 개인적인 성향도 있지만 중간관리자가 먼저 모범을 보이지 못하면 직원들의 근무 태도를 지적할 수 없기 때문이다. 그 자리에 주어진 권한은 권력이 아니며, 언제나 책임이 뒤따른다.

신뢰 형성

직원들이 믿고 따를 수 있는 중간관리자가 되기 위해서는 직원들과 신뢰 관계를 형성해야 한다. 미국의 심리학자인 데이비드 마이스터David H. Maister는 신뢰란, 전문성과 정직함에서 오는 믿음, 약속과 이행이 연결된 경험의 반복 그리고 친밀감을 합한 값을 이기적 성향으로 나눈 값으로 산출된다고 한다.[*]

중간관리자에게 전문성은 매우 중요하다. 병원 직원들은 중간관리자의 전문성이 실무 능력에서 온다고 생각하기 때문이다. 직원들과 아무리 친밀한 관계를 쌓아도 실무에 무지하고, 평소 공부도 하지 않아서 전문

---

[*] 데이비드 마이스터, 찰스 그린, 로버트 갤포드. 2009. 《신뢰의 기술》. 정성묵(옮김). 해냄출판사.

성이 떨어진다면 직원들은 그 중간관리자를 속으로 무시하거나 잘 따르지 않게 된다. 중간관리자는 우물 안 개구리가 되지 않기 위해서도 늘 공부하고 트렌드에 민감해야 한다. 또 환자에게 친절히 대하라고 매번 강조하면서 본인은 대기실에 환자들이 있건 말건 직원들에게 큰소리 내는 중간관리자, 일관성 없이 이랬다저랬다 말이 자주 바뀌고 직원들과의 약속을 이행하지 않는 중간관리자도 직원들과의 신뢰 형성이 어렵다.

한 병원에서 직원들이 단체로 들고 일어난 적 있었다. 그 병원 직원들과 이야기를 나눌 기회가 있어서 이유를 물어보니 중간관리자인 실장 때문이라고 했다. 실장이 직원들에게 목표 매출을 달성하면 인센티브를 준다고 하고는 번번이 그 약속을 어겼다는 것이다. 직원들도 처음에는 참고 넘겼는데, 어느 날 우연히 실장 본인은 줄곧 인센티브를 챙겨 왔다는 사실이 발각되었다. 결국 한바탕 소란이 일었고 그 실장은 병원을 그만두어야 했다.

직원 동기부여

직원들의 동기부여가 중요한 이유는 성과와 밀접하게 연관되기 때문이다. 동기부여란 '목표를 향해 나아가고 행동하도록 만드는 자극'을 뜻한다. 동기부여를 위해서는 먼저 목표를 향해 움직이게 하는 '동기'가 무엇인지 알아야 한다.

동기에는 내적 동기와 외적 동기가 있다. 내적 동기는 일 자체에서 느끼는 성취감이나 보람, 즐거움 등이며 외적 동기는 일을 통한 보상을 뜻한다. 내적 동기가 외적 동기보다 훨씬 더 강력하다는 사실은 이미 여러 연구에서 밝혀졌다. 그러나 업계 기준보다 한참 낮은 급여를 지급하면서 내적 동기만 강조한다면 지속적인 동기부여가 어려워진다. 따라서 조직을 이끌기 위해서는 내적 동기와 외적 동기가 적절한 균형을 이뤄야 한다.

내적 동기부여 방법	외적 동기부여 방법
권한위임 목표 관리 및 피드백 교육 및 교육 지원 멘토링 제도 직원 존중·인정·신뢰 표현	적정 수준의 급여 복리후생 공정한 보상(인센티브, 포상 휴가 등) 문화 및 여가 생활 지원

직원 동기부여 방법

학자들은 역량, 동기부여, 기회의 세 가지 요소가 상호보완적 관계이며, 이들이 적절한 조화를 이룰 때 조직 구성원의 성과를 극대화할 수 있다고 주장한다.* 즉 우리 병원 구성원들이 성과를 내도록 돕기 위해서는 교육을 통해 역량을 향상시키고, 동기부여를 통해 참여와 몰입을 유도하며, 그것들을 발휘할 기회를 제공해야 한다.

* 김민영, 이효주, 박성민. 2016. 〈AMO에 기반한 고성과작업시스템이 조직효과성에 미치는 영향 연구: 직장생활의 질(QWL)을 매개변인으로〉. 《한국인사행정학회보》. 15(3): 269-303.

칭찬직원 이벤트

동기부여 방법 중 '칭찬직원' 선정 이벤트는 내적·외적 동기부여에 모두 도움이 된다. 먼저 직원들이 각자 종이에 칭찬하고 싶은 직원을 뽑고 그 이유를 기술하게 한다. 표를 모아 가장 많은 표를 받은 직원을 칭찬직원으로 임명한다. 칭찬직원에게는 전 직원 앞에서 포상과 격려를 해준다. 동료들이 작성해 준 내용을 읽으면서 눈물을 글썽이는 직원도 있고, 직원들 간 사이가 더욱 돈독해진다. 서로 비판하는 문화가 아닌 칭찬하는 문화가 정착되는 것에도 도움된다.

롤모델 되기

한 번은 병원 실장 2명과 저녁 식사 자리가 있었다. 그 자리의 화두는 '직원의 성장'이었다. 15년 차라고 소개한 실장이 먼저 운을 띄웠다. "저는 병원에서 일한 지 10년이 넘었지만, 지금까지 단 한 번도 직원들한테 업무를 알려 준 적 없어요. 다른 실장들도 마찬가지예요. 직원들도 사실상 경쟁자들인데, 누가 자기 노하우를 알려 줘요?" 그러자 옆에 앉아 있던 실장(병원 근무 17년 차)이 고개를 끄덕이며 말했다. "맞아요. 일을 가르쳐 주면 실장 자리 뺏기고 쫓겨날 각오해야 해요."

교학상장敎學相長은 가르치고 배우면서 성장한다는 의미다. 중간관리자는 직원을 성장시킴으로써 자신도 또 한 단계 발전한다. 만약 중간관리자가 '내 일'을 꼭 끌어안고 있으면 평생 같은 위치에서 같은 일만 하게 될 것이다. 무엇보다 배울 점이 있는 중간관리자가 있는 조직의 직원들은 쉽게 이직하지 않으며, 중간관리자는 직원의 성장을 도우면서 그들의 롤모델이 될 수 있다. 롤모델인 중간관리자는 직원들이 더욱 존중하고 자연스럽게 따른다.

원장과의 관계,
이해에서 시작한다

병원 중간관리자로서 직원과의 관계 못지않게 원장과의 관계도 중요하다. 원장과의 관계는 '이해'를 바탕으로 신뢰가 형성되어야 한다. 나도 신입일 때는 원장님들의 말과 행동이 잘 이해되지 않았다. 원장님이 하루에도 몇 번씩 신입인 나를 불러 병원 이야기부터 개인적인 이야기까지 할 때는 '원장님이 나한테 왜 이런 말씀을 하실까?' 하고 의아했다.

전에는 'CEO는 외롭다'는 말을 그냥 흘려들었는데, 막상 내가 대표라는 직함을 가지게 되니 그 말이 뼛속까지 와닿는다. 주변에 사람이 아무리 많아도 막상 속 이야기를 하려고 하면 딱히 떠오르는 이가 없다. 그렇다고 병원 일을 전혀 모르는 친구나 가족한테 이야기하기도 애매하다. 그럴 땐 너무도 외로워진다. 가장 어려운 건 의사 결정의 순간이다. 가끔은 옆에서 조언해 주거나 상의할 제갈공명 같은 사람이 절실해진다. 하지만 매번 그런 사람을 곁에 두는 게 쉽지 않다 보니 직원 누구라도 붙잡고 이야기하고 싶어지는 것이다. 이런 원장님들의 속마음을 그때는 사려 깊게 이해하지 못했다.

의사라는 직업적 특성에 기인한 성향을 이해하려는 노력도 필요하다. 내가 아는 병원장들을 떠올리면 몇 가지 공통적 특성이 있는데, 무엇보다 자신의 의술에 대한 프라이드가 상당하다. 다른 의사와 비교당하거나 비의료인이 아는 척하는 걸 무척이나 싫어해서 주의해야 한다.

원장들의 또 다른 공통점은 병원에 상업적 느낌을 풍기는 걸 무척이나 꺼린다는 점이다. 이 부분에서 매출 압박을 받는 실장들과 부딪치기도 한다. 따라서 이런 성향이 강한 원장과 일할 때는 가격 정책 등으로 인한 단기적인 매출 상승을 꾀하기보다, 환자와의 관계 맺기를 통한 장기적인 매출 성장을 추구하는 것이 좋다.

그 밖에 다음과 같은 특성을 가진 원장들이 있다.

일밖에 모르는 원장

한 원장님은 오로지 일에만 매진해서 만나는 사람도 없고 병원에서 거의 살다시피 했다. 오죽하면 내가 "원장님, 친구분들도 만나고 취미 생활이라도 해보세요" 하고 말한 적이 있다. 그러나 원장님은 친구들은 만난 지 너무 오래돼서 연락하기 어색하고, 같은 의사 친구들은 별로 만나고 싶지 않다고 했다. 나는 밤늦게 퇴근하고 아침 일찍 나오는 생활을 반복하면 스트레스도 쌓이고 자칫 번아웃될 수 있다고 생각하는데, 원장님은 병원에 있는 게 가장 마음 편하단다.

이런 성향의 원장들은 외부와 교류가 없다 보니 시야가 좁아질 수 있다. 옆에서 감언이설 하는 사기꾼들한테 잘 속기도 한다. (사기를 당해도 자존심 때문에 어디 말도 못하고 혼자 끙끙대는 일이 많다.) 이럴 때 나는 최대한 원장의 이야기나 하소연 들어주는 데 시간을 할애하고, 감언이설로 다가오는 사기꾼들을 감시했다. 원장의 시야가 좁아지지 않도록 새로운 트렌드나 다른 병원 사례 등을 공유하기도 했다.

진취적 성향의 원장

우리가 흔히 "그 원장은 완전 사업가 스타일이야" 하고 말하는 원장 중에 진취적인 성향을 가진 분이 많다. 진취적인 성향의 원장들은 열정과 의욕이 넘쳐서 계속 새로운 시도를 한다. 이런 원장과 함께 일하는 중간관리자는 트렌드에 민감해야 하고, 쉬지 않고 새로운 기획을 해야 한다. 문제는 새로운 시도를 해도 끝이 흐지부지되는 경우가 많고, 원장 자신도 금방 잊어버린다는 것이다. 시도한 일이 잘 마무리되고 다음 진행 단계로 넘어갈 수 있으려면 중간관리자가 계속 직원들을 격려하고 피드백을 해주어야 한다. 원장에게 보고하는 것도 잊어서는 안 된다. 그렇게 하지 않으면 매번 결과 없는 시도만 하다 지칠 수 있다.

새로운 시도를 하는 병원은 발전한다

진취형 원장의 단점은 시작만 하고 마무리가 약하다는 것이지만, 그럼에도 불구하고 끊임없이 새로운 시도를 하는 병원은 발전한다. 따라서 원장이 진취적인 성향이라면 그 일이 잘 진행될 수 있도록 돕고, 그렇지 않은 성향의 원장과 함께 일한다면 작은 시도라도 하도록 해야 한다. 작은 시도들이 성공하면서 성과가 보이면 더욱 모험적인 시도가 가능해지고, 계속해서 우리 병원이 발전할 수 있다.

안정만 추구하는 원장

안정형 원장은 조화와 균형을 중요시하며, 자신과 비슷한 성향의 직원을 선호한다. 그래서인지 그런 병원에 가면 원장도 안정형, 실장도 안정형, 직원들 대부분도 안정형이다. 직원들 사이도 좋고 병원 분위기도 훈

훈하지만 해결해야 할 과제는 '변화'다. 이러한 병원에 중간관리자로 가면 가장 먼저 변화가 이루어지지 않는 이유를 파악해야 한다. 그리고 변화의 필요성과 중요성을 이해시키고 설득시키는 과정을 거친다. 그 후에는 '어떻게' 변화할 것인지 원장을 비롯한 전 직원이 함께 고민하고 실천 방안을 세운다.

안정형 중간관리자와 안정형 원장이 만나면 이렇게 단계별 변화를 추진하면 되는데, 문제는 진취형 중간관리자가 안정형 원장을 만났을 때다. 진취형인 내가 안정형 성향의 원장과 일할 때 가장 많이 부딪혔던 부분이 바로 '속도'였다. 나뿐만 아니라 진취형의 중간관리자가 안정형의 원장과 일할 때 이 부분에서 갈등이 생기는 걸 자주 본다. 이럴 때는 중간관리자가 변화 속도를 조금 천천히 하면서 조화와 균형, 그리고 안정을 고려해야 한다.

분석적 성향의 원장

의학이 상당한 수준의 논리적인 사고를 필요로 하는 분야라서 그런지 분석적 성향을 가진 병원장이 많다. 분석형 원장을 설득할 때는 근거를 활용하면 좋다. 분석적 성향의 환자를 상담할 때도 근거자료가 필요하듯이, 분석형의 원장과 일을 할 때도 구체적인 자료나 논리적인 근거가 중요하다. 원장의 "왜?"라는 질문에 논리적인 근거를 댈 수 있어야 하기 때문이다.

직급과 서열을 무시하는 원장

병원 내 직급과 서열이 있음에도 불구하고, 원장이 중간관리자가 아닌 그 아래의 직원을 통해 거꾸로 업무 지시하는 경우가 있다. 이런 원장과 일하는 중간관리자는 '나는 여기서 뭐 하는 사람이지?'라는 생각을 할 수밖에 없다. 직원들에게 일을 시켜도 "원장님이 이렇게 하라고 하셨는데요?"라고 대꾸하며 중간관리자의 말에 따르지 않기 때문이다. 이는 권한위임이 제대로 되지 않아서 생기는 일이다. 이런 상황이 반복되다 보면 조직의 질서가 흐트러질뿐더러 중간관리자가 리더로서 조직을 이끌고 나가기 어려워진다. 원장이 잘 몰라서 그러는 경우가 많으므로 반드시 그 부분을 짚고 넘어가야 한다.

'신입' 원장

병원에서 오래 일한 중간관리자들은 간혹 새로 온 원장을 무시하기도 한다. 하지만 병원마다 진료 방식과 과정이 달라서 중간관리자들도 새 병원에 입사하면 수습 기간을 거치면서 그 병원만의 스타일을 익히고 적응한다. 원장들도 마찬가지다. 새로 들어온 원장이 우리 병원만의 프로세스와 환자응대 방식에 빠르게 적응할 수 있도록 매뉴얼을 제공하고, 직원들이 옆에서 도와주어야 한다.

공부를 좋아하는 원장

병원장 대부분은 직원들이 공부하는 걸 좋아한다. 직원들이 세미나와 교육을 받으며 스스로 성장하는 것에 상당히 긍정적이고 호의적이다. 특히 직원들이 의학적으로 모르는 내용을 질문이라도 하면 어떤 원장들은 신나서 1시간이고 2시간이고 설명해 주며, 본인이 학교 다닐 때 봤던 전공책을 빌려주기도 한다. 업무적으로 욕심 있고 공부에 열의가 있는 중간관리자가 이러한 성향의 원장과 만나면 한결 즐겁게 일할 수 있다. 꼭 이런 성향의 원장이 아니라 해도, 직원이 열심히 일 배우는 걸 싫어하는 상사는 없다. 임상 관련해서 궁금한 점이 있으면 원장에게 묻거나 세미나를 들으면서 끊임없이 자신의 실력을 높이고 성장하기를 권한다.

원장님도 '사람'이다

얼마 전, 한 병원에 아는 원장님을 뵈러 갔다. 그런데 원장실에 온갖 쇼핑백이 너저분하게 널려 있었다. 이게 다 뭐냐고 물으니 환자들이 감사의 뜻으로 사 온 간식이라고 한다. 직원들이 원장인 자신에게 알리지도 않고 자기들끼리만 먹는 게 괘씸해서 선물은 무조건 원장실에 두라고 했다는 것이다. 직원들이 보고하지 않아 환자들에게 감사 인사도 전하지 못하고, 원장 자신은 늘 직원들을 챙기려 노력하는데 직원들은 그렇지 않은 것 같아 서운한 마음에 그런 지시를 내렸다며 나에게 하소연했다.

원장-직원
관계 조율하기

병원에서 일하다 보면 원장과 직원 사이에 교류가 부족해 서로를 오해하거나, 신뢰가 형성되지 않은 경우가 많다. 원장과 직원 사이에서 다리 역할을 하는 중간관리자의 '조정자' 역할이 중요한 이유다.

원장의 지시를 전달할 때

중간관리자는 원장의 지시를 직원들에게 전달하는 역할을 한다. 그러나 직원들에게 지시를 전달할 때는 단지 내용만 알려 주어선 안 된다. 이 일을 추진하는 배경과 중요성을 자세히 설명해서 직원들이 새 업무나 기획의 타당성을 충분히 이해하도록 해야 한다.

내가 중간관리자로 있을 때였다. 하루는 원장님이 직원들에게 '병원 공모전 홍보'를 지시했다. 내가 지시받은 내용을 그대로 전달하자 직원들은 흔쾌히 승낙했고 우리는 공모전 홍보 글을 각종 커뮤니티 등에 스크랩하기로 했다. 그런데 며칠 후, 나를 제외한 전 직원이 원장님에게 항의서를 제출했다. 자신들에게 도움되지 않는 일을 왜 해야 하는지 모르겠다는 내용이었다. 공모전 홍보가 병원을 위한 일일 뿐, 직원과는 상관없다는 말이 나는 도저히 믿어지지 않았다. 이 사건을 계기로 나는 원장의 지시를 그대로 전달하는 것이 아니라, 그 이유와 필요성을 한 번도 아닌 여러 번 강조해서 이해시킨 후 진행하게 되었다.

업무 지시는 또한 구체적이고 명확해야 하며, 기한을 분명히 정해 주어야 한다. 기한은 해당 직원의 동의를 받아서 함께 정한다.

원장과 직원의 소통 돕기

병원에서 개선해야 할 점으로 많이 꼽히는 것 중 하나가 '원장과의 소통'이다. 소통 방법을 모르는 원장은 직원들과의 대화가 거의 없다. 얼굴 보고 할 이야기도 메신저로 전달한다. 직원을 칭찬할 줄도 모르고 피드백 방법도 모른다. 이런 원장에게는 칭찬이나 격려, 피드백하는 법을 알려 주어야 한다. 실제로 원장이 소통 방법을 몰라서 고생하던 한 병원 실장이 있었다. 고민 끝에 실장은 피드백 문구를 몇 가지 적어서 원장에게 주었다. 원장이 그 문구를 사용해서 직원들에게 피드백하기 시작 소통 문제에 대한 직원들의 불만이 줄어들었다고 한다.

이렇게 말하는 병원 직원들도 있다. "우리 원장님은 마음속에 결론이 있으면서 군이 직원들한테 물어봐요. 어차피 본인 생각대로 할 거면서 왜 그러는지 모르겠어요." 답정남 또는 답정녀 스타일의 원장과 일하는 직원들이 가장 많이 하는 말이다. 처음에는 열심히 의견을 냈던 직원들도 나중에는 입을 꾹 다문다. 의견을 내도 반영되지 않는다고 생각하기 때문이다. 이런 원장과 일하는 직원들은 병원에서 자신의 존재감에 회의를 느낄 수 있다. 중간관리자는 이 부분에 관해 원장과 충분히 소통해야 하지만, 명심해야 할 점은 원장의 성향을 쉽게 변하지 않는다는 것이다.

이럴 때 나는 병원 직원 대상으로 아이디어 공모전을 열곤 했다. 병원

에 반영할 수 있는 좋은 아이디어를 낸 직원들에게는 포상을 주었다. 포
상을 줄 때는 원장이 직접 직원을 칭찬하는 말과 함께 전 직원 앞에서 전
달하도록 했다.

피드백하는 방법

① 잘했거나 부족한 행동을 구체적으로 짚어 준다.

② 그 행동이 조직에 어떤 영향을 미쳤는지 말한다.

③ (칭찬이나 격려라면) 그 행동을 더 강화할 수 있도록 촉진한다.

　　(부족한 점을 짚어 준다면) 더 바람직한 행동 방향을 구체적으로 이야기한다.

다음은 상습적으로 지각하는 직원 행동을 피드백하는 방법 예시다.

① "김 선생님, 이번 달에 벌써 5번을 지각했네요."

② "그러다 보니 다른 팀원들도 근태 관리에 소홀해지고, 성과에도 안 좋은 영향을
　　미치고 있어요."

③ "내일부터는 업무시간 10분 전까지 와서 유니폼 갈아입고 진료 준비를 완벽히
　　해봅시다."

일하고 싶은 병원을 만드는
직원경험관리

대부분의 중간관리자들은 병원 운영에서 가장 골치 아픈 부분을 '직원 관리'로 꼽는다. 병원마다 직원 관리 때문에 많은 고민을 하는 이유는 내부 직원이 차지하는 의료서비스 비중이 크기 때문이다.

몇 해 전, 폴 슈피겔만Paul Spiegelman과 브릿 베렛Britt Berrett의 저서《환자는 두 번째다》가 이슈화되었다. 그동안 병원에서 주로 외부고객인 환자에게만 관심을 두었다면, 이 책에서는 환자의 충성도를 유지할 수 있는 핵심 요소가 바로 내부고객인 직원에게 있다고 말한다.

제임스 헤스켓 역시 고객 만족의 출발은 직원 만족에 있다는 사실을 강조한다. 직원이 만족하면 충성도와 생산성이 향상되어 서비스 가치가 상승하는데, 서비스 가치가 상승하면 고객이 만족해 충성도가 높아지므로 궁극적으로 기업의 수익과 이윤을 증가시킨다는 것이다.

---

* 폴 슈피겔만, 브릿 베렛. 2014.《환자는 두 번째다》. 김인수(옮김). 청년의사.
** 제임스 헤스켓, 얼 새서, 레너드 슐레징거. 2000.《서비스 수익 모델》. 서비스경영연구회(옮김). 삼성경제연구소.

중간관리자,
직원 관리가 관건이다

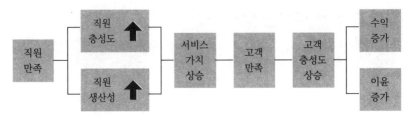

서비스 수익 모델

기업과 마찬가지로 병원에서도 점차 직원경험관리를 통해 직원 만족도를 향상뿐만 아니라, 직원들이 즐겁게 일하면서 이러한 마음이 환자들에게 전달될 수 있도록 노력하고 있다. 직원경험관리 방법으로는 심리적 계약, 고용 안정, 교육 프로그램 및 성장의 기회 제공, 공정한 보상, 직원 리텐션 프로그램 등이 있다.

심리적 계약과 고용 안정

심리적 계약이란, 조직과 직원 간에 의식적·무의식적으로 가지고 있는 상호기대감을 뜻한다.[*] 즉 심리적 계약은 조직과 직원 간 상호의무에 대한 신뢰이며, 문서화되지 않은 암묵적 약속이다. 조직에서 이런 암묵적 약속이 지켜지지 않았을 때 일어나는 '심리적 계약 위반'은 직원의 조직 몰입에 부정적 영향을 미친다.

나의 지인인 정 실장은 본인도 모르게 병원에서 해고당했다. 정 실장은 임신 후 막달까지 일하다 출산휴가를 받아 아이를 낳은 후 쉬고 있었

---

[*] 조규영. 2010. 〈조직지원인식(POS)의 선행요인과 결과요인에 관한 연구〉. 《경영논총》. 31:167-192.

다. 한 달 후 병원에 복귀하기 위해 준비를 하던 중, 집으로 날아온 '국민연금 가입자 자격변동확인통지서'를 보고 뒤늦게 자신이 해고당한 사실을 알고 황당해 했다.

고용 안정이라는 심리적 계약은 병원 직원에게 심리적 안정감을 주며 조직에 대한 애착심과 충성심을 증가시킨다. 하지만 심리적 계약관계 위반인 고용 불안 상태가 되면 직원은 조직에 대한 배신감과 불안감을 느끼게 된다. 정 실장처럼 해고된 당사자뿐만 아니라 이를 지켜보는 직원들 역시 그러한 마음을 품게 되며, 장기적으로 그 조직은 핵심인재를 잃어버리거나 직원 채용에서 어려움을 겪을 수 있다.

직원 리텐션 프로그램

직원 리텐션 프로그램은 '직원 유지 프로그램'으로 직원들의 만족도를 높여 이탈과 이직을 막는 방법을 말한다. 치열한 인재전쟁과 핵심인재 이탈로 어려움을 겪는 기업들이 다양한 직원 리텐션 프로그램을 운영하고 있다. 한 대기업에서는 리텐션 제도인 조기경보 체제를 통해 인재 이탈을 사전에 방지한다. 핵심인재의 이상 징후를 '그린(이상 없음)', '옐로(가벼운 징후)', '레드(퇴사 징후)' 등 삼색 체제로 구분하고 실시간 모니터링하여 대책을 마련한다.

다음은 내가 실제로 병원에서 운영했던 직원 리텐션 프로그램이다.

① 조직 사회화 프로그램

조직 사회화란 막 입사한 직원이 '외부 이방인'에서 '조직 구성원'으로 전환되는 과정을 뜻한다. 이 과정에서 신입 직원은 조직의 규범, 관습, 가치, 생활양식, 문화 등을 습득하게 되는데, 조직 사회화 프로그램을 통해 신입 직원의 적응을 돕고 업무 성과를 높일 수 있다. 대표적인 조직 사회화 프로그램으로는 신입 직원 환영회, 멘토링 제도, 마니또 등이 있다.

특히 새로운 직원을 소개하는 신입 직원 환영회는 무척 중요하지만, 생각 외로 이 제도가 시행되지 않은 병원이 많다. 병원이라는 업계 특성도 있다. 워낙 이직률이 높다 보니 새로운 직원이 들어와도 일단 지켜보는 것이다. 이 기간에 직무를 알려 주는 사람도 없어서 직원은 눈치껏 배우고 적응해야 한다. 적응을 못 하고 금방 그만두는 일도 비일비재하다.

따라서 새로운 직원이 입사하면 반드시 환영회를 열고, 그 직원이 잘 적응하도록 멘토링 제도를 운영해야 한다. 일반적으로 멘토는 바로 위의 선배가 한다. 선배는 후배를 가르치기 위해 더 많이 공부하고 노력하면서 자기 발전과 함께 보람을 느낄 수 있고, 신입 직원 입장에서는 업무 적응이 수월해진다.

마니또는 원장과 전 직원이 함께하면 좋다. 반복되는 업무로 지쳐 있을 때 마니또의 편지나 초콜릿 선물로 작은 위안을 받을 수 있고 병원 분위기도 좋아진다.

② 직원 및 원장 생일 이벤트

직원 생일 이벤트란 생일을 맞은 직원 부모님에게 '좋은 직원을 우리 병원에 보내 줘서 감사하다'는 내용의 글을 적은 편지와 꽃바구니를 보내고, 직원이 가족들과 좋은 시간을 보낼 수 있도록 휴가를 주는 제도다.

원장 생일에는 케이크를 준비한다. 조회가 끝나면 전 직원이 모여 생일 축하 노래를 부르고 미리 준비한 롤링 페이퍼를 전달한다. 직원들이 소정의 금액을 모아서 산 선물을 전달할 수도 있는데, 부담되지 않는 선에서 준비한다.

③ 입사일 및 장기근속 이벤트

직원이 들어온 지 1년째 되는 날, 2년째 되는 날 등 입사일을 챙기고 연차가 늘어날수록 여러 가지 혜택을 준다. 장기근속 직원은 가족과 함께 해외여행을 보내 주거나 휴가 등에서 해택을 줄 수 있다.

④ 간식 또는 추첨 이벤트

직원들을 위한 다양한 이벤트를 진행할 수 있다. 예를 들어 정월 대보름에는 견과류 간식을 나눠 주거나, 밸런타인데이 등에도 초콜릿이나 사탕 등을 나눠 줄 수 있다. 그 밖에 추첨이나 게임을 통해 당첨자에게는 소정의 선물을 증정한다. 직원들의 참여도가 높고 기억에도 오래 남는다.

어버이날 이벤트

어버이날에 유명 뷔페를 예약해서 직원 가족을 초대하는 행사를 진행한 적 있었다. 부모님들을 모시고 함께 식사하며 자녀를 우리 병원에 보내 준 것에 대한 감사 인사를 전했다. 행사 이후, 부모님들은 병원의 '팬'이 되었고 직원들 마음을 잡아 두는 데도 도움을 주셨다. 자녀들이 병원을 그만두고 싶어 할 때마다 부모님들이 먼저 나서서 말렸던 것이다. 비록 행사 비용 지출은 들었지만 장기적으로 병원의 성장에 큰 도움이 되었다.

중간관리자,
직원 관리가 관건이다

병원을 성장시키는
직원교육제도

기업에서는 교육을 통해 직원의 업무 역량 및 수행 능력 향상을 돕는다. 직원의 역량 향상은 기업 성장의 발판이 되므로 매우 중요하지만, 실제로 마케팅과 홍보에는 많은 시간과 정성을 쏟아도 직원 교육에 투자하는 병원은 그리 많지 않다. 교육은 장기적인 관점에서 접근하는 개념이며 병원 간 경쟁이 점점 치열해지고 양극화가 심해지면서 직원 교육의 중요성이 점점 커지고 있다.

최근 들어 병원에서도 전략적인 성과 관리를 위해 일반 기업에서 먼저 도입했던 BSC(균형성과표)를 활용하고 있다. BSC는 기존의 재무적 관점에만 국한되어 있던 성과 관리를 벗어나 4가지(재무, 고객, 내부 프로세스, 학습 및 성장) 관점에서 '균형적'으로 성과를 관리하는 것이다.

〈병원 BSC(예시)〉를 보면 우리 병원의 비전과 미션은 재무적 성과를 통해 달성되고, 재무적 성과는 고객 관점의 성과를 통해 달성된다. 고객 관점의 성과는 내부 프로세스 관점의 성과를 통해 달성되며, 내부 프로세스 관점의 성과는 학습 및 성장 관점의 성과로 달성된다. 즉, 직원들이 교육을 통해 성장하게 되면 병원의 내부 프로세스가 개선되고, 내부 프로세스가 개선되면 환자 만족도가 향상되며, 환자들의 만족도가 향상되면 병원의 수익이 향상되는 것이다.

우리 병원 비전과 미션	

재무 관점	"우리 병원은 이해 당사자들에게 어떻게 보일까?"
수익 향상	

고객 관점	"환자들은 우리 병원을 어떻게 보는가?"
고객 만족도 향상 소개환자 증가	

내부 프로세스 관점	"우리 병원은 어떤 점에서 탁월해야 하는가?"
의료 질 향상	

학습과 성장 관점	"우리 병원은 지속적으로 가치를 창출할 수 있는가?"
교육을 통한 성장	

병원 BSC(예시)*

이처럼 직원 교육은 궁극적으로 재무적 성과를 통해 병원의 비전을 달성하는 데 가장 근간이 되는 매우 중요한 부분이다. 무엇보다 환자들의 지식수준이 점점 높아지고 있다. 환자들은 관심 있는 병원과 치료법을 철저히 사전 조사한 후 병원을 찾는다. 이렇게 똑똑해진 환자들을 응대하려면 병원 직원들 역시 그 수준을 높여야 한다.

---

* 김태경. 2011. 〈의료기관 BSC 전개의 성공요인에 관한 사례연구 – 한국·미국·일본의 BSC 적용 의료기관을 대상으로〉.《인적자원관리연구》. 18(4): 277-298.

중간관리자,
직원 관리가 관건이다

교육이 문화가 되려면

"우리 병원 직원들은 교육비를 지원해 줘도 안 듣겠대요." 많은 병원장 또는 중간관리자에게 종종 듣는 말이다. 직원들이 교육에 무관심하거나 거절하는 이유는 무엇일까? 만약 평소에 교육이 전혀 이루어지지 않았거나, 중간관리자 또는 경영자 스스로 공부하는 모습을 보이지 않는 병원에서 느닷없이 황금 같은 주말에 교육을 들으라고 하면 직원들은 당연히 내켜 하지 않는다. 교육이 문화로 자리 잡아야 하는 이유다.

병원에 교육 문화가 정착하기 위해서는 가장 먼저 직원이 원하는 교육이 무엇인지 알아야 한다. 일방적인 지시로 진행되는 교육이 아닌, 직원들 스스로가 원하는 교육을 듣도록 한다. 일반적으로 직원들은 현장에서 바로 적용할 수 있는 직무 관련 교육을 듣고 싶어 한다. 자신의 역할과 경력에 적합한 맞춤 교육이면 더 좋다. 또한 실제 상황에서 일어날 수 있는 환자별 대처 방안, 다른 부서와의 갈등을 해결하는 법, 타성에 빠질 때 동기부여가 될 수 있는 교육도 요청한다.

경영자와 중간관리자의 관심과 노력 역시 교육 문화 조성에서 반드시 필요한 요소다. 병원 내부교육이 주기적으로 진행되고, 원장과 중간관리자도 직접 공부하는 모습을 보여 주어야 직원들의 자발적인 참여율을 높일 수 있다. 나는 병원에서 중간관리자로 일할 때 주말마다 세미나를 들으러 다녔다. 교육받으러 갈 때는 신청자를 받아 직원들을 데리고 가기도 했다. 외부교육뿐만 아니라 일주일 중 하루는 내부교육도 진행했다. 그렇게 6개월 정도 지나자, 처음에는 교육을 떨떠름하게 여기던 직원들도 점차 교육을 당연시하고 때론 자발적으로 주말 세미나에 참석하게 되었다. 직원들은 윗사람을 보고 배운다. 중간관리자 본인은 교육에 관심 없으면서 직원들한테만 강요하면 오히려 반발을 살 수 있다.

마지막으로 교육이 문화로 정착하기 위해서는 지속성이 필요하다. 교육의 목적은 인간의 행동을 가치 있는 방향으로 변화시키는 것이다. 하나의 습관을 만들기 위해서는 최소 3주 이상의 노력이 필요하듯이, 인간의 행동을 하루아침에 변화시키기란 쉽지 않다. 따라서 교육은 단기적으로 끝나는 것이 아니라 반복을 통해 지속적이 자극을 줄 수 있어야 한다.

내부교육도 교육이다

병원 중간관리자들이 내게 한결같이 말하는 것이 있다. 직원들이 내부에서 이루어지는 교육을 교육이라고 인지하지 않는다는 것이다. 직원들은 외부에서 듣는 강의나 강사를 초빙해 이루어지는 강의만이 교육이라고 생각하는 경향이 있다. 하지만 병원 업무의 특성상 전 직원이 같은 때 같은 장소에 모여 외부교육을 받기란 쉽지 않다. 그러다 보니 부서별로 짬을 내어 팀장이나 실장이 업무 관련 교육을 하는 내부교육 방식이 많이 이루어진다. 체계적인 내부교육 시스템을 만들고 정해진 시간에 주기적으로 교육을 진행해서 직원들이 내부교육 역시 교육이라는 점을 인지하게 해야 한다.

효과적인 교육 과정 설계

① 목적 및 목표 설정

병원에서 직원 교육을 하는 이유는 '성과'를 높이기 위해서다. 성과란 예전보다 더 나은 변화가 일어나거나 전에는 하지 못했던 일을 할 수 있게 되는 것을 뜻한다. 따라서 교육을 통해 성과를 내기 위해서는 무엇보다 명확한 교육 목적과 목표가 있어야 한다.

내게 친절교육을 의뢰하는 병원 대부분이 명확한 교육 목적과 목표 없이 무턱대고 "직원들에게 친절교육을 해주세요"라고 한다. 이럴 경우 교육의 성과를 기대하기 어렵다. 만약 친절교육의 필요성을 느꼈다면 가장 먼저 우리 병원에서 원하는 친절이 무엇인지를 생각하고, 직원들이 어떤 때 어떻게 행동하기를 원하는지를 구체화해야 한다. 그런 다음 교육을 진행해야 효과적인 교육이 이루어질 수 있다.

② 교육 커리큘럼 설계

교육 커리큘럼을 설계할 때는 직무 분석 결과를 활용하거나 인사평가 때 작성한 목표관리표, 직원 설문 등을 활용한다. 직무 분석 내용과 목표관리표를 활용하면 조직에서 요구하는 직무 능력과 각 개인의 실제 능력 수준의 격차를 찾고 교육이 필요한 부분을 파악할 수 있다. 이는 교육의 이유와 목적을 명확히 해주며, 방향성을 제시해 준다.

교육 목적과 목표가 명확해지면 직원들이 원하는 교육이 무엇인지 알기 위해 직원을 대상으로 설문조사한다. 설문조사한 내용은 취합하여 우선순위를 정한다. 병원에서 요구하는 교육이 아닌, 직원들이 듣고 싶어 하는 교육을 먼저 진행하면 직원 협조도가 올라간다. 또한 설문조사를 통해 '이런 교육도 원하는구나' 하고 미처 생각지 못했던 부분을 발견할 수 있다.

교육은 크게 임상교육과 비임상교육으로 나눌 수 있다. 임상교육은 진료, 치료, 시술, 수술 등과 관련한 전문지식을 다룬다. 비임상교육은 관리 업무, 환자응대, 동기부여, 커뮤니케이션 방법 등을 알려 준다.

③ 교육 시간

병원마다 교육이 이루어지는 시간은 다양하다. 점심시간이나 진료 후, 또는 주말을 이용하기도 한다. 직원 교육에 투자를 많이 하는 병원에서는 진료시간을 할애하기도 한다(이럴 때는 오프인 직원들과 그 시간대의 예약 일정까지 꼼꼼히 확인해야 한다). 한 병원은 진료시간이 오전 10시부터였는데, 교육이 있는 날에는 예약을 10시 30분부터 받는다고 한다. 예약을 잡을 때는 평소보다 늦게 진료를 시작하는 이유를 환자에게 설명하면 좋다. 환자들은 끊임없이 공부하는 병원을 우리 생각보다 더 긍정적으로 보기 때문에 오히려 플러스 요인이 될 수 있다.

④ 교육 진행자 및 방식

전문적인 임상교육은 원장이, 나머지 부분은 실장 및 부서별 팀장이 진행하는 것이 좋다. 임상교육 때는 기본 지식뿐만 아니라 신기술, 다른 병원과 차별화되는 기술 등을 다루며, 우리 병원의 실제 사례 등을 통한 전문적인 교육이 이루어진다.

부서별로 돌아가면서 교육을 진행하기도 한다. 예를 들어 첫째 주에 원장팀에서 리프팅 교육을 하면, 둘째 주에는 상담팀에서 눈 수술 상담을 교육하고, 셋째 주에는 경영지원부에서 마케팅 교육을 진행하는 식이다.

팀장급뿐만 아니라 직원들이 돌아가며 교육을 진행할 경우, 발표를 처음 하는 직원은 부담을 느끼고 긴장도 많이 할 수 있다. 그래서 처음에는 업무와 관련이 없더라도 본인이 관심 있는 자유주제로 발표하게 하면 좋다. 준비 과정도 수월해지고 발표를 듣는 직원들도 "아, ○○ 선생님은 이런 분야에 관심 있구나" 하며 서로를 이해하는 데 도움이 된다. 발표에

주제		내용
1회	근무예절 및 임상교육	우리 병원 이해하기 근무 매너 환자응대 매너 전화 응대 매너 데스크 업무 기본 청소구역 분담 기초임상교육 I
2회	환자응대(이론)	환자응대
	환자응대(실전)	상황별 환자응대 실전연습
3회	데스크 업무 및 임상교육	카메라 및 무전기 사용 전화 상담 기초임상교육 II
4회	중간시험	
5회	데스크 업무	일정 관리 차트 관리 CRM 프로그램 보험청구 일계표 관리
6회	관리 업무	업무시간 관리 환자 관리 사진 관리 문서 관리 물품 관리 공급 관리 점검 목록 작성
7회	실습 및 피드백	

병원코디네이터 교육 커리큘럼(예시)

점차 익숙해지면 그 직원에게 필요한 공부라고 생각되는 주제를 줘서 준비하고 발표하게 한다.

⑤ 수습 직원 교육

새 직원이 오면 병원에 쉽게 적응할 수 있도록 도와야 한다. 일반적으로 수습 기간은 경력자는 한 달, 비경력자는 석 달이다. 그 기간에 병원 소개, 기본예절교육, 실무교육 등을 한다. 기본교육이 끝나면 부서별로 팀장급이 교육을 진행하거나, 멘토링 제도를 통해 일대일로 지도한다. 수습 동안 교육을 진행하면 새로 들어온 직원이 우리 조직에 좀 더 수월하게 적응하고, 입사에 대한 자부심도 느낄 수 있다.

회차	주제	내용
1주 차	병원 소개	병원 소개(설립일, 경영철학, 경영방침, 차별점, 조직도 등) 건물 위치 및 주변 환경(주차장, 약국, 은행, 카페, 죽집 등) 직원 소개 입사 시 제출 서류 안내 병원 구조 및 동선 파악
	근무 규정 및 예절	기본 태도 및 사세 근무 예절(용모, 복장, 표정 등)과 기본 매너 진료시간 및 근무 규정(지각, 조퇴, 결근, 외출, 휴가 등)
	환자응대 기본	환자 동선 파악 및 기본 응대 무전기 사용 예절 환자 호칭, 환자응대 시 주의점 환자응대 실습
2주 차	차팅 용어 및 차트 파악	우리 병원의 차트 작성 용어 차트 구분 및 체계 파악
	예약 관리 및 프로그램 사용법	CRM 프로그램 기본 사용법(접수, 보험 조회, 입력 등) 예약 현황 파악 및 예약하는 법

3주 차	임상 실무	시술·수술·치료 과정 및 기본 임상지식 원장별 특성 및 진료 방식 진료별 수가표 파악 및 암기
4주 차	부서별 교육	부서별 실무교육

수습 직원 교육 커리큘럼(예시)

⑥ 현장 실습

이론교육이 있는가 하면, 실습 등 훈련이 필요한 교육도 있다. 우리가 일하는 곳은 병원이기 때문에 특히 환자를 대하는 부분에서는 반드시 현장 실습을 해야 한다.

현장 실습을 진행할 때는 원장들도 함께 참여한다. 원장이 직접 참여하면 직원들에게 동기부여가 되고, 잘못된 임상지식을 즉시 바로잡아 줄 수 있어서 교육의 질과 효과가 높아진다.

진료실에서 환자를 응대하는 상황을 연습할 때도 원장이 참여해서 시범을 보인다. 직원들이 환자 역할, 의료진 역할을 돌아가면서 하면 (처음에는 쑥스러워하지만) 실수하면서 웃음보도 터지고 어색한 분위기는 곧 사라진다.

이론으로만 교육할 때보다 한 명 한 명 실습을 통해 지도하고 개선점을 바로잡아 주면 실전에서 훨씬 능숙하게 대처할 수 있다. 실습 장면을 촬영해서 신입 직원 교육자료로 활용할 수도 있다.

⑦ 교육 마무리

교육이 끝나면 교육 진행자와 수강자 모두를 대상으로 '교육 만족도 조사'를 한다. 조사한 내용은 다음 교육 때 반영한다.

교육을 이수한 직원들에게는 교육수료증을 주면 좋다. 직원들 스스로 무언가 배우고 성취했다는 뿌듯함을 느끼게 되고 이력에도 도움이 될 수 있어서 직원들의 만족도가 높아진다.

동기부여를 위한
인사평가제도

인사평가제도가 잘 정비된 병원은 드물다. 특히 많은 일차의료기관에서 인사평가제도가 부재하다. 평가 기준이 없으니 직원들의 업무평가가 어렵고, 승진 기준이 모호하며, 연봉 협상도 획일적이다. 제대로 된 인사평가제도가 있어야 주먹구구식이 아닌 객관적이고 공정한 평가 및 보상이 가능하고, 이를 통해 직원들의 직무 몰입과 동기부여를 도울 수 있다. 또한 획일적인 임금이 아닌, 성과에 따른 차등 임금이 가능해진다.

불공정한 인사평가제도	공정한 인사평가제도
주관적이고 불공정한 평가	객관적이고 공정한 평가
불분명한 역할과 책임	명확한 역할과 책임
발전에 대한 동기부여 부족	동기부여와 직무 몰입 가능
획일적이고 체계가 없는 임금 지급	성과 및 명확한 근거에 따른 차등 임금 지급

인사평가제도는 일반 기업용이 아닌, 반드시 우리 병원 실정에 맞는 것으로 마련해야 한다. 한 병원은 간호부서 인사평가를 일반 회사 사무직용 자료를 기준으로 했다. 간호부장에게 이유를 물었더니 이 병원의 기획실장이 준 자료라는 것이다(그 기획실장은 병원 근무가 처음인 사람이었다). 그러나 일반 회사 사무직 업무와 병원의 간호 업무는 엄연히 다르다. 설령 업무가 비슷하더라도 병원마다 그 업무에 요구되는 역량이 달라진다.

인사평가제도를 구축할 때는 가장 먼저 병원의 인재상을 명확하게 정의하며, 직무 분석을 통해 요구역량을 도출한다. 연차별 및 직급별로 직원들에게 요구되는 업무능력을 확인한 후, 인사평가표를 작성할 수 있다. 마지막으로 목표관리제도를 활용해 직원의 성장을 돕는다.

인재상 정의

인재상이란 우리 병원에서 추구하는 인재의 모습을 뜻한다. 인재상을 정의할 때는 병원의 비전과 핵심가치를 고려한다.

다음은 병원 인재상 예시다.

— 열정: 늘 도전하고 배움을 게을리하지 않는 사람

— 책임: 성실하고 책임을 다하는 사람

— 혁신: 창의적이며 혁신을 실천하는 사람

— 행복: 늘 밝고 긍정적이며 행복한 사람

직무 분석

직무 분석을 하는 이유는 직원들의 업무 파악과 명확한 R&R Role and Responsibility, 즉 역할과 책임을 설정하기 위해서다. 명확한 R&R로 업무 범위와 책임이 정해지면 문제 발생 시 서로 책임을 회피하거나 어느 한 곳에 업무가 몰리는 경우, 갑자기 공석이 발생하는 경우 등을 대비하게 되어 언제든 병원 시스템 전체가 원활히 돌아갈 수 있다. 명확한 R&R을

중간관리자,
직원 관리가 관건이다

위해서는 직원들의 현재 업무를 파악해 직무기술표를 만들고, 직무기술표를 토대로 업무분담표를 작성한다. 다음은 내가 작성했던 병원코디네이터의 직무기술표이다.

직무명	단위 업무	세부 업무
데스크	접수	밝은 미소로 환자 맞이, 신환·구환 등 구분하여 접수
	수납	현금·카드·계좌이체 확인 비과세·부가세 확인 현금영수증 발행
	문서 발급	각종 문서 발급
	보험청구	의료급여 환자 보험청구
	예약 관리	예약환자 관리 및 문자 발송
	전화 응대	안내멘트 후 상담·경과·치료·수술 등 확인하기 간단한 전화 상담
환자응대	상담환자	대기시간 고지 후 상담실 인계, 예약 확인
	치료 및 시술 환자	치료실 확인 후 대기 및 치료 안내 주의사항 설명 및 예약 안내
	수술 환자	① 수납 후 탈의실 안내 ② 탈의, 개인물품 보관 ③ 키·몸무게·혈압·체온 확인 ④ 사진 촬영 안내 ⑤ 담당 실장 또는 원장과 연결 ⑥ 회복실로 안내 ⑦ 수술 종료 시 보호자 연락(면회시간 및 퇴원시간 안내)
환경 관리	출퇴근 시	전등·컴퓨터·냉난방기 전원 확인 데스크 및 진료실 컴퓨터 정리
	차트 관리	진료 마친 환자 차트 정리, 다음 날 환자 차트 찾아 두기
	대기실	대기실 및 파우더룸 환경 관리(비품 및 청결)

병원코디네이터 직무기술표(예시)

직무기술표를 정리한 후에는 부서별 업무분담표를 만든다. 이를 통해 직원별 업무 비중을 파악할 수 있다. 업무분담표가 없으면 신입 직원에게 어떤 일을 시켜야 할지 몰라 우왕좌왕하게 된다. 업무분담표는 조직의 규모가 커지거나 직원이 늘어나서 업무 배분이 필요할 때 더욱 유용하다.

	진료 협조 업무	관리 업무	담당자/대체자
실장	상담	매출 관리, 직원 교육	
팀장	데스크 업무, 보험청구	차트 관리, 환자 관리	
경력자	데스크 업무, 진료 흐름 파악	해피콜, 리콜	
신입(수습)	접수, 수납	대기실 관리	

병원코디네이터 부서 업무분담표(예시)

요구역량 도출

직무 분석을 마치면 요구역량을 도출할 수 있다. 요구역량은 성과 창출을 위해 병원 직원들에게 요구되는 능력으로 기반역량과 직무역량으로 나뉜다. '기반역량'은 우리 병원에서 직원들에게 요구하는 전반적인 역량이며, '직무역량'은 그중에서 직무별·직급별로 갖추어야 할 역량이다.

역량	내용
전문성	업무 관련 지식의 이해와 학습을 통해 업무능력 개선 및 전문성 향상
창의성	새로운 아이디어 창출 및 적용
환자 지향성	환자 요구에 대한 정확한 판단 및 신속한 대처 가능 환자 만족을 위해 양질의 서비스 제공

팀워크	공동의 목표 달성을 위해 팀원 간 협조 및 업무정보 공유
성실성 및 책임감	일관된 자세로 맡은 일을 성실하게 실행하고 병원의 규칙·규범·원칙 준수
융통성	돌발상황 발생 시 침착하고 적절하게 대응
직원 교육	직원의 업무능력을 향상하는 교육 프로그램 기획·운영
리더십	직원에게 비전을 심어 주고 피드백을 통해 비전 달성을 도움 직원 스스로 주도성을 발휘할 수 있는 환경 조성

기반역량(예시)

역량	진료실 직원	데스크 직원	경영지원실 직원	관리자
전문성	○	○	○	○
창의성				○
환자 지향성	○	○	○	○
팀워크	○	○	○	○
성실성 및 책임감	○	○	○	○
융통성	○	○	○	○
직원교육				○
리더십				○

직무역량(예시)

인사평가표 작성

일반적으로 인사평가는 역량평가와 업무능력평가 두 가지로 진행한다. 역량평가는 조직에서 요구하는 목표달성 역량을 개발하기 위함이고, 업무능력평가는 연차별, 직급별 업무 수행도를 평가하는 것이다.

직무기술표와 업무분담표를 토대로 직무별 인사평가표를 만들 때는 요구역량을 구체화하며 평가등급을 정한다. 평가등급은 일반적으로 5등급으로 나눈다.

A: 탁월, 매우 우수

B: 우수

C: 보통

D: 미흡

E: 매우 부족

병원코디네이터		평가등급					
평가요소		평가지표	A	B	C	D	E
업무능력평가	예약접수	접수대가 비어 있지 않고 접수가 신속한가?					
		예약 일정 관리 능력이 있는가?					
		환자가 오면 눈을 마주치며 반갑게 인사하는가?					
		환자 문의에 친절하게 답변하는가?					
		환자에게 대기시간을 알리고 양해를 구하는가?					
	수납	정확한 치료비 안내 후 수납하는가?					
		미수금 관리를 하고 있는가?					
		일일결산보고서 작성과 보고를 실수 없이 하는가?					
역량평가	성실성	출퇴근 시간을 준수하는가?					
		병원의 규율 및 규칙을 지키는가?					
	팀워크	동료들과 원만한 인간관계를 유지하는가?					
		병원 내 업무 협조에 최선을 다하는가?					

병원코디네이터 인사평가표(예시)

인사평가 시행과 목표관리제도

이렇게 구축된 인사평가제도를 시행할 때는 반드시 직원들에게 인사평가제도의 시행 목적과 중요성을 충분히 설명해야 한다. 당연히 결과에 따른 공정한 보상과 피드백을 해야 한다.

병원마다 인사평가 실시 주기는 다른데, 보통 상반기와 하반기를 나누어 1년에 2회 정도 실시한다. 상반기 인사평가 결과를 통해 직원면담 후 하반기 목표를 세우는 방식이다. 이때 목표관리제도를 활용한다. 목표관리제도MBO; management by objectives란 명확한 목표 설정과 구체적 계획 수립을 통해 조직과 개인의 발전을 돕는 제도이다. 주로 당사자와의 면담을 통해 함께 목표를 설정하고 문제 해결 방식을 논의한다.

구분(비중)	평가등급			
	본인	1차 평가자	2차 평가자	종합평가
업무능력평가(70%)	B	C	D	C
역량평가(30%)	A	A	A	A
1차 평가자 의견	책임감 있고 성실하며 업무에 관한 열정과 의욕도 충만하다. 단, 임상지식이 부족하고 보험청구 삭감률이 높은 편.			
2차 평가자 의견	보험청구가 제대로 되지 않아 정확한 수납이 이루어지지 않음.			

인사평가 결과(예시)

나는 목표 관리를 위해 직원면담을 진행할 때 가장 대중적인 코칭 모델인 GROW 모델을 활용했다. GROW 모델은 목표 설정과 문제 해결에 도움을 주는 효과적이고 구조화된 대화법이다.

GROW 모델에 따른 질문법은 다음과 같다.[*]

— Goal(대화의 목표): "어떤 목표를 달성하고 싶은가요?"
— Reality(현실 인식): "목표 달성에 방해되는 요소는 무엇인가요?"
— Option(대안): "문제 해결을 위해서 어떻게 해야 할까요?"
— Will(실행 의지 또는 결론): "언제부터 시작할 수 있을까요?"

다음은 GROW 모델에 따라, 보험청구에서 C 고과를 맞은 직원과의 면담을 진행한 사례다.

— 실장: 어떤 목표를 달성하고 싶은가요?
— 직원: 보험청구를 잘하고 싶어요. 삭감률 0%에 도전해서 다음 인사평가 때 A를 받고 싶어요.
— 실장: 삭감 없는 보험청구에 방해되는 요소는 무엇인가요?
— 직원: 청구 시 헷갈리는 부분이 있어요.
— 실장: 그럼 이 문제를 해결하기 위해 무엇을 할 수 있을까요?
— 직원: 세미나를 듣고, 모르는 내용은 실장님께 여쭤 보면서 저만의 오답노트를 만들면 될 것 같아요.
— 실장: 언제부터 시작할 수 있을까요?
— 직원: 이번 주 내로 세미나 등록을 할 거예요.
— 실장: 제가 언제 중간점검과 피드백을 드리면 좋을까요?

---

[*] 김상복. 2018. 《누구나 할 수 있는 코칭 대화 모델》. 한국코칭수퍼비전아카데미.

중간관리자,
직원 관리가 관건이다

— 직원: 한 달 후에 해주세요.

직원면담을 통해 성과를 격려하고 부족한 점에는 스스로 목표와 달성 기준 및 방법을 정하게 한다. 면담한 내용은 목표관리표에 반영하고, 다음 인사고과 때 피드백을 해준다.

직원명	김샛별(2년 차 병원코디네이터)	
역량	보험청구	
현재 고과	C	
목표 고과	A	
달성 기준	6개월 이내 보험청구 삭감률 0% 도전	
달성 방법	·보험청구 관련 세미나 수강 ·모르는 내용은 선배에게 질문 ·오답노트 정리	
의견	본인	
	상사	

목표관리표(예시)

지속적 성과 관리

앞서 소개한 BSC를 지속적 성과 관리에 활용할 수 있다. BSC는 4가지 재무, 고객, 내부 프로세스, 학습 및 성장 관점의 전략적 목표와 성과 지표를 통해 성과를 관리하는 시스템이다.

BSC 전략 목표	성과지표 예시
재무 관점 (수익 향상)	의료 수익 및 순이익률 월 보험청구액 신환 증가율 신환 매출증가율
고객 관점 (고객 만족도 향상, 소개환자 증가)	고객 만족도 컴플레인 건수 소개환자 증가율
내부 프로세스 관점 (의료 질 향상)	의료사고 건수 대기시간 치료 중단률
학습과 성장 관점 (교육을 통한 성장)	직원 1인당 교육훈련 시간 직원 1인당 교육비 직원 업무 숙련도 등

병원 BSC를 통한 성과지표(예시)

이렇게 만들어진 인사평가결과와 성과지표는 병원의 성과 향상을 위한 직원교육과 평가 등의 자료로 활용할 수 있다.

병원 인사평가제도는 반드시 병원만의 조직문화와 업무 강도 및 필요 역량을 고려해서 만들어야 하며, 중간관리자는 원장과 직원들의 의견을 수렴해서 우리 병원만의 고유한 인사평가제도를 구축해야 한다. 인사평가제도는 한 번 구축한 후에도 주기적으로 점검하는 것이 좋다. 직원이 교체되기도 하고, 기존에 없던 업무가 추가될 수도 있어서 분기별 또는 1년에 2회 정도 업무분담표 등을 점검하고 보완 및 수정해야 한다. 인사평가제도를 통해 직원들의 성과를 지속적으로 관리할 수 있다.

---

* 다카하시 토시로. 2012.《의료조직 성과관리 BSC》. 남상요(옮김). 보문각.

채용과
병원 고용브랜드 구축

"직원 구하기가 하늘의 별 따기예요."

"요새는 직원을 모셔 와야 해요."

"채용공고를 해도 지원자가 없어요."

이러한 이야기가 항상 나오는 곳이 우리가 일하는 병원이다. 변두리 지역에 있는 병원들은 구인난이 더욱 심하다. 그런데 가만히 살펴보면 1년 내내 구인 공고를 올리는 병원도 있지만, 오히려 구직자들이 정원을 기다리고 있는 병원도 있다. 도대체 무슨 차이일까?

직원을 채용하고자 할 때 가장 먼저 고민해야 하는 것은 '우리 병원이 어떤 직원을 필요로 하는가?'이다. 이를 알기 위해서는 우리 병원이 원하는 인재상뿐만 아니라, 뽑고자 하는 자리에 요구되는 역량이 무엇인지 알아야 한다. 신입 직원에게 요구되는 역량과 3년 차 직원에게 요구되는 역량 그리고 중간관리자에게 요구되는 역량은 분명히 다르기 때문이다.

어떤 병원이든 좋은 직원을 원한다. 하지만 '좋은 직원'의 기준은 병원마다 달라질 수 있다. 그래서 요즘은 직원을 채용할 때 문화적 적합도 culture fit를 중요시하는 병원들이 있다. 문화적 적합도란 지원자가 우리 조직과 궁합이 잘 맞는 사람인지 아닌지를 보는 것이다. 예를 들어 어떤 병원에서는 직원들이 술을 좋아해서 술 못 마시는 직원은 채용하지 않는다고 한다. 즉, 조직 내 분위기(업무와 직접 연관되지 않은)와 어울리는지 보는 것이다. 그러나 자칫 면접관의 개인적 취향에 의해 지원자에 대한 호불호가 갈릴 수 있으므로 주의가 필요하다. 따라서 '개인-조직 적합도'뿐만 아니라 '개인-직무 적합도'까지 고려해야 하고, 면접관 개인의 취향에 기대지 않는 객관적인 기준이 필요하다.

직원 소개를 부탁할 때는 상세하게

나는 병원 직원 소개를 많이 요청받는데, 그때마다 참 막연하다. 대부분 "팀장 소개해 주세요", "괜찮은 실장 있어요?"라고 질문하고 끝이다. 그러면 나는 정확히 무슨 일을 할 직원이 필요한지, 요구 역량은 어느 정도인지, 병원 정보(복지, 연봉 등) 등은 무엇인지 적어서 보내 달라고 한다. 그러나 병원 측 답변은 메일이건 문자건 '나이는 30대 초중반에 상담 잘하는 사람'과 같은 식이다. 이 한 줄로 대체 누구를 소개해 주어야 할까? 적어도 병원과 원장 소개, 복리후생 정도는 알려 줘야 한다. 구인 이유(기존 직원이 퇴사해서 구인하는 것인지, 출산휴가로 자리가 빈 것인지, 새로운 자리를 마련하는 것인지 등)와 함께 대략적인 조직도를 알려 주면 더욱 좋다.

성의 있는 채용공고는 성의 있는 구직자를 부른다

채용하고자 하는 인재상에 대한 명확한 정의가 내려지면 그다음에는 채용공고를 낸다. 구직자들은 채용공고만 봐도 병원의 분위기를 어느 정도 느낀다. 성의 없게 몇 줄 적어 올린 병원부터, 가족 같은 분위기를 강조하는 병원, 복리후생을 꼼꼼하게 기재한 병원까지 다양하다.

내가 직접 구직했던 경험에서 비추어 볼 때, 성의 없게 대충 올린 구인공고를 보면 이력서조차 내기 꺼려졌다. 반면 내가 중요시하는 가치와 병원 정체성이 부합되는 공고를 올린 병원에 지원했다. 구인공고를 낼

중간관리자,
직원 관리가 관건이다

때도 획일화되고 성의 없는 공고가 아닌, 병원에서 원하는 인재가 눈여겨 볼만한 내용으로 정성 들여 작성하는 것이 좋다. 나는 개원 병원에서 일할 때는 원장들이 젊고 의욕적이므로 직원들도 적극적이고 진취적인 사람들이 올 수 있도록 그런 뉘앙스의 단어를 사용해서 구인 글을 작성했다. 개원 병원은 초반에 할 일은 많지만 텃세가 없고, 병원 문화를 만들어 나갈 수 있으며, 젊은 원장님들과 비전을 함께할 수 있음을 강조했다. 또한 나는 성장 욕구가 있는 직원들을 원해서 중간관리자인 나의 경력을 어필함과 동시에 이곳이 배우며 성장할 수 있는 병원임을 강조하기도 했다. 글을 작성할 때는 최대한 따뜻한 느낌을 주려 노력했다. 의례적인 공고가 아닌, 우리 병원의 정체성을 담은 차별화된 공고를 내면 확실히 지원자가 많았다.

병원의 구인 채널은 지역신문(교차로, 벼룩시장 등), 구인구직 사이트, 취업설명회 및 취업박람회, 지인 소개, 헤드헌팅 등이 있다. 그 밖에 내가 적극적으로 활용했던 방법으로 '직원추천제도'가 있다. 직원추천제도는 채용공고가 나면 사내 직원이 적합하다고 생각되는 인재를 추천하는 제도이다. 직원 채용에 드는 시간과 비용을 절약할 수 있고, 이 제도를 통해 채용된 인력은 조직에 빠르게 적응해 이직률이 낮아지는 효과가 있다. 추천받은 사람이 채용되면 추천한 직원에게 포상금을 지급하는데, 이는 직원들에게 동기부여가 되고 인재 추천을 장려하는 문화를 만들어 준다. 추천받은 사람이 시간이 흘러 승진하면 추천한 직원에게 따로 승진포상금을 주는 병원도 있다.

사실 정식으로 직원추천제도라 명명하지 않아도 직원들 통해 구인하는 병원이 꽤 있다. 당장 충원이 필요하면 가장 먼저 직원들한테 주위에 데려올 사람 없는지 묻는 것이다. 그런데 여기서 병원의 운명이 갈린다. 어떤 병원 직원들은 일을 구하는 동료가 있지만, 목에 칼이 들어와도 본인 병원으로 데려오지 않을 거라고 말한다. 이런 곳에 친구를 데려오고 싶지 않고, 본인도 곧 그만둘 거라는 것이다. 심지어 직원이 아닌 중간관리자가 그렇게 이야기하는 곳도 있다. 내 경험상 직원들은 병원이 좋다고 느끼면 부탁하지 않아도 지인이나 친구를 데려온다. 직원들이 즐겁게 일하는 병원이 계속해서 성장해 나갈 수 있는 이유다.

이력서를 보는 눈

적어도 병원의 중간관리자 또는 인사 담당자라면 일반적인 병원의 업무에 대해서 알아야 하고, 우리 병원의 직무 및 요구되는 역량을 이해해야 한다.

내가 8년 차 때 있었던 일이다. 이름만 대면 다 아는 유명 병원의 고객 관리 부서에 면접을 보러 갔다. 내부 시스템이 잘 갖춰져 있고 비전도 있는 병원이라 내심 기대하고 면접관을 만났다. 그는 이 병원 오기 전에도 준종합병원에서 인사 담당자로 근무했다며 자신을 소개했다. 그런 사람이라면 내 업무에 대해서 잘 알겠구나 생각했지만 예상은 보기 좋게 빗나갔다. 인사 담당자가 내 이력서를 보면서 이렇게 물었다. "CRM이 뭐예요? 처음 듣는 단어인데." 나는 "CRM은 고객관계관리로…" 하고 쭉 설명하면서 이 병원에서 원하는 환자 관리와 밀접하게 관련된 마케팅 전략이라고 이야기해 주었다. 사실 좀 실망스러웠다. 물론 모를 수도 있다. 하지만 중요한 자리의 직원을 뽑는 인사 담당자라면 면접 전에 내 이력서를 검토했어야 했고, 이력서에서 이해 가지 않는 부분이 있으면 찾아보고 왔어야 했다. 그 면접관은 CRM뿐만 아니라 업무 전반에 대해서도 잘 모르고 있었다.

'인사가 만사다'라는 말이 있듯이 한 병원의 인사 담당자라면 그 부서에 필요한 직무 관련 내용은 꿰고 있어야 한다. 이력서를 보고 질문하면서 여러 정보를 끌어낸 후, 지원자가 이 자리에 적합한 인재인지 아닌지를 객관적으로 판단할 수 있어야 하기 때문이다.

입사지원서를 메일로 받을 때는 병원의 공식 계정 하나로 관리하는 것이 좋다. 어떤 병원은 구인 때마다 지원서를 제출하는 메일 계정이 달라진다. 실장이 받을 때도 있고 경영실 직원이 받을 때도 있으며, 어떤 날은 원장이 직접 받기도 한다. 이럴 경우 만약 채용공고를 낸 직원이 퇴사하면 관리가 안 될뿐더러, 지원자들은 구인이라는 중요한 일이 실장이나 팀장 개인 직원에 의존한다는 느낌을 받게 된다.

면접, 병원 이미지를 결정한다

구인 공고를 올린 후 지원자가 서류를 접수하면 이력서와 자기소개서를 보고 면접 대상자를 선별한다. 보통 1차 면접은 중간관리자가 보고, 그중 선별된 인원을 대상으로 원장이 2차 면접을 본다.

① 면접 안내

면접 대상자들에게는 전화로 면접 날짜를 안내한다. 부재중일 때는 문자를 남긴다. 사실 면접은 이때부터 시작한다. 지원자와 통화한 후 받은 느낌을 이력서에 기재해 두고 나중에 참고한다.

면접 대상자들에게 비치는 병원 이미지도 중요하기 때문에 조회 때 그 날 몇 시에 몇 명의 면접이 있는지 전 직원과 공유한다.

② 면접 전 대기시간

지원자가 오면 환자들한테 하듯이 차를 대접하고 면접 대기시간을 알려 주며 최대한 오래 기다리지 않게 배려한다. 왜냐하면 그 순간 지원자들에게 우리 병원의 첫인상이 형성되기 때문이다.

면접 전 대기시간에는 면접설문지를 주고 작성하게 하면 좋다. 지원자에 대해 훨씬 더 수월하게 파악할 수 있으며, 대면 시 부드럽게 대화를 이끌 수 있다. 면접설문지 항목으로는 현재 거주지 및 거주 형태, 지원 동기, 전 근무지 이직 이유, 전 직장의 근무 조건 및 급여, 희망급여, 성격의 장단점, 직무 숙련도, 직장 선택 시 우선순위(월급, 성장, 비전, 성취 등)가 있다.

③ 면접

지원자가 면접설문지를 작성하면 면접 장소로 안내한다. 면접을 진행할 때도 스몰토크로 분위기를 부드럽게 한 다음 본 질문으로 들어간다. 면접 중간에 지원자의 이야기를 자르지 않고 끝까지 경청한 후 다시 질문하기를 반복한다.

나는 면접 때 지원자의 미래 계획이나 꿈을 묻고, 그 꿈이 우리 병원의 비전과 어떻게 조화를 이룰 수 있는지 말해 주었다. 갑을 관계의 면접이 아닌, 사람 대 사람으로 면접을 진행하려 노력했다.

중간관리자,
직원 관리가 관건이다

④ 면접 후 통보

면접 후에는 언제까지 연락을 주겠다고 날짜를 명시했고, 합격 통보는 전화로 했다. 불합격일 때는 문자로 '○○○ 님과 함께 일하고 싶었지만 아쉽게도 이번에 채용하지 못하였습니다. 다음에 기회가 있다면 다시 좋은 인연으로 만나고 싶습니다'라고 정중하게 적어 보냈다.

나중에 입사자들을 통해 알게 되었는데, 그들이 합격한 병원 몇 군데를 두고 고민할 때 이러한 노력들이 우리 병원을 택한 중요한 요소가 되었다고 한다.

면접은 지원자도 본다

내가 강남의 한 유명 병원에 면접을 보러 갔을 때 일이다. 스카우트 제의를 받고 간 곳이었는데 원장이 수술 중이어서 기다려야 했다. 1시간… 2시간… 3시간이 지났지만 결국 면접은 볼 수 없었다. 다시 약속을 잡고 방문했을 때는 내심 '지난번에 3시간을 기다렸으니 이번에는 시간 약속을 지키겠지' 하는 기대도 있었다. 그런데 웬걸! 대기실에서 또 2시간을 기다려야 했다. 급한 수술도 아니고, 원장의 개인적인 용무 때문이란다. 두 번이나 면접 보러 온 사람을 마냥 기다리게 하는 건 지원자에 대한 예의가 아니라고 생각했다. 면접 보러 들어가면서 나는 이미 마음을 굳혔다. 이 병원은 내가 갈 곳이 아니라고. 면접관이 지원자를 면접 볼 때, 지원자 역시 면접관과 그 조직을 가늠해 본다. 이는 합격 후 실제 입사로 이어질 때 중요 요인이 된다는 사실을 잊지 말아야 한다.

병원 고용브랜드 구축

병원에서는 외부고객인 환자들이 우리 병원 하면 떠올리는 어떠한 이미지, 즉 브랜드를 구축하기 위해 노력해 왔다. 반면, 내부고객인 직원들을 위한 '고용브랜드' 구축에는 큰 노력을 기울이지 못했다.

고용브랜드란 직원 및 구직자들에게 심어 주는 기업 이미지를 뜻한다. 가치 있는 고용브랜드가 구축되면 우리 병원의 조직문화에 적합한 인재 확보와 유지가 가능해진다. 내부직원에게는 동기부여 및 자부심을, 잠재적 지원자들에게는 우리 병원의 문화와 강점을 어필할 수 있으며 더 나아가 '일하고 싶은 병원'의 이미지를 심어 줄 수 있다.

기업명	내용
SAS Institute	일과 삶의 균형 추구
Southwest Airline	즐겁고 유머러스한 문화
GE	세계적 수준의 경영에 동참하는 관리자 육성
LG 전자	Great Opportunity: 성장의 기회 Great Spirit: 도전 정신 Great Reward: 성과 보상

국내외 우량 기업들의 고용브랜드[*]

병원의 고용브랜드를 구축할 때 필요한 과정으로 직원가치제안EVP 개발이 있다. 환자에게 어필할 수 있는 우리 병원의 가치(왜 우리 병원에서 치료받아야 하는가?)를 고민하듯이, 직원에게 제시할 수 있는 가치(왜 우리 병원에서 일해야 하는가?)를 그려 나가는 것이다.

직원가치제안은 경력career, 문화culture, 보상compensation의 3C 요소를 가진다. 경력은 기회나 교육 등을 통한 잠재적 가치를, 문화는 직무 환경이나 상하 관계 등을 통한 감성적 가치를, 보상은 급여나 복리후생 등을 통한

[*] 조성일. 2011. 〈우수인재 확보를 위한 고용 브랜드 구축전략〉. 임금연구. 19(3): 40-49.

재무적 가치를 제공하는 것이다.

다음은 직원가치제안의 3C 요소에 따른 가치와 그 실현 도구이다.

3C 요소	제공 가치	실현 도구
경력(career)	잠재적 가치	교육, 훈련, 인정, 성장의 기회 등
문화(culture)	감성적 가치	직무 환경, 상하 관계, 유연성 등
보상(compensation)	재무적 가치	급여, 복리후생, 보상 등

직원가치제안 구성 요소[*]

직원가치제안 개발은 병원의 비전, 미션, 핵심철학, 조직문화 등을 고려하여 원하는 인재상을 명확히 정의하는 것부터 시작한다. 그런 후 내부직원 및 대상 인재들의 니즈가 무엇인지 파악하고, 우리 병원의 차별점(복리후생, 성장의 기회, 급여, 일과 삶의 균형 등)을 마련하고 홍보함으로써 실현할 수 있다.

병원 고용브랜드 홍보 및 관리

직원가치제안을 통해 병원 고용브랜드를 구축한 후, 이를 내외부에 홍보하고 강화하기 위한 활동을 할 수 있다.

① 커리어 토크

커피구독서비스로 유명한 빈브라더스 합정점에 찾아갔을 때였다. 세

---

[*] 조성일. 2011. 〈우수인재 확보를 위한 고용 브랜드 구축전략〉. 임금연구. 19(3): 40-49.

련된 인테리어, 그윽한 커피향도 좋았지만 가장 인상 깊었던 것이 커리어 토크 제도였다. 커리어 토크란 해당 기업에 관심 있는 사람 또는 구직자가 내부직원과 커피 한잔 하면서 이 회사는 어떤 곳인지, 무엇을 지향하는지, 자신의 비전과 어떤 부분이 닿을 수 있는지 등 궁금한 점을 묻고 편하게 대화하는 자리를 말한다.

　나는 이 커리어 토크를 병원에 도입해 보았는데, 뜻밖에도 잠재적 구직자들에게 꽤 좋은 반응을 얻었다. 직원들이 무슨 일을 하는지, 우리 병원에서 어떤 가치를 중요시하는지 등을 허심탄회하게 묻고 원하면 지원까지 할 수 있는 제도였다. 급할 때 갑자기 사람을 구하려 하면 쉽지 않다. 이러한 제도를 통해 인재 DB를 쌓아 놓고 관리할 수 있으며, 우리 병원의 고용브랜드를 널리 알리는 효과도 있다.

　② 학교 취업설명회

　커리어 토크와 비슷한 것으로 학교 취업설명회가 있다. 커리어 토크가 우리 병원에 관심이 있어 찾아오는 잠재적 지원자들을 위한 것이라면, 취업설명회에서는 졸업을 앞둔 다수의 학생에게 우리 병원을 홍보할 수 있다. 취업설명회뿐만 아니라 학교에 강의하러 가서 병원 소개를 해도 고용브랜드를 알리고 강화하는 데 도움이 된다.

　③ 퇴사직원 또는 내부직원 관리

　퇴사직원을 대하는 병원의 태도를 통해 내부직원들은 '나도 퇴사할 때 저렇게 나가겠구나'를 생각하게 된다. (나의 경험으로는, 신기하게도 직원 한 명이 안 좋은 모습으로 퇴사하면 나머지 직원들도 그렇게 퇴사했다.) 따라서 직원뿐만 아니라 병원 입장에서도 퇴사직원과의 좋은 마무리가 필요하다. 많은 병원에서 직원을 채용할 때 전 근무지에 평판 확인을 하듯이, 새 직원이 입사한 병원에서도 전 근무지에 관해 묻는 이들이 많기 때문이다. 좋지 않게 퇴사한 직원에게서는 당연히 좋은 이야기가 나올 리 없다.

내부직원 관리 역시 필요하다. 병원에 어떤 문제가 있을 때, 그 문제점에 대해서 누구보다 잘 아는 이들이 바로 직원들이다. 직원들이 스트레스를 해소하는 방법의 하나가 퇴사한 직원들이나 다른 병원에서 일하는 친구들 만나 병원 이야기를 하는 것이다. 문제는 좋은 이야기보다 안 좋은 이야기를 더 많이 하고, 안 좋은 이야기일수록 더 빨리 퍼진다. 그래서 나는 직원들에게 항상 주의를 시켰다. 다른 병원 다니는 친구 만나서 수다 떠는 건 좋지만, 그리고 약간의 흉을 보는 것도 나쁘지 않지만, 우리 병원의 부정적인 면이나 개인정보를 보호해야 하는 환자들 이야기를 본인의 관점에서 하지 말라고 말이다. 병원의 안 좋은 이야기가 부풀려져 퍼지게 되면 구직자들이 입사를 꺼리게 되고 그렇게 되면 내부직원들이 더 힘들어진다. 이렇게 말하면 직원들도 이해하고 조심한다. 자신이 떠든 이야기가 결국 자신에게 돌아온다는 것을 알게 되기 때문이다.

직원 1명이 150명에게 영향을 준다

직원 입소문을 관리해야 하는 이유를 던바의 법칙(Dunbar's number)에서도 찾을 수 있다. 영국 문화인류학자 로빈 던바는 1990년대 초 침팬지 등 영장류 30종을 대상으로 실험한 결과, 복잡한 사고를 담당하는 뇌 영역(대뇌 신피질)이 발달할수록 관계를 맺는 집단의 크기도 커진다는 결론을 얻었다. 이런 관점에서 볼 때 인간은 평균적으로 150명과 관계를 맺는다고 추론했는데, 이것을 던바의 수 또는 던바의 법칙이라고 한다. 이 법칙은 우리 병원에 나쁜 이미지를 가지고 있는 직원 1명이 자신 주변의 150명에게 영향력을 미칠 수 있음을 의미한다.

총괄실장,
병원 시스템과 문화를 만든다

총괄실장,
병원을 성장시키는 사람

병원에서 꾸준히 일하며 성장하다 보면, 경영을 책임지는 총괄실장 또는 매니저 자리에 오르거나 그럴 기회가 찾아온다. 총괄실장은 원장과 함께 내부 시스템과 문화를 조성하고 병원을 성장시키는 역할을 한다.

병원의 성장 단계는 개원기, 성장기, 성숙기, 정체기 또는 재도약기의 4단계로 나누어진다. 개원기에는 환자들에게 병원을 알리는 마케팅과 홍보에 중점을 둔다. 다음 단계로 진입하면 고용 안정과 체계적인 내부 시스템이 마련되어야 하며, 시간이 지나 또 한 번 성장해야 할 때가 되면 효율적인 경영 시스템과 병원 문화가 조성되어야 한다.

— 개원기: 병원 컨셉을 토대로 홍보와 마케팅을 통해 외부에 병원을 알리며 진료 프로세스를 구축한다.
— 성장기: 병원이 한창 성장하는 시기에는 기존 프로세스나 환자응대 체계가 처음과 비교해 흐트러지게 된다. 따라서 내부 시스템 재점검과 개선을 통해 환자들의 불만을 해결해야 한다.
— 성숙기: 병원이 어느 정도 안정이 되는 시기로 체계적인 인사 시스템 구축을 통한 직원들의 고용 안정과 효율적인 경영 체계가 필요하다.
— 정체기 또는 재도약기: 성숙기를 지나면 전략과 철저한 준비를 통해 정체기가 아닌 재도약기로 성장할 수 있도록 한다.

병원의 성장 단계는 계단식 곡선을 이루는데, 이 곡선이 S 자와 닮았다고 해서 'S 곡선'이라고도 불린다.

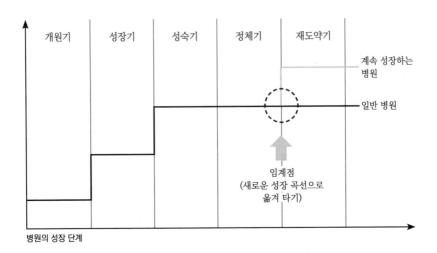

| 개원기 | 성장기 | 성숙기 | 정체기 | 재도약기 |

계속 성장하는 병원

일반 병원

임계점
(새로운 성장 곡선으로 옮겨 타기)

병원의 성장 단계

병원이 정체기에서 재도약기로 넘어가기 위해서는 다음 단계로 넘어가기 전 한계 지점인 임계점을 넘어서야 한다. 임계점을 넘기 위해서는 통찰력, 체계적인 경영전략(사업의 다각화, 진료 영역 및 규모 확장 등), 올바른 병원 문화 조성 등이 필요하다. 이때 병원장과 함께 중요한 역할을 하는 사람이 바로 총괄실장이다.

총괄실장이 새로운 병원 시스템을 마련하거나 개선하기 위해서는 가장 먼저 병원의 현재 상황을 정확히 파악해야 한다. 나는 처음으로 총괄실장이 되었던 병원에서 한 달 동안 어떤 업무도 하지 않았다. 오직 전반적인 병원 시스템을 관찰하면서 상황을 파악하고 앞으로 해야 할 업무를 정리했다.

병원 시스템을 만들어 나가는 방법으로는 2가지가 있다. 하나는 내부 시스템을 구축한 뒤 외부 홍보에 주력하는 것이며, 다른 하나는 반대로 외부 홍보를 통해 매출을 올린 후 내부를 점검하는 것이다. 내가 처음 총괄실장으로 간 병원에선 직원 업무 분담조차 제대로 되어 있지 않고 주먹구구식으로 운영되고 있었다. 그래서 나는 환자경험관리를 비롯한 내부 시스템을 먼저 개선했고, 그 이후에 마케팅을 진행했다. 내부 시스템이 탄탄해야 환자들의 만족도가 높아져 환자 이탈률이 줄어들 것으로 판단했기 때문이다. 그렇게 3개월 동안 내부 시스템 정비에 매진하자, 신기하게도 환자들이 먼저 알아주기 시작했다.

"어머, 여기는 강남 병원 같아."
"이 병원이 언제 이렇게 달라졌어?"
"실장님, 우리 아들 병원 와서 교육 좀 해줘요."
"여기는 체계적인 병원 같아서 믿음이 가요."

다음 6개월 동안에는 외부 마케팅을 병행했다. 새로운 아이디어를 내서 실천하고 개선해 나갔다. 결과적으로 내가 총괄실장으로 온 지 1년 만에 기존에 30%였던 소개환자 비율이 60~70%까지 상승했다. 매출은 10배 이상 급상승했으며, 전국 병원에서 벤치마킹을 위해 찾아오고 싶다는 문의가 쇄도했다.

이처럼 병원의 총괄실장, 혹은 매니저라면 우리 병원 시스템의 방향성을 고민하고, 지속적인 실천을 통해 문화로 정착시키려는 노력을 계속해야 한다. 병원 문화는 그 병원만의 고유한 가치와 신념으로 구축된 체계이다. 병원의 비전과 원장의 경영철학을 통해 전 구성원의 행동지침이 마련되고, 지속적인 실천을 통해 숙성될 때 문화가 된다. 따라서 문화에는 '시간'이라는 요소가 반드시 필요하며, 하루아침에 만들어지지 않기 때문에 총괄실장은 항상 병원을 안팎으로 살피고 시스템이 원활히 돌아가도록 끊임없이 관리해야 한다. 새로운 트렌드를 감지하고 우리 병원에 맞게 적용하는 기획도 해야 한다. 사실 병원에 새로운 시스템을 정착시키는 과정도 쉽지 않지만, 정착한 시스템을 지속하고 계속 업그레이드하는 일은 더욱 어렵다. 총괄실장이 고인 물이 되어선 안 되고 끊임없이 성장하고 발전해야 하는 이유다.

단기간 성장하는 방법은 덤핑뿐

몇 년 전, 한 원장님에게 컨설팅 요청을 받았다. 병원은 한때 꽤 잘 되었으나, 지금은 공동개원도 깨지고 50명이던 직원이 2명만 남은 실정이라고 한다. 이야기를 들어 보니, 주변에 잘 나가는 P 병원이 생기면서 환자가 이탈된 상황이었다. 원장님도 P 병원이 잘 되는 이유가 궁금해서 직접 모니터링을 갔다고 했다. 가서 무엇을 느꼈는지 물었더니 이렇게 대답했다. "원장이 친절하더라고." P 병원은 병원 경영에 관심 있는 사람들에게는 꽤 유명한 병원이다. 체계적인 병원 시스템과 문화를 조성하기 위해 오랫동안 노력해 왔으며, 단지 병원장이 친절하다는 이유 하나로 환자가 많이 찾는 곳이 아니었다. 원장님은 나에게 한 달이라는 시간을 줄 테니 자신의 병원을 P 병원처럼 환자로 북적이게 해달라고 부탁했다. 나는 P 병원의 성공은 오랜 시간 꾸준하게 노력한 결과이며, 말씀대로 한 달 안에 병원 매출을 급격히 올리는 방법은 덤핑(정상 가격 이하로 수술이나 시술비를 할인해서 박리다매식 수술이나 시술을 하는 행위)밖에 없다고 대답한 후 정중히 거절했다.

병원 실장이
마케팅을 알아야 하는 이유

"실장이 마케팅까지 알아야 해요?"

실제로 이렇게 묻는 이들이 꽤 있다. 상담 업무를 주로 하는 상담실장들이 특히 그렇다. 하지만 나는 아무런 준비 없이 총괄실장이 되거나 마케팅 업무를 맡게 되면서 힘들어하는 실장들을 종종 접한다.

한 병원에 컨설팅하러 갔을 때 일이다. 강남역 부근의 개원 병원으로, 그 전에 강남의 다른 병원에서 총괄실장으로 있던 분을 스카우트해서 데려왔다. 이름만 대면 누구나 다 알 법한 유명한 병원에서 온 총괄실장이라 나를 비롯해 모두 기대가 컸다. 개원 병원은 인테리어부터 기본 장비와 기구, 물품, 유니폼까지 하나하나 신경 쓸 일이 많다. 무엇보다 중요한 건 병원의 컨셉과 차별화 전략을 구상하는 것이다. 주변 병원의 수가 조사를 비롯해 마케팅 조사, 상담 및 시스템 모니터링을 진행하고, 조사 결과를 통해 우리 병원의 수가를 정하고 패키지 상품을 만들며 차별화된 전략을 짠다. 우리는 회의를 통해 이를 상의하고 만들어 나갔다.

그런데 어느 날 회의 때 총괄실장이 불만을 토로했다. 자신이 왜 '이런 것들'까지 해야 하냐는 것이었다. 자신은 전 병원에서도 총괄실장이었지만 상담실에서 상담만 했단다. 나머지는 마케팅팀에서 알아서 하는 건데, 자신이 수가와 차별화 전략을 세우고 다른 병원 모니터링까지 해야 하느냐며 불평했다. 나는 총괄실장을 간신히 설득했지만 곧 또 다른

총괄실장,
병원 시스템과 문화를 만든다

난관에 부딪혔다. 총괄실장은 정말 상담 외에 할 줄 아는 게 없었던 것이다. 단 한 번도 기획이나 마케팅을 한 적이 없었고, 회의 때 어떤 의견도 내지 못했으며, 심지어 컴퓨터도 사용할 줄 몰랐다. 시간이 지나면서 총괄실장으로서의 부족한 능력이 드러났고, 결국 본인의 의지와 상관없이 퇴사했다.

병원 중간관리자인 실장 또는 총괄실장이 마케팅을 공부한다면 다음과 같은 업무를 할 수 있게 되면서 업무적 능력을 인정받을 수 있다.

진료 패키지 상품 기획

병원 실장들을 상대로 필요한 교육이 무엇인지 조사했을 때 '창의력 교육'이 필요하다는 의견이 종종 나온다. 진료 패키지 상품을 기획해야 하는데 창의성이 부족해서 어렵다는 이유였다.

진료 패키지 상품은 병원 마케팅 전략 중 하나로, 시너지를 낼 수 있는 진료 항목을 묶어서 하나의 상품으로 만드는 것이다. 주로 매달 이벤트 홍보 때 활용한다. 패키지는 어떻게 구성하느냐에 따라 다양하다. 리프팅과 피부 관리를 함께 받을 수 있는 '효도 패키지', 승모근 보톡스와 피부 관리를 함께 받을 수 있는 '결혼 패키지', 검사와 치료를 한 번에 묶는 '올인원 패키지' 등 무궁무진하다. 이러한 진료 패키지 상품을 만들기 위해서는 창의력도 어느 정도는 필요하지만 그보다 마케팅을 공부하는 것이 한결 도움된다.

진료 패키지 및 프로그램을 만들 때는 다음의 항목을 고려한다.

① 어떤 진료 항목으로 패키지를 구성할 것인가?

② 패키지 기획을 통해 병원에서 얻고자 하는 것은 무엇인가?

③ 패키지 상품을 필요로 하는 대상은 누구인가?

④ 우리 병원과 유사한 패키지 상품이 다른 병원에 있는가?

⑤ 다른 병원의 패키지 상품에서 배울 점은 무엇인가?

⑥ 우리 병원 패키지 상품의 차별점은 무엇인가?

⑦ 패키지 상품을 환자에게 어떻게 어필할 것인가?

마케팅 기법 중 '타협 효과'라는 것이 있다. 타협 효과란 사람들이 여러 대안 중 하나를 선택할 때, 가장 무난하게 중간에 위치한 것을 고르려는 심리를 말한다. 여러 진료 패키지를 기획할 때도 가장 어필하고자 하는 패키지 상품을 정하고, 그것보다 더 저렴한 패키지, 더 비싼 패키지를 함께 기획하곤 한다.

타협 효과

심리학자 시몬슨과 트버스키는 실험자에게 3종류의 카메라 중 하나를 선택하게 했다. 카메라 A는 성능은 떨어지지만 값이 싸고, 카메라 B는 성능도 가격도 보통이며, C는 고성능이지만 비싼 카메라다. 실험 참가자들에게 먼저 A와 B 중 어떤 카메라를 선택할 것인지 물었더니 정확히 A와 B의 비율이 각각 반씩 나왔다. 하지만 C를 추가했더니 참가자들의 선택 비율이 A가 22%, B가 57%, C가 21%로 나왔다. 즉, 중간값에 속하는 B가 제일 많이 선택되었다.

[출처: 도모노 노리오. 2007. 《행동경제학》. 이명희(옮김). 지형.]

새로운 진료 및 장비 홍보

병원에서는 진료 영역을 확장해야 하는 시기가 있다. 보통 기존 진료로는 매출을 더 높이기 어려울 때 새로운 진료 방식을 도입한다. 새 진료를 환자들에게 어떻게 알리고 홍보할지 전략을 짜는 것도 마케팅에 해당한다. 예를 들어 한 병원에서 새로운 의료장비를 도입했다고 하자. 새 장비를 가져다 놓은 후, 이 장비를 활용하는 시술 및 수술법을 환자들에게 권하도록 직원들에게 지시한다. 하지만 환자들의 호응은 생각보다 크지 않다. 그 이유는 무엇일까?

우리가 어떤 의료장비를 도입해서 진료 영역을 확장하고자 한다면 다음과 같은 과정을 선행해야 한다.

① 새로운 장비를 알릴지, 아니면 장비를 이용한 시술 또는 수술법을 알릴지 정하고 명칭을 결정한다.
② 장비를 사용할 대상층을 선정하고 분석한다.
③ 다른 병원 수가를 참고해서 진료비를 책정한다.
④ 순이익을 계산해서 한 달 목표를 세운다.
⑤ 홍보 방법과 계획을 세운다.
⑥ 대상에게 어필할 수 있는 멘트를 정한다.
⑦ 직원 교육을 통해 기본 사용법, 장단점 등을 익히게 한다.
⑧ 직원들이 내원한 환자들에게 자연스럽게 권하도록 한다.
⑨ 중간점검 후 피드백한다.

지역 마케팅

나와 함께 일했던 원장님들은 언제나 "건물 마케팅이 중요하다"며 명절 때마다 청소 직원, 경비원들을 챙겼다. 특히 병원의 첫인상을 결정할 수 있는 주차원이 불친절하면 환자들이 이미 마음이 상해서 내원하거나 컴플레인을 하는 일이 잦다. 주변 약국과 상점들과의 관계도 중요하다. 약국이나 식당 소개로 병원을 찾는 환자들도 있기 때문이다. 이렇듯 우리 병원이 자리 잡은 지역이나 공간을 활용하는 마케팅도 차별화 전략 중 하나다.

몇 년 전, 강원도에서 택시를 타고 유명한 지역병원을 지날 때였다. 갑자기 택시 기사가 병원을 가리키면서 갈 곳이 못 된다며 험담했다. 이유를 물으니 비싸기로 소문이 자자한 병원이라는 것이다. 나는 지역사회가 좁은 곳에 있는 병원은 택시 기사 입소문도 중요하다는 것을 느꼈다.

병원이 문을 연 지 얼마 되지 않거나, 지역을 옮겨서 새로 개원하는 경우에는 원장이나 경영지원부 부서장이 그 지역의 교회나 축구회, 산악회 같은 모임에 참여해 주민들과 어울리기도 한다. 주민들과 유대관계 쌓고 병원을 홍보하기 위해서다.

그 밖에 건강교실이나 노래교실, 메이크업 세미나 등을 여는 병원도 있다. 한 병원에서는 매달 새로운 주제를 가지고 지역주민을 위한 세미나를 열었다. 나는 속으로 누가 병원에서 개최하는 영화감상회나 인문학 교실에 올까 싶었다. 그런데 예상외로 많은 주민이 참여하는 것을 보고 놀랐다. 세미나 홍보 포스터를 통해 병원도 홍보하고 세미나에 참여한 사람들이 고객이 되는 모습을 보면서 효과적인 마케팅 방법이라는 걸 알

총괄실장,
병원 시스템과 문화를 만든다

게 되었다.

병원 홈페이지 및 SNS 관리

요즘은 대부분 병원에 마케팅 부서가 있어서 직접 홈페이지나 SNS를 관리한다. 아니면 외부 대행업체에 맡기거나 내부에서 실장이 운영하기도 한다. 내부에서 관리하건, 외부 업체에 맡기건 기본적인 내용은 실장이 알아야 제대로 운영하고 맡길 수 있다.

병원 홈페이지나 SNS를 관리할 때는 키워드 노출 등도 중요하지만, 그것보다 더 중요한 건 '콘텐츠 생산 능력'이다. 콘텐츠는 마구잡이식 포스팅이 아닌, 환자들에게 무엇을 전달할지 방향성을 명확히 잡은 후 그 느낌을 전달하도록 노력해야 한다. 이를 위해서는 마케팅 공부, 다른 병원 모니터링 등이 필요하다.

내가 병원 홈페이지를 만들 때 일이다. 방향성 설정부터 업체 선정, 내용 구상을 실장인 내가 해야 했다. 업체는 마침 알고 지내던 곳이 있어서 수월하게 결정했다. 중요한 건 방향성과 구성이었는데, 당시 홈페이지 작업은 처음이라 막연하게 느껴졌다. 고민 끝에 나는 전국의 모든 병원 홈페이지를 찾아보았다. 하늘 아래 새로운 건 없으니, 잘된 점을 가져와 재창조하기로 한 것이다. 그렇게 한 달 동안 다른 병원 홈페이지를 보면서 괜찮은 구성과 컨셉을 따로 정리했다. 점차 요즘 유행하는 트렌드가 무엇인지, 마케팅 포인트를 어떻게 잡을지 감이 왔다. 방향을 잡은 다음에는 사이트맵을 만들고 카테고리와 내용을 정해서 홈페이지 업체에 디자인을 발주했다. 디자인 시안이 오면 출력해서 하나하나 수정 사항을 적어 보내는 일을 두 달 동안 반복했다. 그러한 노력 끝에 병원 홈페이지가 완성되었다.

홈페이지를 만들면 관리를 해야 한다. 홈페이지를 관리하는 실장의 중요한 역할 중 하나가 환자 문의 글 관리다. 문의 글 관리를 마케팅 업체에 맡기는 병원도 있는데, 외부 업체가 진행하면 전문적인 상담이 어렵거나 자칫 성의가 부족해서 내원으로 연결될 확률이 떨어진다.

나는 당시 홈페이지를 만들면서 병원 카페와 블로그도 함께 개설했다. 나도 온라인 마케팅은 처음이어서 관련 세미나를 찾아다니며 배우고 시행착오를 겪으며 운영했다. 내가 카페와 블로그 운영에서 제일 고민했던 건 '콘텐츠'였다. 되도록 병원 컨셉인 '감성 소통'에 어울리는 글과 사진을 올렸다. 예를 들어 직원들의 일상적인 모습, 원장들의 진료실에서의 모습, 환자가 감사 의미로 가져온 선물, 원내 게시물, 새로 바뀐 유니폼, 워크숍 사진 등이었다. 그러자 점차 카페 회원과 블로그 구독자가 늘면서 유명해지기 시작했다. (그 당시에는 그런 병원 카페와 블로그가 거의 없었던 이유도 있다.)

홈페이지를 만들고 블로그를 운영할 때, 나는 환자들의 후기 글을 채우기 위해 고민했다. 단지 권유하는 방식으로는 환자들이 후기를 남기지 않자, 직접 글을 받아서 올리자고 생각했다. 대기시간을 이용해 환자들에게 예쁜 편지지를 주며 치료 후기를 작성하게 했다. 또 당시 병원의 컨셉에 어울리게 환자들과 함께 폴라로이드 사진을 찍었다. 두 장을 찍어서 한 장은 환자에게 기념으로 선물하고, 다른 한 장은 병원 블로그에 올렸다.

이렇게 다양한 콘텐츠를 홈페이지와 블로그 등에 올리면서 병원 이미지가 좋아졌고, 신환 유입이 늘어나면서 매출이 크게 상승했다.

　병원 마케팅을 맡게 된다면 당황하지 말고 채널별 특성을 공부하고 마케팅 도서를 읽거나 세미나에 참석하기를 권유한다. 특히 어떻게 하면 우리 병원 이미지를 개선할 수 있을지 고민해야 한다. 나는 총괄실장 자리에 처음 올랐을 때 모르는 게 너무 많아 새벽까지 잠 못 들며 많은 고민을 했다. 그러다 어떤 아이디어가 떠오르면 바로 다음 날 병원에 가서 실천에 옮겼다. 그렇게 차근차근 실천하다 보면 누구나 처음 시작할 때보다 더욱 발전한 자신을 발견할 수 있을 것이다.

병원 컨셉을 잡고
차별점 도출하기

마케팅은 일반적으로 고객의 욕구를 충족할 수 있는 상품 및 서비스를 소비자에게 원활하게 전달하기 위한 활동을 뜻한다. 이러한 마케팅을 병원에 적용하기 위해서는 먼저 우리 병원만의 특성을 파악해야 한다.

진료 특성	고객 특성	시장 환경
원장의 진료 방식 장비·재료 안전성 치료의 종류·원리 사후 관리	주 환자층 환자의 의료 지식 정도 환자의 기대치 내원경로	최신 트렌드 및 의료 정책 주변 병원 수가 및 마케팅 주변 상권

병원 마케팅을 하기 위해서는 우리 병원 환자들의 특성을 잘 알아야 하고, 주변 병원을 수시로 파악해서 비교해야 한다. 또한 우리 병원의 평판이 어떠한지, 주 환자층은 누구고 가장 많은 매출을 차지하는 진료는 무엇인지, 신환과 구환 비율은 어떤지, 하루 평균 내원 환자 수는 얼마나 되는지 파악하면서 우리 병원의 차별점을 찾을 수 있고, 그에 따른 마케팅 전략을 세울 수 있다. 소아를 대상으로 하는 병원, 중·고등학생을 대상으로 하는 병원, 젊은 여성을 대상으로 하는 병원, 노인을 대상으로 하는 병원 등 대상에 따라서도 다르게 접근할 수 있다.

우리가 흔히 착각하는 점이 병원의 마케팅은 오로지 마케팅 부서의 몫이라는 인식이다. 만약 직원, 특히 실장이 마케팅에 무지하거나 등한시하게 되면 진료와 마케팅이 서로 조화를 이루지 못하고 따로 놀게 된다. 따라서 병원이 나아갈 방향을 정할 때 가장 먼저 해야 할 일이 우리 병원의 컨셉을 설정하는 것이다. 컨셉은 원장의 경영철학을 포함해서 환자에게 보여 주고자 하는 가치, 혹은 이미지를 관념화한 것으로, 매우 전략적이어야 한다. 컨셉이 없다면 향후 마케팅과 관련된 모든 것(홍보물 제작, 환자응대 방식, 멘트 등)이 방향성 없이 진행될 수 있어서 병원의 컨셉을 잡고 차별화 메시지를 추출하는 일은 상당히 중요하다. 이를 위해서 병원의 특징을 분석하고, 고객과 환경을 분석하며, 메시지를 추출하는 과정이 필요하다.

① 병원의 특징 분석
우리 병원만의 특징(강점, 약점)을 파악하고 분석한다

항목	특징(예시)
진료	· 개원 이래 안전사고가 한 건도 없음
기술	· 특허 기술이 있음
장비/재료	· 철저하고 꼼꼼한 분석 시스템(3D 시스템) · 대학병원 이상의 최첨단 시설과 장비 · 정품 보형물 사용 및 인증
의료진	· 의사에게 인정받는 의사 또는 의사를 교육하는 의사
직원	· 경력 10년 이상의 베테랑 직원들
프로세스	· 시술 및 수술 후 당일퇴원 가능 · 당일 검사에서 치료 계획까지 제공하는 원스톱 진료 운영

환경 및 부대시설	·주차 시설 완비 ·카페테리아 조성
위치 및 접근성	·지하철역에서 도보 5분 이내 위치

병원 특징 파악을 위한 항목(예시)

② 고객 및 환경 분석

병원 환자층과 환경을 분석할 때는 다음의 내용을 파악하고 정리한다.

— 사회 트렌드

— 지역 및 진료권 분석(주변 및 경쟁 병원 포함)

— 지역인구 연령별 구성 파악을 통한 대상 세분화

— 의료 이용도 분석을 통한 진료과목 정리

— 환자들이 의료기관을 선택할 때 중요시하는 점 파악

③ 차별적 메시지 추출

①, ②의 단계를 거쳐 우리 병원만의 차별적 메시지, 즉 컨셉을 설정한다. 병원의 모든 내부 및 외부 요소가 컨셉과 통일성을 이루어야 한다.

내부 요소	외부 요소
원내 게시판 안내서 및 홍보물 원내 TV 등 모니터 화면 병원 접점 관리 직원 교육 및 커뮤니케이션 환자응대 방식	언론 홍보, 제휴, 방송 출연 버스 광고, 지하철 광고, 간판 홈페이지, SNS 입소문

병원의 요소

총괄실장,
병원 시스템과 문화를 만든다

차별화 전략,
우리 병원을 어필하라

직원들에게 우리 병원만의 장단점을 찾아보라고 하면 일반적으로 장점보다는 단점을 더 많이 말한다. 하지만 병원의 특징을 어떤 방식으로 해석하고 어필하느냐에 따라 단점이 오히려 그 병원만의 차별적인 전략이될 수 있다.

몇 가지 예를 들자면, 매출이 높고 환자 유입도 안정적인 병원이 있다. 그런데 병원 인테리어가 너무 구식이라 70, 80년대 동네 의원 같은 느낌을 주었다. 심지어 병원 대기실에는 바퀴벌레가 종종 출몰했다. 그래서 병원장에게 왜 인테리어를 새로 하지 않는지 물었더니 글쎄, 인테리어를 최대한 '후지게' 해야 가격이 싼 병원이라고 환자들이 인식한다는 것이었다. 아이러니하게도 그 병원의 수가는 동네에서 제일 높았다.

다른 사례를 보자. 대기시간 관리는 병원의 오래된 관심사 중 하나다. 보통은 대기시간을 단축하기 위해 고심하는데 한 병원에서는 오히려 환자의 대기시간을 늦추었다. 이유를 물었더니 대기실에 사람들이 바글바글해야 환자들이 내심 '이 병원이 유명한 병원이구나' 하고 생각하기 때문이라 했다.

또한 환자들 사이에 상담실장에 대한 안 좋은 말이 많아지자, 아예 상담실장이라는 자리를 없애고 전 직원에게 상담을 시키는 병원도 있다. 그리고는 '우리 병원에는 상담실장이 없습니다'라며 홍보한다.

환자들에게 우리 병원의 차별점을 보여 줄 수 있는 또 다른 방법들로는 다음과 같은 것들이 있다.

— 환자 후기 글

— 만족도 조사 결과

— 대외 활동(수상경력, 봉사활동, 사회공헌 등)

— 병원 소개 책자

— 의료진 실력(특허, 논문, 서적, 학회 등)

— 최신 장비

— 부대시설(카페, 즐길 거리 등)

— 수술·시술 횟수와 성공률

— 내원 환자 수

— 품질보장제도

원장 및 직원 홍보

원장 실력을 어필하면서 환자의 신뢰도를 높일 수 있다. 내가 미술을 공부한 원장님과 일했을 때였다. 성형외과다 보니 환자들에게 "우리 병원 원장님은 대학원에서 미술을 전공하셔서 미적 조예가 깊으신 분이에요. 환자분들의 얼굴을 최대한 아름답고 조화롭게 만들어 드리기 위해 노력하신답니다." 하고 말하면 환자들이 고개를 끄덕이며 반색했고, 상담동의율도 높아졌다. 산부인과나 유방외과는 여의사라는 점도 홍보에 도움될 수 있으며, 원장의 치료나 수상경력을 통해 환자들에게 어필할

총괄실장,
병원 시스템과 문화를 만든다

수 있다.

그 외에 다음과 같은 멘트로 원장의 실력을 홍보할 수 있다.

"원장님이 처음부터 끝까지 직접 봐주십니다."

"과하지 않고 자연스럽게 해주십니다."(피부과)

"다른 병원 원장들을 교육하는 원장님이십니다."

"섬세한 수술을 하시는 분이라 술도 안 드시고 골프도 치지 않으십니다."

"원장님이 아이가 둘 있어서 엄마의 마음으로 진료해 주십니다."(소아과)

"원장님도 만성통증 환자셨어요. 누구보다 환자분들 마음을 잘 헤아리십니다."

원장뿐만 아니라 직원에 관한 어필도 필요하다. 예를 들어 스케일링 환자에게 이렇게 설명할 수 있다. "담당 선생님이 정말 안 아프고 시원하게 스케일링 잘하는 분이시니 걱정하지 마시고 잘 받으세요." 요즘은 의료인이나 의료기사 등 직원의 전문성 어필도 하나의 차별화 전략이 될 수 있으므로 이를 메시지로 전달하는 병원이 많다.

— 우리 치과에는 전문교육을 받고 보건복지부에서 인정한 면허를 가진 치과위생사만 있습니다.

— 우리 피부과에는 6년 이상의 숙련된 피부관리사가 환자분의 소중한 피부를 관리해 드립니다.

— 대한물리치료사협회 척추교정 도수전문치료사, 척추재활운동전문가 등 자격증을 보유한 숙련된 치료사가 원장님과 협업하여 진료합니다.

'숫자'를 강조

① 제품 사용량

시술에 사용한 임플란트 제품이나 빈 보톡스 병을 대기실에 진열해서 환자들에게 '이 병원은 정말 시술(또는 수술)을 많이 하는 곳이구나'라는 신뢰감을 주거나 같은 이유로 '제품 사용량 전국 병원 1위'라는 표현을 사용할 수 있다. 교정치료를 많이 하는 치과에서는 교정 환자들의 치아 모형을 대기실에 진열해 놓기도 한다.

② 병원 역사

병원이 걸어온 역사를 이야기로 풀어서('한 자리에서 10년 넘게 진료하고 있습니다' 등) 병원 입구에 배치하기도 한다.

③ 예약 및 내원 환자 수

오늘 우리 병원에 예약한 환자 수를 보여 주거나, 중요한 수술 예약환자를 게시판이나 네임보드에 게시하기도 한다. 전체 내원 환자 수를 홍보하기도 하는데, 마찬가지로 우리 병원에 많은 환자가 다녀갔다는 것을 어필하는 방법이다.

안전성 어필

① 진료의 안전성

방송에서 이른바 '먹튀' 병원 및 무단폐업 병원 사례가 소개되면서 확산된 불신을 안심시켜 주기 위한 메시지가 눈에 띄게 늘었다.

— 치료 도중 의료진이 바뀌지 않습니다.
— 대표 원장님이 상담부터 치료, 사후 관리까지 직접 합니다.

또한 개원 이래 의료사고가 한 건도 없었음을 강조하거나 원장이 본인 스스로에게 직접 시술한 사진을 걸기도 한다. 보톡스 시술 직전에는 "저희는 정품 한 병을 다 사용합니다"라고 말하며 환자 눈앞에서 보톡스를 개봉해 신뢰감과 안도감을 줄 수 있다. 과잉진료 없이 정직하게 진료 본다는 사실을 강조해 환자를 안심시키는 병원도 있다. 도수치료를 원장이 직접 한다고 홍보하는 병원, JCI 또는 보건복지부 인증을 홍보에 활용하는 병원도 있다.

환자의 불만에 차별점이 숨어 있다

원래 비만 전문이었던 강남의 모 클리닉에서는 피부 관리 매출을 늘리고자 했다. 차별화 요소를 찾기 위해 한 인터넷 카페에서 여드름 치료를 받은 환자들의 불만 글을 분석한 결과, 마침내 환자들의 니즈를 찾을 수 있었다. 바로 '원장이 직접 압출해 줬으면 좋겠다'는 것이었다. 결국 이 점을 차별화 요소로 만들어 마케팅을 진행했고, 피부 관리 매출을 2배 이상 상승시킬 수 있었다. (물론 원장이 직접 압출을 한다는 것 자체가 상당한 시간과 노동력이 들어가기 때문에 병원별로 가능한 곳이 있지만 어려운 곳도 있다.)

② 제품의 안전성
병원에서 사용하는 제품의 정품 확인을 해주거나, 한약재의 경우 검사 결과를 게시해서 약의 안전성을 알린다.

공간을 활용한 어필

환자들이 자주 이동하는 병원 계단, 대기실 등에 수상 내역이나 트로피를 진열해서 병원의 우수성을 알리기도 한다. 환자 맞이 데스크에 여러 나라 국기를 진열해서 해외 각국의 환자들이 오는 병원이라는 사실을 간접적으로 알릴 수도 있다.

마케팅의 시작,
'친절'을 정의하는 것부터

한 원장님은 병원 직원을 '환자를 쫓는 사나운 개'라고 표현했다. 중국의 고전 《한비자》의 '구맹주산(狗猛酒酸: 개가 사나우면 술이 쉰다)'에서 가져온 말이다. 아무리 술맛이 좋아도 사나운 개가 손님을 쫓으면 그 주점은 망하는 것처럼, 환자가 아무리 많이 찾아도 병원 직원들이 '사나운 개'처럼 환자를 내쫓는다며 원장님은 나에게 하소연했다.

떠나는 고객의 68%는 직원의 불친절한 응대 때문이며, 직원들의 태도가 좋으면 41% 고객이 충성고객이 된다고 한다. 이렇듯 고객 인식의 70%는 '사람과의 경험'에 의해서 결정된다.* 특히 병원은 '몸에 대한 터치'가 이루어지는 곳이다. 환자들의 긍정적인 경험을 위해서는 병원 직원들의 역할이 더욱 강조된다.

병원 마케팅에도 CS, 즉 '고객 만족'이라는 개념이 도입되었다. 고객인 환자들이 만족해야 병원이 잘된다는 믿음으로 병원들이 앞다투어 직원 친절교육을 시행했다. 초기에는 항공사나 호텔 출신 강사들이 병원 직원을 교육했다. 주로 친절한 표정과 서비스 매너 위주의 획일적인 교육이었다. 하지만 친절은 각 병원의 특성이나 추구하는 방향에 따라서 그 제공 방식이 확연히 달라진다. 예를 들어, 어떤 병원은 대기시간 동안

---

* 마이클 르뵈프. 2017. 《절대 실패하지 않는 비즈니스의 비밀》. 문직섭(옮김). 가나.

환자와 직원이 대화를 나누는 것이 친절이라고 생각한다. 그래서 일대일로 환자와 이야기하는 서비스 코디네이터를 뽑기도 한다. 반면, 환자들이 대기하는 동안 혼자서 스마트폰을 마음껏 사용할 수 있게 돕는 것이 친절이라고 생각해 스마트폰 배터리 충전 잭을 설치하는 병원도 있다.

다음은 한 병원에서 나에게 친절교육을 의뢰했을 때의 일이다. 교육에는 병원장을 비롯한 전 직원이 참여했다. 나는 먼저 직원들에게 병원 친절이 무엇이라고 생각하는지 물었다. 직원 대부분은 '인사' 또는 '미소'라고 대답했다. 다음으로 원장님에게 같은 질문을 했다. 원장님은 잠시 머뭇거리더니 "제가 생각하는 친절은 환자에게 상세히 설명해 주는 것입니다"라고 답했다. 직원들은 놀라워했다. 처음으로 원장님이 원하는 친절이 인사나 미소 등 추상적인 것이 아닌, 구체적인 친절이었다는 걸 알게 되었다고 했다. 그 날 직원들은 다 함께 머리를 맞대고 환자들에게 어떻게 설명을 더 잘해 줄 것인지 토론했다.

이 사례에서처럼, 원장이 생각하는 친절이 무엇인지 직원들에게 알려주어야 한다. 그런 후 환자와 어떻게 소통할지 구체적으로 정해야 한다. 형식적인 응대나 멘트가 아닌, 환자별로 다른 상황을 이해하고 그에 대한 해결책을 제시해 줄 수 있어야 한다. 즉, 병원 직원들에게 무조건 '친절하라'고 하기보다, 우리 병원에서 생각하는 친절의 의미가 무엇인지 명확히 알려 준 후, 접점별로 환자와 어떻게 소통하고 대처해야 하는지 함께 고민하고 교육해야 한다.

친절에 대한 많은 정의가 있겠지만, 내가 생각하는 병원에서의 친절이란 환자들이 불편 없이 진료를 잘 마무리하도록 배려하는 것이다. 최근에는 병원도 변하고 있어서 예전처럼 서비스 매너 교육보다는 현장 경험이 있는 전문가들에게 환자응대 및 친절에 관한 교육을 의뢰하는 추세다. 병원 친절의 본질에 대한 생각이 정리되면 병원에서 제공하는 친절 서비스의 방식도 변할 것으로 생각한다.

침묵서비스

최근 일본에서 시작된 '무언 접객서비스'가 화제다. 교토에 본사를 둔 미야코 택시회사는 '침묵 택시'를 운영한다. 택시 기사가 승객에게 말을 거는 일을 최대한 자제하는 것이다. 이러한 침묵서비스는 SNS와 정보의 홍수 속에서 현대인들이 피로감을 느끼는 시대적 특성과, 일부 고객들이 점원을 불편해한다는 점에서 시작되었다. 고객들의 호응도가 높고, 서비스 제공자로서는 도움이 필요한 고객에게만 집중할 수 있어서 국내에도 도입되어 확산하고 있다.

환자 관리는
차트 정리에서 시작한다

환자 관리를 하고 있는지 물으면 상업적인 행위라서 하지 않는다고 대답하는 병원장들이 있다. '해피콜 등 환자 관리=환자를 현혹하는 상업적인 활동'이라는 부등식이 이미 머릿속에 확고하게 자리 잡은 것이다. 당연히 설득도 쉽지 않다. 한 성형외과에 환자 관리 시스템이 없어서 그 이유를 물었다. 그러자 환자들에게 해피콜하면 괜히 부기가 어떻고, 통증이 어떻고 등 컴플레인만 잔뜩 늘어놓아서 하지 않는다고 했다. 나는 그게 정말 컴플레인인지, 수술한 환자에게서 당연히 나올 수 있는 반응인지 좀 더 고민해 달라고 말했다.

컴플레인 때문에 일부러 환자 관리를 하지 않는 병원이 있지만, 역으로 그것을 마케팅 포인트로 삼거나 성장의 발판으로 삼는 병원도 있다. 애플리케이션을 만들어서 수술 후 경과 점검 및 개인별 회복 관리를 돕는 병원, 수술한 환자들에게 주기적인 경과 점검(1개월, 3개월, 6개월, 1년 등) 및 사후 관리를 해서 호평을 얻고 있는 병원 등이 그 예이다.

환자 관리란 무엇인가?

하루는 친한 원장님이 자기네 병원의 실장이 갑자기 그만두게 되었다며, 신입 직원들을 위해 데스크 업무 체계를 잡아달라고 부탁했다. 그렇게 해당 병원에서 직원을 교육하던 중, 나는 보통 병원과는 다른 특징을 발견했다. 병원에 환자가 많은 편은 아니었지만, 대신 이탈환자의 재내원율이 많았던 것이다. 차트를 살펴보니 그 이유를 알 수 있었다. 그만둔 실장이 퇴사 전까지 전화나 문자로 꾸준히 환자 관리를 한 덕분이었다.

이 사례를 통해 환자 관리란 무엇이고 왜 해야 하는지 알 수 있다. 환자 관리란, 환자와 지속적인 관계를 유지하면서 이탈을 최소화하는 '관계 마케팅'이다. 즉 기존 고객을 유지하고 관계를 강화하기 위한 전략이다. 병원에서의 환자 관리로는 치료별 환자 관리, 예약환자 관리, 상담환자 및 상담일지 관리, 소개환자 및 VIP 환자 관리, 이탈환자 및 남은 회차 미방문 환자 관리 등이 있다. 환자 관리를 해야 하는 이유는 환자 관리가 환자 만족도로 연결되기 때문이다. 환자 만족도는 충성도와 연결되고, 충성도는 직접적인 병원 매출로 연결된다.

나는 컨설팅했던 병원에서 2018년 1월부터 12월까지 내원 환자 900명을 대상으로 만족도 조사를 진행했다. 환자 관리를 통해 주기적으로 내원한 환자군과 그렇지 않은 환자군을 나누어 조사한 결과, 환자 관리가 이루어진 환자군이 그렇지 않은 환자군보다 약 1.5배~2배가량 높은 수치의 만족도를 보이는 것으로 나타났다. 이처럼 환자 관리를 통해 만족도를 높일 뿐만 아니라, 치료 미결정이 결정으로, 상담 후 예약 취소가 재예약으로 바뀔 수 있으며, 소개자 및 충성고객이 증가하는 등 병원 경영성과를 개선할 수 있다.

환자 관리는 인내심을 가지고 해야 한다. 꾸준히 연락하고 관리하다 보면 당장은 아니어도 언젠가 재내원하는 환자들이 분명히 생긴다. 나는 이것을 '역 하인리히의 법칙'이라고 부른다. 하인리히 법칙*의 1:29:300 공식을 거꾸로 해서, 이탈환자 300명을 꾸준히 관리하면 그중 29명이 예약하고, 29명 중 1명이 충성고객이 된다는 의미다.

내원 날짜를 상기하는 리콜 등을 통해 환자들이 이탈 없이 진료를 잘 마치도록 돕고, 치료받은 환자에게 해피콜로 불편한 곳은 없는지, 경과는 어떤지 확인하는 것. 그것이 환자 관리의 기본이고 시작이다. 병원에서 세심한 관리를 받고 만족한 환자는 충성고객이 되거나 다른 고객을 소개해 줄 수 있다. 그것은 병원의 성장으로 이어진다.

오랜만에 내원한 환자들에게 "오랜만에 오셨네요. 불편한 점은 없으셨어요?" 하고 물으면 대부분 이렇게 대답했다. "문자 받고 계속 와야지 생각하다가 온 거예요. 문자 고마워요." 물론 문자나 전화 연락을 싫어하는 환자들도 있지만(그런 환자들은 차트에 반드시 표시해 놓는다), 대부분은 고마워했고, 병원에 가야 할 일이 있으면 우리 병원을 먼저 떠올리고 방문해 주었다.

환자 관리의 시작, 차트 정리

병원에는 환자 관리 시스템이 아예 없거나, 있어도 관리가 잘 안 되는 경우가 대부분이다. 방법을 모르기도 하고, 설령 환자 관리 시스템이 있어도 책임지고 관리하는 사람이 없어 흐지부지되기 때문이다. 환자 관리를 시작할 때는 가장 먼저 우리 병원 환자 특성을 파악해야 한다. 우리

---

* 대형사고 1건이 발생하기 전에 관련된 소형사고가 29건 발생하고, 이 소형사고 이전에 같은 원인의 사소한 징후들이 300번 나타난다는 법칙.

병원 환자에 대해 파악하려면 차트를 보아야 한다.

　내가 총괄실장으로 간 병원에도 환자 관리 시스템이 전혀 없었다. 기존에 근무하던 실장님은 CRM 프로그램*이 있음에도 불구하고 환자에게 달력(직원 회식, 월차 같은 병원 내부 사항이 적혀 있는)을 보여 주고 예약장부에 기재했는데, 예약장부도 제약회사에서 나눠 준 것이라 업체명이 크게 적혀 있는 노트였다. 예약환자 관리 등 기본적인 환자 관리도 되지 않았다. 나는 가장 먼저 환자를 분류하기 위해 13,000여 개의 차트를 정리하기 시작했다. 제일 오래된 1번 차트부터 꺼내서 진료내역과 전화번호 및 주소 파악, 그리고 마지막 내원 날짜까지 확인했다. 전화번호가 없는 경우는 어쩔 수 없지만 남아 있는 환자들에게 일일이 전화를 걸었다.

　"○○○ 님, 안녕하세요? ○○ 치과입니다. 이번에 병원 이름이 변경돼서 안내를 위해 전화 드렸습니다. 내원하신 지 오래되셨으니, 불편한 곳은 없으신지 오랜만에 검진받으러 오시면 좋을 것 같아요. 저희가 신경 써서 꼼꼼히 봐 드리겠습니다."

　전화받은 환자들 반응이 생각보다 호의적이었고, 덕분에 모든 환자들에게 전화해서 바뀐 주소, 휴대폰 번호 등을 새로 기재할 수 있었다. 그렇게 환자 관리 목록을 만들기까지 꼬박 한 달이 넘게 걸렸다. 그런데도 성에 차지 않아, 엽서를 15,000개 대량 구매한 뒤 병원을 소개하는 글을 써서 환자들에게 보냈다. 쉬운 작업은 아니었지만 후에 엽서를 받은 환자들이 내원하면 뿌듯했다.

　기본 인적사항을 엑셀로 정리하면서 우리 병원의 진료 항목을 분류하

＊ 병원용 전자차트 및 환자 관리 통합 프로그램

고, 각 진료별로 관리해야 할 정보(환자 정보, 수술 날짜, 사용 제품, 최근 내원일, 팔로업 내원 일정 등)를 넣었다. 소개환자를 한 명 한 명 기재해서 소개환자 관리 목록도 만들었다. 팁을 한 가지 소개하자면, 엑셀에 필요한 항목을 넣을 때는 나중에 통계로 작성할 것을 염두에 두면 좋다. 이렇게 쌓인 자료는 각종 통계 작성 및 마케팅 전략에도 활용할 수 있기 때문이다.

이렇게 차트를 정리하다 보면 미수금도 상당 금액 있고, 병원에 와야 하는데 오랫동안 내원하지 않은 환자들도 꽤 많다는 걸 알 수 있다. 주기적으로 내원하지 않으면 치료에 문제가 생길 수 있는 환자들은 주의해서 관리해야 하는데, 엑셀로 정리하면 환자 관리를 쉽게 할 수 있다.

오랜만에 전화받은 환자들은 신경 써줘서 고맙다고 했고, 어떤 환자들은 이렇게 친절하게 전화를 다 주냐며 기뻐했다. 전화받고 오랜만에 내원한 환자들은 새로운 시술법을 홍보하는 내부 게시물을 보고 상담도 받고, 실제로 진료로 이어지는 경우도 꽤 있었다. 안 그래도 치과 가야지 하고 미루고 있었는데 병원에서 전화해 준 덕분에 와서 충치도 발견하고 치료받아서 좋다고 말하는 환자들을 볼 때마다 환자 관리는 병원에도 좋고 환자에게도 좋은 일이란 생각도 들었다.

〈환자 관리 시스템 구축하기〉
① 관리해야 할 치료 항목(시술이나 수술)을 정한다.
② 병원 CRM 프로그램 또는 엑셀 프로그램을 이용해 치료 항목별로 환자를 정리한다.
③ 치료 항목별 관리 주기를 정한다.
④ 관리 중 특이 상황, 컴플레인 등이 발생하면 빠짐없이 기록한다.

예를 들어, 보톡스 시술을 받은 환자들을 관리한다고 가정해 보자. 보톡스는 부위별, 개인별로 시술 주기가 다르고, 1회 시술로 영구적인 효과를 보는 시술도 아니어서 보톡스 시술을 받은 환자들은 대부분 주기적으로 내원해 재시술을 받는다. 그래서 내원할 시기가 되면 병원에서 미리 문자나 전화로 안내하고 예약을 잡는다. 보통은 병원 CRM 프로그램을 통해 환자에게 자동으로 문자가 발송되게 하는데, 좀 더 세심하게 관리하고자 한다면 엑셀을 활용할 수 있다.

　엑셀에는 환자 이름과 차트 번호, 사용한 보톡스 제품명, 부위, 가장 최근 시술일, 시술 회차별 날짜, 그리고 컴플레인을 비롯한 참고할 내용을 기재했다. 그리고 이 파일을 전 직원과 공유했다. 작성자에 따라 양식이 달라지지 않도록 차트 작성법을 정해 두면 좋다. 이렇게 세심하게 관

| 차트 번호 | 환자명 | 재료명 | 부위 | 가장 최근 시술일 | 시술 날짜 | | | | | 비고 |
					1차	2차	3차	4차	5차	
00211	김진아	엘○간	턱	2018-04-05	2016-06-13	2017-02-03	2017-06-02	2017-12-01	2018-04-05	이갈이 완화 목적
10085	유경미	메○○신	미간	2018-12-04	2015-09-01	2017-05-23	2017-09-11	2018-03-09	2018-12-04	
11395	장은숙	메○○신	턱	2019-07-29	2017-03-03	2018-02-13	2019-07-29			시술비로 인해 다른 병원으로 중도 이탈
14005	김유생	엘○간	입가	2019-06-29	2015-11-04	2016-07-22	2017-11-20	2018-11-08	2019-06-29	문자 연락만 원함
15981	한재희	엘○간	이마	2018-12-28	2017-11-28	2018-03-09	2018-12-28			외국 거주

엑셀을 활용한 보톡스 시술 환자 관리(예시)

리하면 내원 날짜가 지났는데 오지 않은 환자가 누구인지 쉽게 파악할 수 있고, 우리 병원을 이탈한 환자가 얼마나 되는지, 환자들이 이탈한 이유가 무엇인지 살펴볼 수 있다.

총괄실장,
병원 시스템과 문화를 만든다

환자 관리 시스템
만들기

차트와 엑셀 파일 정리가 끝나면 병원의 매뉴얼에 따라 환자 관리를 한다. 이를 통해 환자와의 관계가 강화되면 병원이 발전하고 수익이 향상될 수 있다. 따라서 총괄실장은 환자 관리가 흐지부지되지 않고 지속해서 이행될 수 있도록 관리 항목별로 실무자와 관리자를 정하고 교육과 피드백을 통해 시스템화해야 한다.

해피콜 및 해피톡

시간이 오래 걸리는 힘든 진료를 받고 간 환자들에게는 상태 확인과 불편사항 점검을 위해 해피콜이나 해피톡*을 한다. 해피콜을 할 때는 일반적으로 오전에 방문한 환자에게는 당일 오후에, 오후에 방문한 환자에게는 저녁이나 다음 날 오전에 전화한다. 수술에 따라서 수술 당일이나 다음 날 전화하기도 하고, 3일에서 5일 후에 연락하기도 한다. 통화한 후에는 문자 등으로 주의사항을 다시 한 번 보낸다. 다음번 방문 전에 내원 일 상기, 만족도 조사 등을 위해 2차 해피콜을 하기도 한다.

---

* 모바일 메신저를 이용한 경과 관리

— 1차 해피콜: 불편 사항 확인, 주의사항 전달, 치료 일정 안내

— 2차 해피콜: 불편 사항 확인, 만족도 조사, 경과 확인, 다음 일정 안내

해피콜 후에는 반드시 이야기 나눈 내용을 차트에 기록한다.

날짜	이름	차트 번호	치료명	통화 내용	통화자	만족도	한 달 후 경과 예약
2019-03-15	이재연	12032	실리프팅 및 윤곽주사	멍과 부기 빼고는 이상 없음	김미진	효과 있음	
2019-05-03	박진아	13456	발치	조금 욱신 거리나 참을 수 있는 수준	김미진	만족함	예약 (2019-06-14, 9시)
2019-06-12	유지희	14567	눈(매몰법)	내원 예정 (2019-06-17)	박유라	아직 잘 모르겠음	

해피콜 관리(예시)

해피콜은 환자 관점에서는 병원에서 신경 써준다는 느낌과 감동을 주지만, 환자의 경과 점검을 위해서도 반드시 필요하다. 걱정되는 환자일 경우 해피콜을 통해 상태를 확인하고 응급상황인 것 같으면 환자를 내원하게 해서 혹시라도 벌어질 상황을 예방할 수 있다. 또한 해피콜 때 환자가 했던 이야기를 차트에 기재하면 다음에 환자가 내원했을 때 대화 주제로 사용할 수 있다. "전화했을 때 좀 부은 것 같다고 하셨는데 어떠세요? 그래도 생각보다 많이 안 부으셨네요." 환자를 기억하고 한마디라도 건네주면 환자는 고마워한다.

부재중일 때는 문자를 남긴다. 다음은 해피톡 예시 문장이다.

— 안녕하세요, 최유진 님. 오전에 진료받으셨던 ○○ 치과의 ○○○ 실장입니다. 다름이 아니라 발치한 곳이 어떠한지, 많이 아프신 건 아닌지 궁금해서 연락드렸습니다. 오늘 밤에는 발치한 자리가 욱신거릴 수 있어서 부드러운 음식 위주로 식사하시고 약도 잘 챙겨 드셔야 해요. 혹시 불편한 점 있으시면 언제든지 연락해 주세요. 그럼 오늘 푹 쉬시고 내일 오전 9시에 병원에서 뵙겠습니다. 감사합니다. ○○ 치과 ○○○ 실장 드림.

원장의 해피콜도 효과적이다

내가 한 병원에서 간단한 수술을 받았을 때였다. 수술 다음 날 낯선 번호로 전화가 왔는데, 받고 보니 병원 원장님이었다. 나에게 상태가 어떤지 묻고, 주의사항을 다시 한 번 설명해 주면서 통증은 점차 줄어들 테니 걱정하지 말라고 했다. 수술해 준 원장님이 직접 전화해 주니 훨씬 안심되었다. 나는 이후 큰 수술받은 환자들에게는 원장이 직접 해피콜하는 제도를 만들어 적극적으로 시행했다.

예약환자 관리

한 예능 프로그램에서 유명 셰프가 '노쇼 고객'에 대해 이야기해 이슈가 되었던 적이 있다. 노쇼 고객No-Show은 예약 후 취소 연락 없이 나타나지 않는 고객을 말한다. 병원에서는 이를 '예약부도'라고 한다. 병원에서는 수술할 환자나, 진료가 오래 걸리는 환자를 위해서 몇 시간을 비워 두기 때문에 예약부도가 생기면 경영상 타격이 크다. 이를 고려해 실제 예약 가능한 인원보다 20%의 예약을 더 받는 '오버부킹'을 하기도 하지만, 그러면 예약하고도 제시간에 진료받지 못하는 환자가 생길 수 있다. 따라서 예약환자 관리를 통해 예약부도를 관리해야 한다.

① 예약 시스템 정착

오전 9시, 병원에 환자가 한 명 왔다. 이 환자의 원래 예약시간은 오후 2시였다. 마침 환자가 많지 않은 시간이라 직원은 일찍 온 환자를 진료실로 안내했다. 그런데 그 환자는 진료가 오래 걸리는 환자였다. 다음 환자들의 진료가 점차 뒤로 밀렸고, 결국 점심시간에도 진료를 계속해야 했다. 부랴부랴 점심을 먹고 오후 진료시간이 되었다. 원래 2시 예약이었던 환자를 오전에 봤으니 2시부터 3시까지는 환자가 없어서 진료 공백이 생겼다. 병원에는 이런 일이 종종 일어났다. 환자들은 예약시간과 상관없이 자신이 편한 시간에 병원을 방문했고, 방문하면 곧 진료를 볼 수 있었다. 이렇게 되면 환자로서는 굳이 예약할 필요성을 느끼지 못하게 된다. 또한 '아무 때나 가도 되는 병원'이라는 인식이 생긴다. 기존에 예약하던 환자들도 기다림이 빈번해지면서 '이 병원은 예약해도 소용없다'는 인식이 생긴다. 결과적으로 환자들이 예약시간의 중요성과 책임감을 느끼지 못하게 된다.

병원의 예약 시스템이 잘 정착되지 않았을 때는 다음의 몇 가지 노력이 필요하다.

첫 번째, 환자에게 예약을 강조해야 한다. 예약제 안내 문구를 병원 곳곳에 붙여 놓는 것도 좋은 방법이다. 문구는 단순히 '우리 병원은 예약제입니다' 하고 알리는 방식이 아니라, '환자분의 시간을 소중히 여기는 우리 병원에서는 예약제를 준수합니다. 꼭 지켜주십시오'라고 만들어 참여를 유도한다.

두 번째, 예약하지 않으면 입을 수 있는 시간적 손실을 강조한다. 환자가 진료받고 돌아가기 전 "○○○ 님, 예약을 도와드려도 될까요? 우리 병원에 방문해 주시는 환자분들이 많아지면서 예약하지 않고 오시면 1시간 이상 기다리실 수 있답니다. 그러니 먼저 예약을 도와드리겠습니다"라고 말하면서 예약의 중요성을 강조한다.

세 번째, 예약 대기자 명단을 만들어 관리한다. 예약을 잡다 보면 예약을 자주 어기는 환자, 아침에만 내원하는 환자, 야간에만 오는 환자, 토요일에만 시간이 나는 환자, 병원 근처에 살아서 5분 이내로 올 수 있는 환자 등 머릿속으로 기억되는 정보가 생긴다. 이를 정리해서 '예약 대기자 명단'을 만든다. 예약을 종종 어기는 환자는 다른 환자와 같은 시간으로 예약을 잡기도 하고, 근처에 사는 환자가 오후에 예약했는데 마침 오전에 시간이 비면 환자에게 연락해서 더 일찍 진료받기를 원하는지 물을 수 있다.

마지막으로, 예약시간 준수를 보상하기 위해 예약카드를 만든다. 환자가 예약을 잘 지킬 때마다 카드에 도장을 찍어 주고 도장 개수가 5개, 10개가 되면 작은 선물을 증정해서 동기를 부여하는 방법이다.

② 예약부도율 관리는 타이트하게

예약부도는 곧 환자 이탈로 이어질 수 있으므로 반드시 관리해야 한다. 예약부도 관리 목록을 만들어서 최대한 꼼꼼하게 관리하는 것이 좋다. 목록에는 환자 이름, 차트 번호, 예약변경 및 취소 횟수와 사유, 1~2차 연락 등의 항목을 넣는다.

만약 예약환자가 약속 시간에 내원하지 않으면 5분 후 전화를 건다.

2019-06-10 월요일						
이름	차트 번호	예약 관련 변경	예약 관련 취소	변경 내용	1차 전화	2차 전화
1 김은영	03154	1		6월 12일 오전 10시로 변경	6월 10일	
2 이지희	12408		1	다음 주에 전화 주시기로 함		
3 유은지	15081		1	부재중이라 문자 남김		
4						

당일 총 예약환자 수		30명	
부도 환자 수	예약 변경	1명	3명
	예약 취소	2명	
총 예약부도율		10%	

예약부도율 관리(예시)

환자가 오는 중이라면 "기다리겠습니다. 조심히 오세요"라고 해서 환자를 맞이할 준비를 하고 있다는 인상을 남기고, 만약 못 온다고 하면 예약 변경인지 취소인지 확인한다. 예약변경이어서 다른 날로 예약을 다시 잡을 때는 바로 잡지 않고 시간상으로 조금 여유를 두고 잡는 편이 좋다. 병원에 내원하는 환자가 많아서 예약을 지키지 않으면 다른 날 예약이 힘들어 진다는 인식을 환자에게 심어 줘서 예약의 중요성을 전달하기 위해서다. 예약취소일 때는 꼭 사유를 물어서 원장을 비롯한 전 직원이 공유한다. 전화 연결이 안 될 때는 문자를 남기고 3차까지 연락해서 환자 이탈을 최대한 막는 게 좋다.

시간을 길게 비워 두어야 하는 수술환자에게는 전날 확인 전화를 한다. 수술 예약을 잡을 때도 우리가 환자를 위해 다른 예약을 잡지 않고 많은 시간을 비워 두니 꼭 지켜 달라는 당부를 해야 한다.

비가 오거나 날씨가 궂은 날에는 예약환자들에게 미리 전화를 돌렸다. "오늘 날씨가 좋지 않으니 조심해서 방문해 주세요. 그럼 오시면 뵙겠습니다." 전화받은 환자들은 무척이나 고마워했으며, 일반적으로 도시에서는 비나 눈이 오면 예약이 줄줄이 취소되는데 전화를 받은 환자들은 예약을 지킬 확률이 높았다.

나는 예약부도율을 매일 관리했다. 당일 예약환자 수, 예약변경률, 예약취소율을 기록해서 일일 예약부도율이 15%를 넘지 않도록 했다. 일일 예약부도율뿐만 아니라 요일별 예약부도율도 관리하면 좋다. 어느 요일

문자 관리	·화~토요일 예약환자: 내원 하루 전 예약 확인 문자를 전송한다. (발송 시간-PM 3:00) ·월요일 예약환자: 예약 확인 문자가 토요일과 일요일에 각각 전송되도록 예약해 둔다.
전화 관리	·수술환자, 진료시간이 오래 걸리는 예약환자, 오전·오후 진료에서 첫 예약환자에게는 이틀 전과 당일에 전화한다.
예약부도 관리	·내원하지 않는 환자에게 예약시간 5분 후 확인 전화한다. ·전화 연결이 되지 않는 환자에게는 문자를 전송한다. (예: ○○○ 님, ○○ 병원입니다. 전화 연결이 어려워 문자로 대신합니다. 연락해 주시면 예약을 다시 잡아드리겠습니다.) ·개인 사정으로 인하여 변경을 원하는 환자는 내원 가능한 날로 다시 예약한다. ·예약취소 환자는 재내원 유도를 위해 정기적으로 전화한다. ·예약부도율은 매일매일 엑셀 파일로 관리한다. ·예약변경 및 취소는 차트에 날짜와 함께 통화 내용을 기록한다.

예약환자 관리매뉴얼(예시)

에 부도율이 높은지, 그 이유는 무엇인지 파악할 수 있기 때문이다. 예를 들어 주 5일제 이후 목요일 회식이 늘면서 목요일 오후의 예약부도가 높았다. 그런 날은 예약부도 관리에 더 신경을 썼다.

노쇼, 즉 예약부도가 완전히 사라지기는 어렵겠지만, 우리가 할 수 있는 최대한의 노력하는 것이 중요하다. 환자들도 병원에서 하기 나름이어서 이렇게 석 달 이상 노력하면 예약제가 어느 정도 정착할 것이다.

이탈환자 및 미방문 환자 관리

예약했지만 연락이 닿지 않아 오랫동안 내원하지 않은 이탈환자나, 진료 회차가 남은 미방문 환자들은 따로 관리하면서 전화나 문자로 내원을 안내한다. 환자가 이탈하지 않도록 관리하는 것도 중요하지만, 이탈한 환자들을 다시 오게 하는 것도 중요하다. 병원에 날짜를 지켜 내원하지 않으면 치료에 차질이 생길 수 있는 환자들도 있어서 더욱 신경 써야 한다. 스케일링 환자에게도 내원 안내 문자만 보내는 것보다 마지막으로 스케일링 받았던 날짜를 적어 보내면 내원율이 더 높아진다.

문자를 보낼 때는 다음과 같이 안부 인사, 남은 진료 안내, 내원 권유 등의 형식에 따라 작성해 보낸다.

— [안부 인사] 안녕하세요, 은지 님. ○○ 피부과 ○○○ 실장입니다. 잘 지내시죠? [남은 진료 안내] 다름이 아니라 내원하신 지 오래되셔서 연락을 드렸습니다. 레이저 토닝 및 비타민 관리 1회가 남아 있으니 편안한 시간 확인하시고 문자나 전화 주시면 바로 예약을 도와드리겠습니다. [내원 안내

('손실 회피의 법칙' 활용)] 내원 주기가 너무 길어지게 되면 효과적으로도 아쉬운 결과가 나올 수 있으니, 바쁘시더라도 시간 내셔서 꼭 내원하시길 권유해 드립니다. 그럼 조만간 뵙겠습니다. [맺음말] 연락 기다리겠습니다. ○○ 피부과 ○○○ 실장 드림.

소개환자 및 VIP 환자 관리

병원 간 경쟁이 치열해지면서 불특정 다수 대상의 홍보 및 광고가 신환 유입에 예전만큼 탁월하지 못하다는 견해에 우리 모두 공감하고 있다. 잘되는 병원들을 자세히 들여다보면 한 지역에서 오래 개원해서 환자들과 관계 맺기가 잘 되어 있고, 충성환자 관리와 소개환자 관리를 잘해서 입소문이 난 곳이 대부분이다. 이런 병원들은 외부 홍보에 비용을 많이 쏟지 않아도 환자들이 지속해서 병원을 이용할 뿐만 아니라, 환자들이 알아서 지인 소개 및 추천을 해준다. 결국 외부 홍보에 들어가는 비용을 아껴서 대신 병원과 환자에게 재투자하고, 그것이 다시 이익으로 연결되는 선순환이 생긴다.

이렇듯, 근처에 경쟁 병원이 생기더라도 환자들이 병원을 옮기지 않고 계속 이용하는 현상을 잠금효과lock-in effect 또는 자물쇠 효과라고 한다. 기존 환자가 이탈하지 않게 붙잡아 둔다는 의미이다. 소개환자 및 VIP 환자 관리는 잠금효과의 방법 중 하나다. 의료쇼핑 환자나 저렴한 진료만을 찾는 환자들은 의료수가에 따라 이 병원 저 병원 움직이기 때문에 잠금효과는 충성고객에게 훨씬 더 효과적이기 때문이다.

소개환자와 VIP 환자 관리를 위해서 가장 먼저 해야 할 것은 병원만의 기준, 예를 들어 우리 병원에서 누가 중요한 환자인지 정하고 관리 목록을 만드는 것이다. 중요 환자 목록은 소개환자와 치료 및 시술 금액을 기준으로 정하는데 병원마다 기준은 다를 수 있다. 기준이 정해지면 소개환자 관리 목록을 만들어 우리 병원 VIP 명단을 완성한다.

병원마다 소개환자 관리 방법은 다를 수 있는데, 중요한 점은 소개환자가 내원하면 반드시 아는 척과 함께 배려를 해줘야 한다는 것이다. 나는 소개해 준 사람이 잘 기억나지 않더라도 소개환자에게 "아! ○○○ 님 소개로 오셨어요? 그렇구나. 더 신경 써서 잘해 드려야겠네요" 하며 성함을 한 번 더 말하면서 반갑게 맞이했다. 접수하면서 소개해 준 기존 환자 차트를 찾아서 내용을 확인하고, 원장과 직원들한테 어떤 분 소개로 오셨으니 신경 써드려야 한다고 다시 한 번 강조했다. 원장 진료 후 상담실로 가 상담할 때도 소개해 준 사람에게 연락드려도 되는지 확인한 후, 소개환자 앞에서 바로 전화를 드렸다.

"○○ 님, 안녕하세요? ○○ 병원 ○○○ 실장입니다. 잘 지내시죠? 지난번 진료받으신 곳은 좀 어떠세요? 다름이 아니라, 오늘 병원에 ○○ 님이 소개해 주신 분이 내원하셔서 진료받으셨어요. 원장님께서 우리 병원 믿고 소개해 주셔서 감사드린다고 꼭 좀 전해달라고 하셔서 이렇게 전화했어요. 정말 신경 써서 잘해 드릴게요."

이렇게 하면 소개를 해준 기존 환자도, 소개를 받고 온 환자도 모두 만족했다.

소개환자는 일반적으로 기대치가 높은 상태에서 내원하기 때문에 치료동의율이 높다. 따라서 동의 없이 소개환자를 그냥 보내는 일이 없도록 해야 한다. 만약 소개환자의 치료동의율이 낮거나 만족도가 떨어지는 경우, 소개환자의 응대 및 관리를 점검해 봐야 한다. 소개환자 관리는 대단한 무언가가 필요하지 않다. 환자에게 안심을 주고, 소개받고 오길 잘했다는 느낌을 주는 것이 중요하다.

VIP 환자 중에는 내원했을 때 대기실에서 기다리지 않고 바로 진료실에 들어가길 원하는 경우가 많다. 또한 실장과 친밀함이 형성되어 있어 이야기 나누는 걸 좋아하니 특별히 상담실 같은 곳에서 차 한잔 하면서 이런저런 이야기를 나누는 것도 VIP 환자 관리에 도움이 된다. 이때 좋은 점은 VIP 환자 대부분이 병원에 오래 다녔기 때문에 충성도가 높고 병원의 개선점도 스스럼없이 이야기해 준다는 것이다.

소개환자 및 VIP 환자를 관리하면서 환자들과 친해지면 직원인 우리에게도 좋은 점이 많다. 친밀감이 높아진 환자들은 환자-병원 직원 관계를 넘어서 기쁜 일이 있으면 함께 기뻐해 주고, 슬픈 일이 있으면 위로도 해준다. 직원들은 환자들과의 관계가 좋으면 일에 보람을 느끼고 즐겁게 일할 수 있다. 환자를 '돈'으로 보는 게 아니라 진심으로 걱정해 주고 염려해 주면 '관계'적으로 다가갈 수 있고, 비로소 환자들도 직원과 병원을 신뢰하게 된다.

환자경험관리란
무엇인가?

최근 몇 년 사이 제품이나 서비스에 대한 고객의 경험을 체계적으로 관리하는 고객경험관리CEM가 많은 관심을 받고 있다. 고객관리 전문 회사인 GCCRM은 고객이 S 커피숍 매장에 찾아갈 때부터 커피를 마시고 나올 때까지 고객이 경험하는 20가지 접점(매장 위치와 외관, 첫 인사, 다양한 커피 종류, 할인쿠폰 제공, 대기시간, 소파의 편안함, 와이파이 사용, 화장실 이용 등)을 분석했다.˙ S 커피숍은 이렇게 만든 '고객경험지도'를 통해 고객이 부정적 느낌을 받는 경험을 개선하고 더 나아가 차별화된 서비스로 감동을 끌어내기 위해 여러 노력을 한다.

병원에서도 단순히 환자 만족을 넘어 '환자경험관리' 개념이 주목받으면서 심평원에서는 2017년 7월부터 상급종합병원 및 500병상 이상 의료기관에 입원 후 퇴원 환자들을 대상으로 환자경험평가를 시작했다. 환자경험관리란, 환자가 내원을 결정하는 과정부터 퇴원 후 관리까지 모든 접점에서의 경험을 긍정적으로 디자인하는 것을 말한다. 이미 미국, 영국 등 외국에서는 환자경험평가가 중요한 지표로 자리 잡았고, 환자 경험이 좋아지면 그만큼 의료수용성과 커뮤니케이션이 좋아져 오진율도

˙ 황혜정. 2007. 〈가치 창출, 고객 경험에서 찾아라〉.《LG주간경제》. 932:8-14.

감소한다는 연구 결과[*]가 다수 나왔다.

2018년 8월, 심평원 홈페이지를 통해 환자가 직접 참여한 '의료서비스 환자경험평가 결과'가 처음으로 공개됐다. 공개된 자료에 따르면 국내 병원에서는 간호사서비스 영역이 가장 높은 점수를, 환자권리보장 영역이 가장 낮은 점수의 결과를 보였다. 그뿐만 아니라 점수에 따라 상급종합병원의 순위도 공개했는데 중앙대병원이 6개 평가 부문(간호사서비스, 의사서비스, 투약 및 치료 과정, 병원 환경, 환자권리보장, 전반적 평가) 중 5개 부문 1위로 종합 1위를 기록했다. 중앙대병원은 꾸준히 현장을 모니터링하고 문제점을 찾아 개선해 왔다고 전했다.[**]

상급종합병원뿐만 아니라 중소병원들도 환자경험관리를 위한 여러 노력을 하고 있는데, 병원의 대표적인 환자경험관리 방법으로는 고객여정지도로 개선점 찾기, 고객 만족도 조사, 고객의 소리 관리가 있다.

① 고객여정지도

고객여정지도란 병원 접점별 환자의 동선을 따라가면서 그 환자의 시선에서 보고 듣고 경험하고 느낀 것에 대해 시각화하는 것이다. 이때 환자별 특성(직업, 성별, 가족 관계, 내원경로 등)에 따라 세분된 고객여정지도를 만들면 좋다.

---

[*] 박소영. 2016/06/27. 〈'환자경험'도 의료질평가로? "일단은 아냐"〉. 《의협신문》.
[**] 송수연. 2018/08/15. 〈환자경험평가 1위 기염 토한 중앙대병원이 말하는 '비결'〉. 《청년의사》.

환자 동선	주차장	접수	대기실	진료실	엑스레이실	치료실	수납 및 예약
물리적 대응	· 주차 안내 간판	· 데스크	· 게시판 · 홍보물 · 커피, 차	· 진료용 의자 및 기구	· 엑스레이 장비	·진료용 의자 및 기구	· 데스크
인적 대응	· 주차 관리 직원	· 병원코디 네이터	· 병원코디 네이터	· 의사 · 간호사	· 방사선사	· 의사 · 간호사	· 병원코디 네이터
기대 가치	병원과 위치적으로 가깝고 넓은 주차 공간	· 빠른 접수와 친절한 응대	· 대기가 없거나 짧은 대기시간	· 친절한 설명, 꼭 필요한 치료만 권유	· 큰 문제 없길 바라는 마음 · 엑스레이 비용 설명	· 충분한 설명 (통증 등)	· 친절한 응대와 빠른 수납 · 편리한 예약
환자 만족도 — 매우 만족				○			
환자 만족도 — 만족		○				○	
환자 만족도 — 보통							
환자 만족도 — 불만족			○		○		
환자 만족도 — 매우 불만족	○						○
감정 상태	짜증, 불쾌	기대	지루함, 불안	안도	당혹, 불편	고마움, 안도	화남
불편 요인	· 협소한 주차 공간 · 주차 안내 간판 부재		· 긴 대기 시간 · 진료에 대한 두려움		· 자세한 설명 없이 사진 촬영 · 치료실 안내 없음		· 주차권을 주지 않음

병원의 고객여정지도(예시)

환자 동선을 따라 접점별로 환자의 만족도와 감정 상태를 살핀 후, 부정적 감정을 경험한 접점에서의 문제점을 찾는다. 문제점을 해결할 수 있는 개선 방향을 마련해서 구체적인 목표를 수립한 후, 지속적으로 실천하며 피드백을 통해 꾸준히 개선해 나간다.

개선 접점	환자 만족도	불편 요인	개선 방향
주차장	매우 불만족	· 협소한 주차 공간 · 주차 안내 간판 부재	· 더 넓은 주차 공간 찾기 · 주차 안내 간판 만들기
대기실	불만족	· 긴 대기시간 · 진료에 대한 두려움	· 대기시간 알림 · 안심 멘트
엑스레이실	불만족	· 자세한 설명 없음 · 치료실 안내 없음	· 엑스레이 촬영에 대해 미리 설명하고 양해를 구함 · 촬영 후 치료실 안내
수납 및 예약	매우 불만족	· 주차권을 주지 않음	· 주차권 확인 멘트

접점별 개선 방향

② 고객 만족도 조사

　고객 만족도 조사는 환자들의 만족도를 토대로 병원에서 개선해야 할 점을 찾기 위해 실시한다. 보통 병원에서는 내원 환자들을 대상으로 특정 기간 동안 실시한다. 대기시간이 길어질 때를 이용해 적극적으로 실시하면 설문지 회수율이 높아진다.

　다음은 병원에서 고객 만족도를 조사했을 때 얻은 결과이다. 보이는 것처럼 항목 대부분이 4점 이상의 '만족'이 나왔다. 하지만 아이러니하게도 항목 마지막에서 우리 병원을 지인에게 추천할 의향이 있는지 물었을 때는 '비추천'인 2점이 나왔다(5점 만점). 즉 환자들이 병원 서비스에 만족하지만, 다른 사람을 소개하지는 않겠다는 의미다. 그 이유는 무엇일까?

구분	설문 내용	만족도
접수	방문 시 직원이 먼저 인사하고 환한 미소로 맞이합니까?	4.62
	친절하고 신속한 접수가 이루어지고 있습니까?	4.51
	대기시간을 미리 알려드리고 공손하게 양해를 구합니까?	4.37
대기실	대기실 내부가 청결하고 잘 정돈되어 있습니까?	4.65
	화장실 등 청결 상태가 양호합니까?	4.54
	대기시간을 편안하고 지루하지 않게 보내실 수 있도록 배려합니까?	4.18
	진료실로 안내하는 직원이 공손하고 친절합니까?	4.68
진료실	궁금한 점을 원장님이 잘 듣고 대답해 주십니까?	4.45
	원장님과 직원이 질병 및 치료 내용을 자세히 설명합니까?	4.45
	진료 도중 고객님이 힘들지 않도록 배려해 드렸습니까?	4.48
	진료실 환경이 위생적이며 편안한 분위기입니까?	4.53
	진료 결과에 만족하십니까?	4.32
	치료 후 주의사항을 상세히 설명해 주었습니까?	4.4
	치료 중 발생하는 통증이나 불편을 미리 안내받았습니까?	4.36
상담	진료비 상담 시 충분한 설명을 들었다고 생각하십니까?	4.13
	수납 시 고객님의 편의를 배려해 주었습니까?	4.33
	금일 진료 내용과 향후 치료 계획을 자세히 설명해 드렸습니까?	4.52
	다음번 예약을 확인받고 약속카드를 받으셨습니까?	4.48
	귀가하는 고객님에게 정중한 태도로 배웅 인사를 하였습니까?	4.57
	우리 병원을 주변 지인들에게 추천할 의향이 있습니까?	2

고객 만족도 조사 내용과 결과(예시)

총괄실장,
병원 시스템과 문화를 만든다

우리는 일반적으로 만족도가 높아질수록 고객의 부정적 정서는 점차 줄어들 것으로 생각하지만 실제 결과는 그렇지 않다. '만족' 단계에서도 부정적 정서는 여전히 높고, '매우 만족' 단계까지 가야 부정적 정서 비율이 한결 줄어든다.[*] 결국, 환자들이 우리 병원에 내원했을 때 '나쁘지 않음'이나 '만족' 정도가 아닌 '매우 만족'의 기분을 느껴야 우리 병원을 지인에게 추천하게 된다는 것이다.

한 가족이 놀이공원에 갔다고 가정해 보자. 날씨가 좋은 주말이었고, 다들 별문제 없이 놀이기구를 탔으며, 맛있는 음식을 먹었다. 하지만 놀이기구를 타면서 기대했던 짜릿함이나 흥분된 감정을 느낄 수 없었다면 놀이공원 나들이 자체는 나쁘지 않았는데도(만족) 정서적으로 '매우 만족'까지는 도달하지 하지 못한다.

놀이공원의 사례는 병원에도 적용될 수 있다. 병원의 모든 일련의 과정이 별문제 없이 진행되었다 해도 환자에게 강렬한 인상을 남기기 어렵다. 따라서 나는 고객 만족도 조사 시 점수를 매겨 만족 여부를 물었던 기존의 방식을 탈피해서, 접점별로 인상적이었던 경험과 그 느낌, 즉 '정서적 반응'에 초점을 맞춰 보았다.

그 예시 항목은 다음과 같다.

1. 내원 전 병원에 대한 이미지는 어떤 느낌이었습니까?
2. 병원에 처음 내원해 접수할 때 어떤 느낌을 받으셨습니까?
3. 원장님 진료 및 시술에서 어떤 느낌을 받으셨습니까?

---

[*] 자넬 발로, 다이애너 몰. 2002. 《숨겨진 힘: 감성》. 최중범(옮김). 김영사.

4. 치료실에서 시술 및 관리받을 때 어떤 느낌을 받으셨습니까?

5. 우리 병원을 지인분들에게 소개하실 의향이 있으십니까?(10점 만점)

6. 불편하셨던 경험을 알려 주시면 소중한 의견을 반영하여 개선하겠습니다.(서술)

1~4번 질문에 대한 답변은 점수가 아닌, 다음의 항목에서 선택하도록 했다.

① 친절하다, ② 따뜻하다, ③ 환자 중심적이다, ④ 대기시간이 길다,
⑤ 깨끗하다, ⑥ 지저분하다, ⑦ 불친절하다, ⑧ 신뢰가 간다,
⑨ 사무적이다, ⑩ 상업적이다

이렇게 조사하면 단순히 '만족', '불만족'이 아닌, 병원 접점별로 환자가 어떤 느낌을 받았는지 더 자세히 알 수 있다. 6번 항목은 주관식 서술인데 생각보다 환자들이 자세히 기재를 해주어서 병원을 개선하는 데 많은 도움을 받았다.

대부분 병원에서 고객 만족도 조사 후 내부에서만 보고 서랍에 넣어 둔다. 하지만 만족도 조사 결과를 병원 내부에 게시하거나 온라인에 공개해 환자들과 함께 나누면 환자들의 참여 의식을 높일 수 있다. 또한 환자들의 의견에 귀 기울이는 병원이라는 인식을 줄 수 있으며, 나쁜 점을 점차 개선하면 모습을 보여 주면서 우리 병원에 대한 환자들의 신뢰를 쌓아갈 수도 있다.

총괄실장,
병원 시스템과 문화를 만든다

좋았던 점	불편한 점
·흘러나오는 피아노 음악과 수시로 환자의 상태를 살피는 직원 덕분에 편안하게 진료 받을 수 있었다. ·병원 분위기가 따뜻하다. ·대기실에서 기다리는 동안 태블릿 PC로 환자 체험 사례를 보여 준 게 인상적이었다. ·이해하기 쉽게 설명해 주었다. ·원장님이 시술할 때 계속 말을 걸어 줘서 아픔이 덜하다. ·직원들이 언니같이 친절하다.	·커튼, 에어컨 청소가 필요하다. ·처음 방문했을 때 직원이 없어서(데스크를 비워서) 당황했다. ·올 때마다 간호사가 바뀌는 것 같다. ·탈의실 옷 정돈이 필요하다. ·치료가 무섭다. ·탈의실이 좁다. ·주차 관리 직원이 너무 깐깐하다.

고객 만족도 조사 서술형 답변 사례

③ 고객의 소리 관리

고객의 소리함, 병원 홈페이지, 전화 등을 통해 환자들의 의견을 듣고 분석하여 문제점을 개선해 나갈 수 있다. 예를 들어 휠체어 탄 환자가 화장실 거울이 높다고 의견을 내면 회의를 통해 그 부분을 개선하고, 개선한 사항에 대해서는 병원 게시판에 공지해서 환자들이 알 수 있도록 한다.

디테일,
더욱 차별화된 환자경험관리

병원 서비스 교육에서 빠지지 않고 등장하는 개념이 있다. 바로 MOTmoments of truth 즉 '진실의 순간'이다. 이는 15초라는 짧은 순간에 환자가 보는 병원 이미지가 결정됨을 뜻한다. 즉, 환자가 병원의 매 접점에서 긍정적 또는 부정적 느낌을 받기까지 고작 15초밖에 걸리지 않는다는 의미

환자 접점	누가(who)	감성적 응대(What)
준비	· 전 직원	· 환자 맞이 준비
접수	· 병원코디네이터	· 밝은 첫인상 주기
대기	· 병원코디네이터 · 상담실장	· 대기시간 고지 및 관리
문진	· 의사 · 진료팀	· 라포 형성 · 신뢰감 주기
진료	· 의사 · 진료팀	· 라포 형성 · 신뢰감 주기
검사	· 의사 · 방사선사 · 임상병리사	· 검사 전 설명하기
상담	· 의사 · 상담실장	· 가치 전달 · 확신 주기
수납	· 병원코디네이터 · 상담실장	· 정확한 수납과 마무리 · 배웅

병원 접점별 응대자 및 감성적 응대법

총괄실장,
병원 시스템과 문화를 만든다

다. 그래서 나는 병원에서 일할 때 '어떻게 하면 환자들에게 긍정적인 느낌을 줄 수 있을까?'를 항상 고민했고, 감성적 응대라는 추상적 개념을 구체적인 행동을 통해 실현하고자 했다.

우리 병원의 환자 접점을 준비, 접수, 대기, 문진, 진료, 검사, 상담, 수납으로 나누고 누가 어떤 감성적 응대를 할 수 있는지 정리했다. 구체적 멘트와 행동을 매뉴얼로 만들어 교육과 지속적 피드백을 통해 개선해 나갔다.

그 당시 만들고 실천했던 접점별 행동과 멘트는 다음과 같다.

① 준비

조회 때 당일 내원 환자 정보를 원장과 직원들이 서로 공유한다. 그렇게 하면 해당 환자가 내원했을 때 직원들이 환자 이름을 기억할 수 있고 준비된 응대를 할 수 있다. 환자는 병원에 내원했을 때 이 병원이 자신을 맞을 준비가 되었다는 느낌을 받게 되고, 첫 응대부터 기분 좋은 경험을

환자 이름 기억하기

진료실 혹은 관리실 직원이 대기실로 나와 환자를 부를 때, 환자 이름을 몰라 큰 소리로 호명하기도 한다. 그 점을 개선하기 위해서 나는 대기실 사진을 출력해 어느 환자가 어디에 앉아 있는지 적게 했다. 그러면 직원이 데스크에서 사진을 보고 환자 위치를 확인한 후 환자 앞으로 가서 성함을 확인하고 진료실로 데리고 들어갔다. 환자 이름이 정 생각나지 않으면 옷차림, 날씨 등으로 스몰토크를 나누며 지난번 시술에 대한 만족도나 불편한 점을 점검해 보면서 자연스럽게 예약자 명단에 있는 환자의 이름을 알 수 있다. 여기서 주의해야 할 점은 그 환자의 진료, 예를 들어 '어떤 시술이고 몇 회차인지' 등을 정확히 기록해야 실수 없이 예약 명단에서 환자 이름을 확인할 수 있다는 것이다.

할 수 있게 된다. 환자를 기억하면서 대화 나누다 보면 환자와 친밀한 관계 형성이 가능해지며, 환자는 직원을 신뢰하게 된다. 직원에 대한 신뢰는 지인 소개와 치료 협조로 이어진다. 큰 컴플레인을 미리 방지하는 효과도 있다.

② 접수

번호표를 뽑고 대기하는 병원이 아니거나, 접수와 수납이 분리되어 있지 않은 병원에서는 환자들이 데스크에 우르르 서 있는 모습을 자주 목격하게 된다. 데스크에 서서 차트에 개인정보를 적는 사람과 수납하려는 사람이 일시에 몰리기 때문이다. 이런 상황을 최대한 방지하기 위해 많은 병원에서는 앉아서 접수하는 시스템을 만들었다. 예를 들어, 신환이 오면 일단 대기실 소파에 앉도록 한 후 직원이 환자에게 차트를 가져가 접수하는 방식이다. 환자한테 직접 가서 접수하는 시스템도 병원마다 약간 다를 수 있는데, 차트를 주고 환자가 다 작성할 때까지 기다렸다가 받아오거나, 대략적인 작성 시간을 계산해 차트 작성이 끝날 때쯤 가서 차트를 가져오기도 한다. 요즘은 태블릿 PC나 무인접수 시스템을 접수에 이용하기도 한다. 나이 많은 어르신들이 내원하면, 뜻밖에 한글을 모르는 경우가 있으므로 차트 작성 요청과 동시에 "도와드릴까요?"라고 묻도록 한다.

차트 작성이 필요 없는 구환이 방문하면 대기시간만 알리기보다는 반드시 상태를 물어서 그 내용을 차트에 기재하는 것을 원칙으로 했다. 지난번보다 상태가 어떤지 점검하면 진료실에서 확인하기도 편하고 환자로서도 신경 써준다는 느낌을 받기 때문이다.

〈접수 시 주의점〉

— 환자가 오면 먼저 응대하고, 환자를 데스크 앞에 오래 세워 두지 않는다.

— 환자의 프라이버시를 존중한다(큰 소리로 환자의 개인정보를 묻거나 질병에 관해 이야기하지 않는다).

— 환자가 오면 반드시 눈을 맞추며 인사한다.

— 환자 이름을 바꿔 부르지 않도록 유의한다.

〈데스크에서 지켜야 할 점〉

— 절대 데스크를 비우지 않는다.

— 데스크에 직원들이 우르르 몰려 있지 않는다.

— 환자가 앞에 있을 때 직원들끼리 수다 떨지 않는다.

— 환자 차트를 데스크 위에 펼쳐 놓지 않는다.

— 데스크에서 간식을 먹거나 사적인 통화를 하지 않는다.

③ 대기

환자가 대기할 때는 다음의 사항을 준수한다.

— 환자에게 반드시 대기시간을 알린다.

— 대기하는 동안 차, 잡지, 병원 책자 등 즐길 거리를 제공한다.

— 대기가 길어지면 그 이유를 설명한다.

④ 문진 및 진료

진료실에 환자를 안내하기 전, 환자 정보를 원장에게 미리 알린다. 그렇지 않으면 접점별로 원장과 직원들이 계속 같은 질문을 하게 되고 환자는 이미 했던 말을 반복해야 한다.

진료실로 환자를 안내할 때는 대기실 허공에 대고 큰 소리로 환자 이름을 부르는 것보다, 이름을 기억했다가 환자 앞으로 가서 "○○ 님 진료실로 모시겠습니다" 하면서 함께 들어가도록 한다. 들어가는 동안 간단한 스몰토크를 나누면 더 좋다. 환자의 가방이나 소지품은 진료실에서 받아서 보관한다. 환자들은 자신의 소지품이나 가방이 본인 시야에 있어야 안심한다. 안경이나 모자 등 작은 소지품을 받아 의자에 올려놓을 때는 휴지 등을 깔면 좋다. 치과의 경우, 환자가 양치하는 타구에서 비린내가 올라오는 경우가 있어 반드시 청결을 확인한다. 마지막으로 직원들 눈에는 잘 보이지 않지만 라이트에 쌓인 먼지는 누워 있는 환자에게 무척 잘 보이므로 자주 확인하고 닦아야 한다.

〈진료실 응대 방법〉

— 진료실에서 환자와 이야기할 때는 마스크를 내린다.

— 환자에게 설명할 때는 반드시 눈을 마주친다.

— 환자 얼굴에 포를 덮을 때는 미리 말한다. 포는 얼굴에 바로 덮지 말고, 턱에서부터 이마 쪽으로 천천히 덮는다.

— 환자 가슴에 기구나 재료를 올려놓지 않는다.

— 환자 시야에서 기구를 왔다 갔다 옮기지 않는다.

— 짧은 치마나 바지를 입은 환자에게는 깨끗한 담요를 덮어 준다.

— 무통 마취기를 사용해 마취할 때는 무통 마취의 장점을 설명해서 조금 겁을 덜어 주고, 마취할 때 환자가 아픔을 덜 느낄 수 있도록 손을 살짝 쳐준다.

여성 환자는 손을 잡아 줘도 좋다. 마취할 때는 따끔하다고 미리 이야기하며 잘하고 있다, 곧 끝난다, 잘 참았다 등으로 칭찬해 준다.

— 환자가 양치할 때는 티슈를 한 장 곱게 접어서 건네고, 환자가 입을 닦고 휴지를 손에 들고 있으면 "버려드릴게요"라는 멘트 후 휴지를 받아서 버린다.

— 절대로 환자를 진료실에 혼자 두지 않는다.

나는 진료실 내에서 직원들 간에 소통할 때는 큰 소리로 떠들지 않고 메모지를 이용해 전달하게 했다. 안 그러면 다른 환자가 기다린다느니, 무슨 재료가 떨어졌다느니, 환자가 컴플레인 했다느니 별의별 이야기를 환자 앞에서 하기 때문이다. 예전에 한 안과에서 라식 수술 중 직원들이 기계 작동이 안 된다고 큰 소리로 떠들어서 환자가 공포에 떨었다는 말을 전해 들었다. 안 그래도 낯선 수술을 받느라 불안한 환자를 놓고 그런 말을 하면 환자는 더 불안해지므로 주의해야 한다.

내가 성형외과에서 일할 때 환자와의 좋은 관계 맺기를 위한 운동으로 수술 전에 환자 손잡아 주는 캠페인을 진행했다. 환자들은 마취해서 잠들기 전까지 긴장되고 무서운데, 수술실 간호사들이 손을 잡아 주며 안심시켜 주어서 한결 마음이 놓였다며 만족스러워했고, 환자들이 고마워하자 수술실 간호사들도 뿌듯해 했다.

병원에서 일하는 우리는 매일 보는 일이라 그러려니 하지만 처음 치료받는 환자들은 누구나 겁을 먹는다. 공포를 줄여 주고 안심시켜 주기 위한 노력이 중요한데, 직원들이 자신의 경험을 빗대어 설명해 주면 가장 효과적이다. 그래서 병원에 새로운 기계가 들어오거나, 새로운 치료법을 가져올 때 전 직원들이 직접 데모를 받으면 좋다. 직접 체험하고 나면 환자 관점에서 상세히 설명할 수 있기 때문이다.

⑤ 검사

엑스레이 촬영할 때는 환자가 귀걸이나 목걸이를 잠시 풀어야 한다. 환자의 액세서리나 귀중품을 보관할 때는 분실에 신경을 써야 한다. 환자가 풀어 놓은 액세서리를 엑스레이실 선반에 덩그러니 올려놓는 것보다 예쁜 보관함에 담아서 보관하고, 촬영이 끝나면 환자에게 돌려준다. 성형외과에서는 수술 전 주의사항 설명을 위해 전화할 때 소지품 분실 우려가 있으니 수술 당일 액세서리를 착용하지 않고 오는 게 좋다는 설명을 해두면 좋다. 특히 전신마취나 수면마취를 할 때는 환자들이 소지품을 자신의 가방에 넣어 두고도 잃어버린 줄 의심할 수 있다. 귀중품은 옷장 안 소지품 보관함에 두도록 안내하고, 환자 본인이 직접 보관함을 잠그게 한다. 수술 후 환자가 병원을 나갈 때 두고 가는 소지품이 없는지 반드시 물어서 확인한다.

탈의실 접점도 우리가 자주 놓치는 부분 중 하나다. 보통 환자들이 탈의실에서 나오면 어디로 움직여야 할지 몰라 헤매는 모습을 자주 본다. 탈의실에서 나온 환자가 헤매지 않게 안내해 줘야 하고, 원장 진료 중 신체노출이 필요할 때는 혹여나 문제를 제기할 수 있는 부분을 방지하기 위해 반드시 직원이 함께 들어간다.

⑥ 상담(치료 후 주의사항 설명)

치료 후 환자에게 주의사항을 설명할 때도 여러 번 강조해서 설명하는 게 좋다. 아무리 설명해도 못 들었다고 하는 환자가 많기 때문이다. 주의사항은 여러 번 강조해도 지나치지 않다. 나는 진료실과 데스크에서 반드시 두 번 이상 설명했는데, 주의사항을 적은 유인물을 보여 주면서 형광펜으로 밑줄과 별표를 치며 설명했다. 유인물을 챙겨줄 때는 반듯하게 접어서 봉투에 넣어 주었다.

〈주의사항 설명하는 법〉
— 모든 접점에서 통일된 멘트로 설명한다.
— 진료실에서는 치료 전후에 반복해서 주의사항을 설명한다.
— 수납할 때는 진료실에서 설명한 주의사항을 다시 한 번 점검한다.
— 해피콜 또는 해피톡을 할 때도 주의사항을 알린다.

⑦ 수납
나는 VIP 환자가 진료받고 돌아갈 때 엘리베이터까지 배웅했다. 나이가 많은 환자분이 수술하면 택시에 태워 보내드리거나, 걱정될 때는 집까지 바래다 드리곤 했다. 그렇게 하면 환자분도 감동하지만, 일하느라 미처 병원에 따라오지 못한 가족들도 많이 고마워했다.

이렇게 우리의 말 한마디, 배려을 담은 행동 하나, 미리 해주는 설명 등이 환자 만족도에 큰 영향을 준다. 그래서 나는 어느 병원에 가든지 환자들의 긍정적 경험 관리를 위해 접점별로 멘트와 행동 규칙을 매뉴얼로 만들고 직원 교육과 훈련을 했다. 또한 환자경험관리 개선을 위해 한 달에 한 번씩 전 직원이 돌아가면서 직접 환자가 되어 실제로 진료받으면서 불편했던 점, 좋았던 점에 관해 서로 의견을 나누고 개선점을 찾는 노력을 계속했다. 병원에서의 환자경험관리는 디테일에서 오기 때문이다.

그 밖의 환자경험관리 사례

한 번은 내가 초음파 검사를 받기 위해 병원에 갔을 때였다. 병원 직원이 초음파 검사실까지 바닥의 흰색 선을 따라가면 된다고 안내해 주었다. 진료실별로 바닥의 선 색깔을 다르게 해서 그 색깔을 환자에게 말해 주는 방식이었다. 환자는 낯선 병원에서 헤매지 않아도 되고, 환자를 일일이 안내할 인력도 줄어드니 좋은 아이디어라는 생각이 들었다.

병원 입구에 약국 안내도를 붙여 놓은 병원도 있었다. 환자들한테 약국 위치를 안내할 때 보통은 말로만 설명하는데, 약도를 붙여 놓으니 이해가 훨씬 쉬웠다. 내가 직접 환자 입장이 되어 보니 이런 소소한 안내 하나가 친절한 인상을 남긴다는 것을 알았다.

또 다른 환자경험관리 사례는 다음과 같다.

① 첫 방문 스티커

병원에 처음 방문한 환자들에게 첫 방문 스티커를 옷에 붙여 주고, 이 스티커를 붙인 환자에게는 직원들이 더 세심하게 신경 써주었다.

② 초진 해피콜

예약한 초진환자가 병원에 오기 전, 간호사가 먼저 전화를 걸어서 내원 시 준비 사항이나 진료 절차 등을 설명해 준다.

③ 에스코트 또는 도우미서비스

보호자 없이 내원하는 환자 중 몸이 불편하거나 나이 많은 어르신들이 무사히 치료받을 수 있도록 병원에서 접수부터 귀가까지 일대일 전담 직원을 배치하여 환자의 편의를 돕는 서비스다.

④ 회진 알람서비스

입원한 환자들은 담당 교수가 언제 병실에 방문하는지 몰라서 하염없이 기다리는 경우가 많다. 이럴 때 환자가 너무 오래 기다리지 않도록 담당 교수 회진 일정을 문자로 안내해 주는 서비스다.

⑤ 라식 수술 환자를 위한 오디오북

라식 또는 라섹 수술을 한 환자들이 회복하는 동안 심심하지 않도록 오디오북을 선물하기도 한다.

세심한 환자경험관리를 위해서는 무엇보다 원장을 비롯한 전 직원의 적극적이고 자발적인 참여가 중요하다. 직원들과 스터디를 통해 우리 병원에는 무엇이 필요하며 어떤 점을 개선해야 하는지 논의해 보는 시간을 갖는 것도 좋다. 또한 스터디 때 언급된 내용을 매뉴얼로 만들어 접점별 멘트와 행동을 정리하고, 실장 또는 총괄실장 자신부터 실천하는 모습을 보여야 한다. 그리고 무엇보다도 지속성을 잃지 않고 시스템화하기 위해 주기적으로 점검하고 개선해야 한다.

스터디 후에는 적용 방법을 논의하자

나는 접점 관리를 위해 직원들과 '깨진 유리창의 법칙'을 스터디하곤 했다. 깨진 유리창의 법칙은 100-1=99가 아니라 100-1=0, 즉 사소한 실수 하나가 전체를 망가뜨린다는 법칙이다.

직원들은 열심히 스터디에 참여하고 느낀 점을 발표했다. 나는 스터디를 통해 직원들의 행동이 바뀌고 접점 관리가 좋아질 거라고 예상했다. 하지만 그렇지 않았다. 여전히 대기실 바닥에는 머리카락이 떨어져 방치되었고, 테이블과 들어오는 입구에는 지저분한 손자국이 남아 있었다. 도대체 무엇이 문제였을까?

나는 곧 그 이유를 깨달았다. 사소한 실수가 절대 사소하지 않음을 알게 되었지만, 그걸 우리 병원에 어떻게 적용하는지를 몰랐던 것이다. '이론을 배웠으니 직원들이 알아서 잘 적용하겠지'라는 내 생각은 착각이었다. 그 후 나는 스터디 마지막에 직원들과 반드시 실제로 적용할 방법을 고민하고 논의하는 시간을 갖게 되었다.

대기시간과
대기실 관리

한 병원 회의실. 임원들이 모여 대기시간 컴플레인 문제로 골머리를 앓고 있다. 어제는 수술이 길어지는 바람에 진료를 예약한 환자가 2시간 넘게 기다리다가 결국 대기실에서 큰소리 내는 일이 발생했다. 이 일로 급하게 관리자들이 소집되어 개선점을 논의하고 있지만 별다른 해결책을 찾지 못하고 있다.

대기시간 컴플레인은 병원에 빈번히 일어나는 일이다. 대기시간이 예정보다 길어지는 이유는 다양하다. 수술이 길어지거나 응급상황이 발생해서, 환자 흐름 관리가 되지 않아서, 예약제가 제대로 시행되지 않아서, 갑자기 내원한 환자가 시간이 오래 걸리는 진료를 받게 되어서, 또는 원장의 지각으로 진료가 밀리면서 발생한다.

의료가 제조업이 아닌 서비스업이기 때문에 발생할 수밖에 없는 대기시간 문제를 관리하는 방법으로는 두 가지가 있다. 첫 번째는 실제 대기시간을 단축하는 것이고, 두 번째는 심리적인 대기시간을 단축하는 것이다.

실제 대기시간 관리

병원의 대기시간을 단축할 방법을 살펴보기 위해서는 가장 먼저 대기시간이 늘어나는 이유를 파악해야 한다. 인력 부족이나 공간 부족으로 대기가 지연될 수 있고, 갑자기 환자가 몰려서 그럴 수도 있다. 즉, 어디에서 무엇 때문에 병목현상이 일어나는지 살펴본 후 인력을 확충하거나 시스템을 개선해야 한다.

심리적 대기시간 관리

심리적 대기시간 관리란, 환자가 주관적으로 느끼는 유동적인 시간을 관리하는 것이다. 환자가 대기시간을 짧게 느끼도록 하거나, 대기에 관한 만족도를 높이는 방법이다.

하버드 경영대학원의 데이비드 마이스터 교수는 심리적 대기시간을 관리하는 원칙에 관해 이야기했다. 이 원칙에 따르면 사람은 아무 일도 하지 않고 가만히 있는 상태에서 대기할 경우 뭔가 하는 경우보다 대기시간을 더 길게 느낀다. 특히 언제 서비스를 받을지 모르거나, 지연되는 원인을 모른 채 기다리면 더 길게 느껴진다. 이러한 점에 착안하여 대기시간 동안 환자에게 어떠한 경험을 주거나, 대기시간을 미리 알리는 서비스를 하는 병원이 늘고 있다.

휴스턴 공항의 승객들은 수하물을 찾기 위한 대기시간이 너무 길다며 공항 측에 많은 불만을 제기했다. 공항 측은 불만 조치를 위해 수하물 담당자들을 더 많이 고용했고 그 결과 대기시간이 평균 8분으로 감소하였다. 하지만 승객들의 불만 수준은 여전히 똑같았다. 혼란스러운 책임자들은 직접 현장에 나가 조사를 했다. 승객들이 총 8분의 대기시간 중 입국 게이트에서 수하물 찾는 곳까지 걷는 시간은 고작 1분이었고, 거기서 7분을 기다려야 자신의 수하물을 찾을 수 있었다. 이를 발견한 공항 측의 그다음 해결책은 그야말로 신의 한 수였다. 그들은 수하물 찾는 곳을 입국 게이트에서 멀리 떨어진 곳으로 옮겨버렸다. 이제 승객들은 수하물을 찾기 위해 한참 더 걸어가야 한다. 8분 동안 기다리는 대신 6분 동안 걷고 2분 동안 기다렸다. 결과는? 불만이 사라졌다.

[출처: 앤 루니. 2015. 《뇌가 섹시해지는 15분 심리학》. 박광순(옮김). 생각정거장.]

① 즐길 거리 및 간식 제공

의료서비스 디자인 개념이 들어오면서 요즘에는 많은 병원이 대기실을 말 그대로 가만히 앉아서 대기하는 공간이 아닌, 문화공간으로 조성하기 위해 노력하고 있다. 대기실에 놓는 책자도 예전에는 신문과 잡지 위주였다면, 요즘에는 환자층에 따라 다양하게 갖춰 놓는다. 병원에서 도서를 대여해 주거나 대기실을 북카페 컨셉으로 만든 곳도 있다. 책뿐만 아니라 안마의자, 풋스파, 네일아트, LED 마스크, 노트북, 오디오 등 환자들이 이용할 수 있는 시설을 대기실에 마련하는 병원들도 있다.

또는 하늘정원을 조성해 산책할 수 있게 하거나, 병원 내 카페에서 음료를 제공하기도 한다. 내부에 카페 공간이 없을지라도 고급 원두커피 기계나 종류별로 차를 갖추고 음료를 대접하면서 직원이 환자와 이야기를 나누기도 한다.

나는 병원에 방문하는 환자들이 즐길 수 있는 차를 준비할 때도 감성적인 문구와 함께 '오늘의 차'의 효능을 적어 두곤 했다. 이곳이 환자들이 머무를 수 있는 따뜻한 공간이라는 느낌을 주고 싶었기 때문이다. 또한 '병원 냄새'가 나지 않도록 항상 디퓨저나 향초를 켜두었다. 환자가 볼 수 있는 게시 문구들은 직원 공모를 통해 '우리 병원에서 예뻐지는 10분' 또는 '찬 바람 부는 가을, 우리 병원에서 따뜻한 허브차 한 잔 어떠세요?' 등 감성적인 문구로 했다. 환자들은 이런 작은 배려에 즐거워하고, 사진을 찍어서 SNS에 올리거나 친구들에게 우리 병원을 추천했다.

데스크 아래에 소형냉장고를 두고 모든 환자에게 음료수를 주기도 했다. 대기하는 환자에게 가서 "차 좀 드릴까요?" 물어도 대부분 환자들은 괜찮다고 사양하는 걸 알기 때문에 성의를 보이는 차원이었다. 환자가 좋아하는 차 종류를 알게 되면 차트에 기재해 놓았다. 그리고 다음번에 환자가 내원했을 때 먼저 "유자차 좋아하시죠?" 하고 말하면서 차를 건네며 대기시간을 알렸다. 대기시간 동안 환자와 이런저런 이야기를 나누다 중간에 진료실에서 부르면 환자는 벌써 그렇게 되었느냐며 대기시간을 잘 인지하지 못했고, 오히려 아쉬워하는 경우가 많았다.

이런 응대가 편했던 건 대기시간이 길어질수록 환자들 표정이 어두워지는 것을 데스크에서 관찰했기 때문이다. 기다리는 환자는 물론, 얼굴을 마주하고 있는 우리도 불편해지면서 스트레스를 받았다. 하지만 환자와 친해지고 음료 하나로 가까워지면 그런 불편을 해소하고, 환자들도 컴플레인을 거의 하지 않게 된다.

그 밖에 야간진료가 있는 날이면 식사를 못 하고 병원에 내원하는 학생이나 직장인들을 위한 간식을 준비해 놓았는데 반응이 꽤 좋았다.

② 서비스가 시작되었다는 느낌 주기

환자들에게 서비스가 시작되었다는 느낌을 전달하기 위해서 내가 했던 방법은 '자리 옮기기'였다. 대기시간 중 직원과 대화를 하거나 자리를 옮기게 되면 환자의 불안감이 다소 감소하기 때문이다. 예를 들어, 치과에서는 예약환자가 좀 오래 기다릴 것 같으면 일단 간단한 처치를 받게 했다. 만약 외래 대기실에 있다가 차례가 될 때 진료실 앞 대기 의자로 이동하는 프로세스라면, 최대한 빨리 환자가 진료실 앞 의자에 앉게 했다. 그러고 나서 태블릿 PC 등을 이용해서 병원 홍보, 시술이나 치료의 장점, 주의사항을 설명하며 시간을 보냈다.

이것도 저것도 할 수 없는 상황이라면 상담실로 데려와 상담하기도 했다. 상담 들어갈 때 병원코디네이터에게 진료실 상황을 무전으로 알려달라고 해서 진료실 상황을 점검하며 초진일 경우 선상담을, 구환일 경우 중간 경과상담을 진행했다.

③ 대기시간 알림

병원에 모니터링하러 가면 뜻밖에 잘 안 지켜지는 부분이 바로 '대기시간 알림'이다. 환자는 예약하고 내원했는데 바로 진료를 볼 수 있는지,

나는 경험만큼 좋은 공부가 없다고 생각해서 시간이 날 때마다 해외 유명 레스토랑이나 호텔을 찾는다. 그곳에서 보고 느낀 것 중에 병원 환경에 적용해 볼 만한 것이 무엇인지 살펴보곤 한다. 작년에는 베이징에서 가장 인기 많은 식당인 '템플 레스토랑 인 베이징(Temple Restaurant in Beijing)'에 다녀왔다. 음식도 음식이지만 직원들이 어떻게 서비스를 제공하는지 그 전달 과정을 주의 깊게 보는데, 가장 인상적이었던 건 주문하기도 전에 나온 간단한 요깃거리였다. 자리에 앉자마자 음식이 나오니 마치 기다림 없이 서비스가 바로 시작된 느낌이었다.

패밀리 레스토랑에도 손님이 차례를 기다리는 동안 음료나 간단한 요깃거리를 제공하는 '웨이팅 푸드 서비스'가 있다. 모두 서비스 전 대기시간을 짧게 느끼게 하기 위한 전략이다.

웨이팅 푸드

아니면 기다려야 하는지, 기다려야 한다면 얼마나 기다려야 하는지 항상 궁금해한다. 환자들에게는 1분의 기다림이 10분처럼, 5분의 기다림이 15분처럼 더디게 느껴지기 때문이다. 그리고 환자는 예상치 못한 기다림에 맞닥뜨리거나 예측했던 기다림을 초과했을 때 '이 병원에서 과연 내 존재를 알고 있는 걸까?' 또는 '저 사람이 나보다 늦게 온 것 같은데 왜 먼저 들어가지?' 등 복잡한 생각을 하게 된다. 이럴 경우 환자 대부분은 원장 진료나 시술 또는 수술이 언제쯤 시작되는지 궁금해하고 데스크에 묻게 된다. 여기에서 중요한 건, 환자들이 대기시간을 묻기 전에 우리가 먼저 알려야 한다는 것이다. 그리고 환자가 불공정하다고 느끼지 않도록 먼저 들어가는 환자가 있으면 설명을 해야 한다.

환자에게 대기시간을 알릴 때는 "조금만 더 기다리세요"라고 하지 않고 진료실과 상황을 주고받으며 안내해야 한다. 대기시간 안내는 시간적 여유를 두고 말한다. 혹시라도 대기시간이 좀 더 걸릴 수도 있고, 심리적으로도 대기시간이 10분이라고 들었는데 5분 만에 들어가게 되면 빨리 들어가는 느낌이 들기 때문이다. 이때 표정과 어투도 중요한데, 단지 밝은 얼굴이 아닌 '미안한 표정과 어투'로 해야 한다. 계속 신경 쓰고 있다는 느낌을 전달하면서 알린 시간보다 빨리 진료실로 들어갈 수 있도록 관리한다.

나의 경우 환자에게 대기시간 지연에 대한 사과를 먼저 한 후 대기시간 알림, 양해에 대한 감사를 전했다. 만약 대기시간이 그보다 길어지면 환자를 덩그러니 혼자 두지 않고 곁에 가서 이야기를 나누었다. 그러다 보면 뜻밖에 환자의 가족, 직업, 병원에 대한 생각 등 많은 것을 파악하게 된다. 마지막으로 기다림에 대한 보상을 환자에게 주었다. 오래 기다린 환자는 차트에 따로 기록해 두고, 다음번 내원 때 방문하자마자 바로 진료실로 안내해서 ("저번에 기다리시게 해서 너무 죄송한 마음에 이번에는 최대한 빨리 들어가실 수 있도록 신경을 써드렸습니다.") 대기가 없도록 한 것이다.

대기실 관리

데스크를 비롯해 대기실 곳곳 손자국이 그대로 남는 재질로 인테리어하는 병원들이 있다. 환자가 다녀간 자리에는 방석, 쿠션, 읽을거리 등이 흐트러져 있어서 수시로 확인하고 정돈해야 하는데, 어떤 병원은 특히나 바닥의 발자국부터 온갖 군데 손자국이 남았다. 그래서 데스크 안쪽 수납장에 걸레와 유리창 닦는 세제를 상비하고 환자가 나가면 시도 때도 없이 바닥과 의자, 테이블, 데스크를 닦았다.

요즘은 에스프레소 기계를 들여와 카페 서비스를 하는 병원도 많아졌지만, 여전히 환자들이 직접 타 먹는 커피를 가져다 놓은 병원이 많다. 정수기 주변은 커피 가루나 물기 등이 묻어 있는 경우가 많으므로 계속 살펴야 한다. 아무리 인테리어가 좋고 멸균에 신경 쓰는 병원이어도 정수기 손잡이의 때, 지저분한 소파 등을 보면 환자는 무의식적으로 이 병원이 관리가 안 된다고 생각하기 때문이다. 대기실 정돈과 함께 치료실 침대에 머리카락이 떨어져 있지는 않은지, 이물질이 묻어 있진 않은지 늘 살핀다.

여성 환자가 많은 병원은 진료 후에 환자들이 파우더룸을 많이 이용한다. 환자들이 한 번 이용하고 나면 파우더룸 세면대에 물이 튀어 있으므로 꼭 수시로 닦아 줘야 하고, 칫솔과 치약이 갖춰져 있는 치과에서는 치약도 살펴야 한다. 나는 치과에 모니터링 가면 화장실 및 파우더룸도 꼭 살펴보는데 뜻밖에 치약 뚜껑 주변에 굳은 치약이 묻어 있거나 치약과 칫솔이 다 떨어졌는데도 채워 놓지 않는 경우가 많다. 파우더룸에 갖춰 놓은 핸드워시 꼭지에 내용물이 굳어서 묻어있지 않는지도 살펴야 한다. 내용물이 덕지덕지 묻어 있는 핸드워시를 보면 무의식적으로 환자들이 우리 병원을 지저분하다고 생각하기 때문이다.

접점뿐만 아니라 공간에 대해 고민도 하게 되는데, 환자들이 대기하는 공간인 대기실은 여러 명의 환자가 있으므로 특히 분위기가 중요하다. 여러 환자가 있는 공간에서 환자가 큰소리로 컴플레인하면 다른 환자들한테까지 영향을 미치기 때문이다. 그래서 어떤 병원에서는 VIP들만 대기하는 공간을 따로 만들기도 하고, 성형외과에서는 수술 후 마스크와 모자를 쓴 환자들이 대기실에 머물지 않고 바로 치료실로 들어오게 하는 경우도 있다. 수술 상담하러 온 환자와 수술 후 작정하고 컴플레인하는 환자가 한 공간에 있을 때 둘이 대화를 나누면서 수술 취소가 되는 경우가 있어 공간을 분리하기도 한다. 이처럼 대기실 풍경은 중요하기 때문에 분위기를 관리하는 것도 우리가 해야 하는 일이다.

환자를 응대하는 방법이나 프로세스와 같은 소프트웨어는 모방이 어렵다. 따라 하기 어려운 만큼 가치가 있으므로 병원의 경쟁력은 여기에서 나온다고 해도 과언이 아니다. 이런 시스템이 문화가 되려면 앞서 이야기한 것처럼 지속성과 시간, 그리고 이 소프트웨어를 제대로 실행할 수 있는 사람, 즉 휴먼웨어가 가장 중요하다.

병원 이벤트의
프레임 바꾸기

요즘은 병원 홈페이지에 이벤트 항목이 따로 있을 만큼 많은 병원에서 매달 다양한 이벤트를 진행한다. 반면, 이벤트를 진행할 때 미리 월별 계획을 세우기보다 그때그때 급하게 진행하는 경우가 대부분이다. 계획 없이 이벤트를 진행하게 되면 대상 환자 명단을 추리는 것도 일이고, 기껏 추린 대상 환자들에게 이벤트를 안내할 시간적 여유도 부족해서 흐지부지되거나 별다른 성과 없이 끝나게 된다. 나중에는 이벤트를 기획하는 목적도 흐려지고 매달 으레 하는 행사가 되어 버려 환자들도 '맨날 이벤트 중인 병원'이라고 인식하게 된다.

따라서 이벤트는 시기에 맞춰 계획적으로 진행하는 것이 좋으며, 보통 연말이나 연초에 일 년 치 이벤트 계획을 세워 두어야 한다.

환자와 관계 맺기 이벤트

많은 병원이 진행하는 이벤트는 주로 할인 이벤트다. 그러나 막연히 가격적 혜택을 주는 이벤트보다, 병원 충성고객을 만들고 싶었던 나는 '환자와 관계 맺기 이벤트'를 진행하곤 했다. 내원하는 환자들에게 우리 병원에 대한 특별한 인식을 심어 주고, 이벤트에 환자들을 참여시켜 친밀감과 소속감, 그리고 재미를 주고 오랫동안 기억에 남고 싶었기 때문이다. 직원들도 이벤트를 즐겼으면 해서 직원 대상으로 아이디어 공모전을 열었고, 그 아이디어를 채택해서 직원들의 소속감과 성취감을 높여 주었다. 자신이 낸 아이디어로 이벤트를 진행하니 직원 참여도도 높아졌다.

내가 진행했던 이벤트를 소개하자면 먼저 밸런타인데이, 화이트데이가 있다. 이때는 직원들과 함께 초콜릿과 사탕을 예쁘게 포장해서 내원하는 환자들에게 나눠 주었다. 우리가 직접 포장하고 준비하는 과정은 사진으로 찍어서 스토리텔링에 활용했다. 초콜릿과 사탕을 선물 받은 환자들과도 함께 사진을 찍었다. 환자들은 생각지 못한 선물이라며 기뻐했고 직원들과의 친밀도도 높아졌다. 빼빼로데이에는 빼빼로 포장 안에 재미있는 편지를 적어서 환자들에게 선물했고, 직원들도 이 과정을 함께 즐겼다.

5월 어버이날에는 치료 마치고 돌아가는 어르신들에게 카네이션을 달아 드렸다. 어떤 환자분은 눈물을 보이셔서 우리 마음도 찡하게 만들었다. 로즈데이 때는 내원한 환자들에게 준비한 장미꽃 한 송이와 포스트잇을 주면서 아무 말이나 좋으니 한마디씩 남겨달라고 했다. 환자들도 재미있어하면서 감동적인 여러 멘트를 작성해 주었다. 포스트잇은 병원 게시판에 붙여서 전시해 놓았다. 그 글을 읽는 환자들도, 병원에서 일하는 우리 마음도 따뜻해졌다.

수능이 다가오면 수능 이벤트를 진행했다. 최근 방문한 환자 중에 수험생 환자 목록을 만들어 시험 잘 보라고 응원하는 전화를 돌렸다. 당사자가 아닌 부모가 전화를 받으면 가족들의 안부도 물었다. 이렇게 수능 안부 전화를 하면 환자들은 대부분 고마워했다.

재미있는 의상을 입고 환자를 맞이하는 방식도 깊은 인상을 남길 수

월	시즌 특성	기념일	이벤트 및 진료 패키지
1월	졸업, 입학, 개강		· 수험생 및 수험생 가족 이벤트 · 신년 이벤트
2월		· 밸런타인데이	· 밸런타인데이 이벤트 · 졸업, 취업 준비생 이벤트
3월		· 화이트데이	· 화이트데이 이벤트 · 봄맞이 이벤트 · 결혼 준비 패키지
4월	결혼		· 결혼 패키지
5월	가정의 달	· 로즈데이 · 어린이날 · 스승의 날 · 어버이날	· 로즈데이 이벤트 · 어린이날 이벤트 · 스승의 날 이벤트 · 어버이날 효도 이벤트 · 가족 이벤트
6월	여름방학, 휴가		· 여름방학 이벤트 · 유학생 이벤트
7월	유학		· 휴가 준비 이벤트
8월			· 여름 이벤트
9월	추석		· 명절 이벤트
10월	결혼	· 핼러윈데이	· 핼러윈데이 이벤트 · 결혼 패키지 · 가을 이벤트
11월	수능	· 빼빼로데이	· 빼빼로데이 이벤트 · 수능 이벤트
12월	겨울방학, 송년회, 연말파티, 유학	· 크리스마스	· 겨울방학 이벤트 · 크리스마스 이벤트 · 연말 이벤트 · 고객 감사 이벤트

올해 병원 이벤트 계획(예시)

있다. 5월 어린이날이면 소아 환자를 위한 이벤트를 준비하곤 했다. 한 번은 직원들과 함께 아이들이 뭘 좋아할까 고민하다가 캐릭터 의상을 입어 보기로 했다. 직원들이 동물 캐릭터 의상을 입고 어린이날 전후로 내원한 소아 환자들에게 어린이용 칫솔 세트를 선물해 주었다. 아이들은 칫솔보다 동물 캐릭터 의상을 무척이나 좋아했고 함께 온 부모들도 덩달아 재미있어 했다.

명절 때는 데스크 직원들이 한복을 입고 환자를 맞이했는데 환자들이 한복을 오랜만에 본다, 한복이 너무 예쁘다, 명절 분위기가 난다며 무척 좋아했다.

개원 및 확장 이벤트

병원이 처음 문을 열었던 날이 되면 내원한 환자들에게 축하 떡을 돌렸다. 개원 10주년 감사 이벤트를 여는 병원들도 있다. 보통 떡이나 수건을 돌리거나 환자와 그 가족을 초대해서 감사 행사를 진행하기도 한다.

내가 다니던 병원에서 확장 공사를 했을 때였다. 공사가 끝나고 공간을 오픈하는 날, 병원 VIP 환자들을 모시고 축하 행사를 진행했다. 행사 전에는 환자들에게 초대장을 보내고 참가 여부를 확인했다. 행사 당일, 입구에 레드카펫처럼 붉은 색 부직포를 깔고 행사장에 현수막을 걸었다. 행사가 시작되자 원장들의 감사 인사가 이어졌고 출장 뷔페 음식을 대접하며 새로 확장한 공간을 소개했다. 행사가 끝나고 참석자들이 집에 돌아갈 때는 헬륨 가스를 넣은 풍선을 나눠주었다.

병원 이벤트 또는 행사를 준비하고 진행할 때는 예산과 일정에서 등 힘든 부분도 있지만, 행사 후 직원들과 원장들 관계가 더 돈독해졌다. 직원들도 병원에서 일하는 것에 대한 상당한 자긍심을 가졌으며, 후에 병원이 더욱 성장하는 근간이 되었다.

여러 병원 사례들

그 밖에 여러 병원에서 하는 이벤트들을 살펴보면, 명절에 한복 입은 직원이 외래 환자들 대상으로 행운의 쿠키를 나눠 주거나, 요양 병원에서는 명절날 집에 가지 못하는 어르신들 모시고 만두 빚기 행사를 진행하기도 한다. 어버이날 입원 환자들에게 카네이션을 달아드리기, 우리 아이 초음파 사진 자랑하기, 아이 캐리커처 그려 주기 등의 이벤트를 진행하기도 한다.

이렇게 단순한 할인 이벤트가 아닌 관계 맺기 이벤트를 진행하면 환자들의 친밀감뿐만 아니라 충성도도 함께 높아진다.

커리어 관리,
성장을 멈추지 않는 방법

병원에
취업 준비하기

10년 넘게 병원 안팎에서 교육을 진행하다 보니 병원코디네이터 혹은 상담실장이 되는 방법에 대한 문의를 꽤 많이 받는다. 그런데 정확한 정보 없이 "병원코디네이터나 상담실장이 돈을 잘 번다더라" 같이 어디선가 들은 막연한 이야기로 병원 취업을 원하는 사람들이 대부분이다. 하지만 어떤 일을 시작할 때는 반드시 그 일이 자신의 성향과 어울리는지, 비전이 있는지 살펴보고 고심하는 과정을 거쳐야 한다. 병원 일 역시 마찬가지다.

병원은 다양한 직군들이 모여 있는 복잡한 조직이다. 사회가 변화함에 따라 병원 조직도 점점 더 다양화, 세분화가 이루어지고 있다. 그렇기 때문에 병원에 성공적으로 취업하기 위해서는 기본적으로 다음과 같은 준비와 절차가 필요하다.

분야 설정

병원에는 의사, 간호사, 병원코디네이터, 상담실장 외에도 여러 직업이 있다. 따라서 가장 먼저 자신이 어떤 분야에서 어떤 일을 하고 싶은지 명확히 결정해야 한다. 예를 들어 일차의료기관에는 간호팀, 코디팀, 상담팀, 콜센터팀, 경영지원팀 등이 있다.

① 간호팀(간호사, 간호조무사) : 간호사가 되기 위해서는 간호사 면허가, 간호조무사가 되기 위해서는 자격증이 필요하다. 이들은 수술이나 시술 어시스트부터 치료실 간호 업무, 병동 업무 등을 한다.

② 코디팀(병원코디네이터): 접수 및 수납, 간단한 환자 상담 및 응대, 보험청구 등의 업무를 한다. 병원코디네이터가 간단한 환자응대 업무만 하는 병원, 환자응대 업무와 보험청구를 함께하는 병원, 상담까지 하는 병원 등 병원마다 업무의 범위가 다를 수 있다.

③ 상담팀: 주로 상담과 관리 업무를 한다.

④ 콜센터팀: 콜센터가 있는 병원도 있고, 없는 병원도 있다. 주로 전화상담과 응대를 한다. 콜센터가 없는 병원에서는 병원코디네이터가 이 업무를 하기도 한다.

⑤ 경영지원팀: 병원마다 마케팅팀만 있는 경우도 있고, 경영지원팀 안에 여러 부서가 함께 있기도 하다. 예를 들어 마케팅팀은 주로 병원 홍보와 마케팅 업무를 한다. 해외사업팀은 의료관광 활성화와 맞물려 주로 외국 환자 유치, 외국 환자응대 및 상담 등을 한다. 의료관광 코디네이터가 이 부서에서 일한다. 그 외 신사업팀, 기획전략팀, 인사관리팀, 환자경험관리팀이나 CS팀, 교육팀 등이 있다. 일차의료기관에서는 실장이나 중간관리자가 이 업무를 하기도 한다.

나의 성향과 업무 비전

현업에서 교육하다 보니 병원에 취업을 연계해 달라는 부탁을 자주 받는다. 한 번은 평소 알고 지내던 모 대학 피부미용과 교수님이 참한 학생이라며 어떤 학생의 병원 취업을 부탁하셨다. 그래서 이력서와 자기소개서를 보내 달라 하고 그 학생과 통화했다. 본인의 마음가짐을 어느 정도 알아야 할 것 같아서였다. 내가 왜 병원에 취업하길 원하냐고 물었더니, 그 학생이 이렇게 대답했다. "편해서요." 순간 나는 내가 잘못 들은 줄 알았다. 병원은 결코 일하기 편한 곳이 아니기 때문이다. 학생은 피부관리실은 몸까지 다 관리해야 해서 힘들지만, 병원(피부과)은 얼굴만 관리하면 되니 훨씬 편할 것 같다고 했다. 나는 이 학생의 취업을 도울 수 없었다. 단지 그 이유 하나로 병원에 취업하면 분명 오래 다니지 못할 것을 알았기 때문이다.

단지 편해 보여서가 아니라, 자신이 병원에서 어떤 일을 하기로 진지하게 결정했다면 그 업무가 나의 성향과 잘 맞는지, 앞으로의 경력은 어떻게 쌓을 수 있는지 등 비전도 함께 살펴보아야 한다. 예를 들어 병원코디네이터로 취업하기로 정했다고 해보자. 병원코디네이터의 주 업무는 환자응대이다. 호감 가는 표정과 상냥함, 순간 대처 능력과 센스가 필요하다. 만약 내가 사람 응대에 자신 없고 상냥함과 거리가 멀다면 이 일은 나와 맞지 않을 수 있다. 만약 나의 성향이 궁금하다면 MBTI, 에니어그램, 버크만 진단과 같은 성격유형 검사를 해볼 수 있다. 또한 직업선호도검사도 해볼 수 있는데, 직업 선호도 검사는 좋아하는 활동, 관심 있는 직업, 선호하는 분야를 탐색하여 자신의 직업 흥미 유형에 적합한 직업들을 추천해 준다.

그 직업이 나의 성향과 잘 맞는지, 직업 흥미도는 어떤지 살펴본 후 병원코디네이터의 비전과 커리어 방향성을 생각해 보아야 한다. 보통은 병원코디네이터로 시작해서 상담실장이 되는 경우가 가장 많은데, 더 성장하고자 하는 사람들은 능력과 실력을 쌓아 매니저나 총괄실장까지 올라가기도 한다.

역량 개발 및 취업 계획 수립

병원에서 어떤 일을 하느냐에 따라 요구되는 역량이 다르다. 그러므로 병원에 취업하기 위해서는 병원 탐색, 역량 개발 계획, 이력서와 자기소개서 준비, 지원, 면접의 과정을 거쳐야 한다.

① 병원 탐색

구인구직 사이트에 들어가 취업을 원하는 병원의 인재상, 근무 조건, 복리후생, 우대사항 등을 살펴보며 지원하고자 하는 분야에 요구되는 역량과 자격 조건(자격증, 나이, 경력 등)을 파악한다.

자격증의 경우, 병원코디네이터는 보건의료계열 학과를 나와서 시작하기도 하지만, 특별한 자격 사항이 없어서 민간자격증만 취득하고 취업을 하는 경우가 대부분이다. 민간자격도 반드시 필요한 건 아니다. (민간자격증 시험 일정은 대한병원코디네이터협회 사이트에서 참고하면 된다.) 만약 내가 경력이 하나도 없는 초보라면 자격증을 취득하는 편이 취업에 더 유리할 수는 있다. 치과 취업을 목표로 한다면 치과건강보험 청구사 시험에 합격해서 자격증을 받는 게 좋다.

병원코디네이터는 주로 20대 초중반에서 많아야 30대 초반을 뽑는다. 아무래도 업무 자체가 병원에서의 첫 시작인 경우가 많기 때문이다. 상담실장은 20대 후반에서 40대 중반까지 두루 뽑는다.

병원코디네이터는 경력 없어도 취업할 수 있지만, 상담실장은 경력이 있는 사람을 선호한다. 보통은 병원코디네이터로 어느 정도 경력을 쌓은 후 상담실장으로 승진하거나 취업한다. 간혹 무경력자라도 다른 분야에서 서비스나 상담 관련 일을 한 사람을 상담실장으로 채용하기도 하지만, 막상 채용되었다 하더라도 의료 지식이 없기 때문에 제대로 된 상담보다는 영업에 초점이 가 있는 경우가 많다.

상담실장 질의응답

질문: 병원코디네이터가 상담실장을 하려면 보통 몇 년이 걸리나요?
답변: 사람마다, 병원마다 다 다릅니다. 병원코디네이터를 상담실장으로 승진시키지 않는 병원에 다니는 직원은 그 병원에서 코디네이터 경력을 쌓은 후, 다른 병원의 상담실장으로 이직합니다. 그렇지 않으면 본인의 능력에 따라 1년 후에도 상담실장이 되기도 합니다. 하지만 경험을 쌓아 상담실장이 되어야 환자들의 질문이나 돌발상황에 유연하게 대처할 수 있습니다.

질문: 나이가 많은데 상담실장을 할 수 있나요?
답변: 상담실장은 나이보다 경력이 더 중요합니다. 하지만 나이가 많으면 성형외과, 피부과 등 젊은 환자층이 많은 병원에는 취업이 힘들 수 있습니다. 상대적으로 한의원은 40대 후반에서 50대의 경력이 많은 실장님들이 종종 취업하는데, 그것도 병원 사정에 따라 달라집니다.

커리어 관리,
성장을 멈추지 않는 방법

질문: 상담실장 연봉은 어느 정도인가요?

답변: 병원마다 다 다르고, 인센티브 제도가 있는 곳도 있고 아닌 곳도 있어서 그 범위가 상당히 넓습니다. 초반에는 연봉보다 커리어 관리에 중점을 두기를 추천합니다.

질문: 학원에서 수업을 들으면 무경력자라도 상담실장으로 취업할 수 있나요?

답변: 어렵습니다. 간혹 무경력자를 뽑는 병원이 있긴 하지만, 병원이라는 곳은 경험과 의료 지식이 필수적입니다. 심지어 경력자들도 새로 병원에 입사하면 그 병원만의 스타일을 익히고 적응하는 데 시간이 걸립니다. 병원은 사람을 치료하는 곳입니다. 기본적인 의료 지식 없이 환자를 대한다면 환자에게 왜 반드시 주의사항을 설명해야 하는지, 어떤 주의사항을 설명해야 하는지도 모를 수 있습니다. 또한 시술이나 치료 후 환자들이 하는 질문에 제대로 된 응대를 하기도 어려울 수 있어서 일반적으로 무경력자보다 경력자를 선호합니다.

② 역량 개발 계획

탐색 단계에서 내가 지원하고자 하는 분야에 필요한 역량을 찾아보았다면, 현재 내가 가지고 있는 역량과 견주어서 준비해야 할 것들을 파악할 수 있다.

필요한 역량	목표	구체적인 계획
· 치과건강보험청구사	· 3급 자격 취득	다음 달 시험 접수를 하고, 학원에서 3급 기초반과 시험 대비반을 수강한다.

역량 개발 계획(예시)

③ 이력서와 자기소개서

이력서와 자기소개서는 최대한 성의 있게 작성한다. 여러 병원에서 채용을 담당했던 경험으로 몇 가지 주의사항을 살펴본다면 다음과 같다.

— 사진: 사진이 없거나 셀카 사진을 넣은 이력서는 처음부터 제외한다. 사진
은 최근 1년 이내의 사진으로 신경 써서 준비한다.

— 근무경력: 6개월 이내로 짧게 근무한 경력까지 넣는 경우가 있는데 잦은 이
직과 짧은 근무연수는 좋지 않은 이미지를 줄 수 있어서 주의해야 한다. 만
약 내가 근무지를 자주 옮겼다면 그 부분에 대한 설명이 필요하다.

— 오타 및 다른 병원명 확인: 자기소개서에 오타가 있거나 간혹 다른 병원 이름
이 들어가 있는 경우가 있다. 이런 실수를 하지 않도록 잘 살펴보아야 한다.

— 관련 자격증, 면허증, 교육: 성장을 위해 열심히 노력했다는 느낌을 주기 때
문에 빠짐없이 기재하는 게 좋다.

지원 분야의 업무와 연관되는 내용을 어필하는 것이 좋다. 또한 의료
계가 워낙 좁기도 하지만, 병원에 입사 지원하면 대부분 전 근무지에 평
판 확인을 하므로 허위나 과장된 내용을 기재하지 않도록 유의한다.

④ 지원하기

일반적으로 구인구직 사이트를 통해 지원하거나 채용 담당자 이메일
로 이력서를 보내서 지원한다.

⑤ 면접 준비하기

면접은 면접 통보 전화에서부터 시작한다. 최대한 정중하고 예의 바른
목소리로 전화를 받아야 한다. 또한 면접 자리에 너무 편한 복장을 하고
오는 사람들이 있다. 자칫 성의가 없어 보이므로 병원에 면접을 보러 갈

때는 정장이나 세미 정장의 단정한 차림이 좋다. 면접 볼 때는 면접 시간 전에 미리 도착해서 몸과 마음을 가다듬고 면접에 임하는 것이 좋다. 만약 피치 못한 사정으로 늦는다면 미리 연락을 취한다. 면접 약속을 잡고 당일에 연락 없이 안 오는 사람들이 있는데 혹시라도 면접에 가지 못할 경우는 반드시 연락하자. 면접 전에는 다음과 같은 예상 질문을 뽑아 미리 준비하면 좋다.

— 현재 거주지, 출퇴근 시간 및 방법

— 지원 동기

— 전 근무지 퇴사 이유

— 꿈이나 목표

— 병원코디네이터로서 가장 중요한 역량

— 전 직장 급여 및 근무 조건, 희망급여

— 직장을 선택할 때 중요하게 생각하는 것(월급, 성장, 비전, 성취 등)

— 가족 관계

— 성격의 장단점

병원 직원이
이직을 생각하는 순간

병원, 특히 일차의료기관은 이직이 어렵지 않고 취업 문턱 또한 비교적 높지 않기 때문에 직원들의 잦은 이직으로 골머리를 앓는다. 어느 정도 손발을 맞춘 직원이 갑자기 그만둔다고 하면 병원도 난감하고, 새로운 직원을 뽑는 것도 일이고, 직원들이 자주 바뀌면 환자들도 싫어한다. 심지어 어떤 환자들은 대놓고 "어휴, 여기 직원 또 바뀌었네. 여기는 올 때마다 직원이 바뀌어"라고 이야기하기도 한다. 심지어 오늘 퇴사한 직원이 다음 날 옆 병원에 근무하는 웃지 못 할 일도 벌어진다. 근로계약서에 퇴사 후 근방 몇 킬로미터 이내에 취업을 금한다는 규정이 있어도 잘 지켜지는 것 같지 않다.

병원 직원끼리 가장 많이 하는 말이 바로 "때려치울 거야"인 것 같다. 아침에 출근하면서 벼룩시장이나 교차로 같은 지역신문을 들고 와서 시간 날 때마다 펼쳐보는 직원들을 어느 병원에서나 쉽게 볼 수 있었다. 친한 실장님이 말해 주길, 자기네 병원에서는 직원들이 하도 구인구직 사이트에 접속을 많이 해서 아예 인터넷 IP를 차단했다고 한다.

2018년 여름, 나는 성장을 고민하는 병원 직원들을 위한 커리어 특강을 준비하면서 새로운 사실을 발견했다. 아이러니하게도 '성장'과 '이직'이 맞닿아 있다는 것이다. 성장이란 단어는 늘 이직이란 단어와 함께 붙어 다닌다. 그때 알게 된 '병원 직원이 이직을 생각하는 순간'은 다음과 같다.

가장 먼저, 지금 일하는 병원에서 더 성장할 수 없을 때다. 비전이 없어 보이거나 코디-실장, 수술방-외래 등으로 이동할 수 없을 때 직원들은 이직을 생각한다. 성형외과나 피부과에서는 병원코디네이터로 근무하다 상담실장이 되고 싶을 때 다른 병원에 이직하는 것을 자주 볼 수 있었다.

두 번째, 롤모델이 부재할 때다. 롤모델이 부재한다는 것은 그 병원에서 더 배울 게 없다는 것이다. 보고 배울 수 있고 자신을 끌어 줄 롤모델이 없을 때 직원은 이직을 결심한다.

세 번째, 경영에 대한 불만족을 느낄 때다. 환자보다 돈을 우선시해서 과잉진료를 하거나 너무 상업적인 경영자와 일할 때 가치관의 대립을 느낀 직원들은 이직을 고려한다. 또한 신뢰가 확보되지 않은 누군가(일명 낙하산)를 갑자기 데려와 실장 자리에 앉히는 모습을 볼 때도 이직을 생각하게 된다고 한다.

그 밖에 일과 가정의 불균형 및 여가 부족, 친구 혹은 친한 동료의 이직 등이 있다. 한 병원에서는 직원들이 친해서 함께 퇴사하는 걸 막기 위해 모든 직원의 월급 날짜를 다르게 하는 곳이 있었다.

요즘은 직원들이 예전 세대와 분명히 다른 점이 있기도 하고, 직원마다 우선시하는 가치가 다르다. 예를 들어 야간진료 수당이 중요한 직원이 있지만, 야간진료 수당보다는 개인적인 여유 시간이 중요한 직원도 있다. 오로지 본인을 끌어줄 롤모델이 있느냐 없느냐가 중요한 직원도 있고, 계속 성장하고 싶은 욕구가 강한 직원도 있다. 따라서 관리자들은 획일적인 근무 조건을 제시하기보다는 면담을 통해 직원 한 명 한 명이 우선시하는 가치관을 존중해 주려고 노력해야 한다.

무엇보다 잊지 말아야 할 점은 직원들이 '존중과 인정' 속에서 일하고 싶어 한다는 사실이다. 직원들은 존경하는 원장님과 일하고 싶어 하고, 그런 원장님으로부터 존중받는 직원이 되고 싶어 한다. 직원들과 이야기를 나누다 보면 그들도 이직을 쉽게 생각하지 않는다는 것을 알 수 있다. 다른 병원의 텃세나 적응에 관한 두려움이 있기 때문이다. 그런데도 직원들이 이직을 생각하는 순간은 존중받지 못하고 존경할 사람이 없을 때, 그리고 그런 경험이 반복되어서 더는 희망이 보이지 않을 때다.

퇴사,
상처받는 원장과 상처받는 직원

나에게도 여러 번의 퇴사 경험이 있다. 대부분 좋게 마무리했지만 그다지 기억하고 싶지 않은 순간들도 있다. 연차가 낮을 때는 직원인 나만 상처받는다고 생각했는데 시간이 흘러 중간관리자가 되었을 때쯤, 원장도 사람인지라 상처를 받는다는 것을 알게 되었다.

한 병원에서 근무하다가 퇴사를 준비할 때였다. 개인적인 사정을 늘어놓기 싫어서 원장님에게는 쉬고 싶어서 그만둬야 할 것 같다고만 말했다. 그런데 퇴사 의사를 밝히는 순간부터 원장님이 나를 투명인간 취급하기 시작했다. 당시에는 그런 원장님이 참 매정하게 느껴졌다. 지금 생각해 보면 평소에 예뻐하며 챙기던 직원이 갑자기 뚜렷한 이유도 없이 그만두겠다고 하니 그 원장님 나름대로 배신감을 느껴서 그랬으리라 생각된다.

내 인생에서 정말 크게 상처받았던 퇴사 순간이 있다. 병원 개원 때부터 하나하나 체계를 잡아가며 일요일에도 자발적으로 출근해서 일했던 병원이었다. 내 생애에 그렇게 몰입해서 일할 수 있을까 싶은 정도로 열심이었던 곳이고 노력 이상으로 병원이 많은 성장을 했다. 그런 병원이었지만 개인사를 비롯한 예상치 못한 여러 일이 겹치는 바람에 퇴사하게 되었다. 한 달 정도 여유를 두고 퇴사 의사를 밝혔고 한 달 동안 인수인계를 하기로 했다. 그런데 다음 날 아침, 출근했는데 내가 사용하던 컴퓨터가 통째로 사라졌다. 아직 인수인계도 마치지 못한 끝난 상황이었는데, 알고 보니 원장님이 컴퓨터를 치우라는 지시를 내렸던 것이다. 순간 망치로 머리를 한 대 얻어맞은 것 같았다. 병원의 모든 정보를 알고 있는 내가 혹시 자료를 빼돌릴까 봐 우려해 컴퓨터를 치운 것이다. (그 자료들을 만든 사람은 나였다.) 나중에 안 사실이지만, 병원에서 오래 근무한 실장이 나갈 때 이런 일은 자주 일어난다고 한다. 나 말고도 이런 일을 겪은 실장들이 주위에 꽤 많았다. 물론 원장님 입장에서 생각하면 충분히 이해할 수 있지만, 나에 대한 신뢰가 그 정도밖에 안 되었나 하는 섭섭함은 여전했다.

반면, 원장들은 이런 말을 참 많이 한다. "개원하고 처음에는 직원들에게 무조건 잘해 줬는데 그래 봤자 다 소용없더라.", "평생 함께 가자고 약속하고 분위기도 좋았는데 어느 날 갑자기 그만두겠다고 하면 엄청난 배신감을 느낀다.", "그렇게 몇 년 겪다 보면 직원들에게 잘해 줘야겠단 생각은 사라지고 거의 포기하게 된다."

우리는 사람이기 때문에 원장이건 직원이건 누구나 다 상처를 받는다. 하지만 그 사건 자체를 받아들이는 관점이나 태도에는 사람마다 많은 차이가 있다.

직원들한테 투자 개념으로 비싼 교육비나 학비를 대주는 원장들이 있다. 그런 원장들 특징은 본인들도 공부하는 걸 좋아하고, 직원을 소모품이 아닌 함께 성장하는 파트너로 본다는 것이다. 한 원장님은 직원을 대학원에 보내 주고 학비도 지원했지만, 그 직원은 졸업하자마자 퇴사했다. 병원에서 직원이 학교에 다닐 수 있게 배려해 준다는 것은 그저 학비만 지원해 주는 차원이 아니라, 여러 가지를 함께 고려해 줘야 가능한 일이다. 학교 졸업과 동시에 직원이 퇴사하겠다고 하면 나 같아도 속상할 것 같았다. 그런데 그때 원장님이 했던 말이 아직도 잊히지 않는다.

"비록 속은 상했지만 그 직원이 학교에 다니는 동안 배운 걸로 병원에 기여한 점이 분명 있다고 생각합니다. 직원이 평생 내 곁에 있을 거라고 생각하지 않습니다. 다만 나와 함께 일할 때 열심히 했고 다른 곳에 가서도 잘하면 그걸로 됐습니다."

나도 회사를 운영하면서 처음에는 강사들이 그만둔다고 할 때마다 많은 상처를 받았다. 그런데 점차 시간이 지나면서 그 상황을 이해하고 받아들일 수 있게 되었다. 만남이 있으면 당연히 헤어짐도 있다. 가족이 아닌 이상 직원과 내가 평생 함께할 수 없다는 사실은 어찌 보면 당연하다. 비록 그 직원이 앞으로 나와 함께하지 않는다고 하더라도, 함께한 시간 동안 많이 성장하고 우리 조직에 기여했다면 그것만으로 충분하다는 생각을 하게 되었다.

퇴사는 서로에게 상처가 될 수도 있지만, 그것을 받아들이는 관점에 따라 충분히 상처가 아닌 고마움으로 바뀔 수 있다.

퇴사를 잘해야 하는
이유

우리가 몸담은 의료계가 워낙 좁기도 하고 서로 연결되어 있어서 병원에 이력서를 넣으면 전 근무지에 지원자를 확인하는 절차를 거친다. 이것을 레퍼런스 체크, 즉 평판 확인이라고 한다. 주로 헤드헌팅 회사에서 지원자의 학력이나 경력에 대한 자격 요건을 검증할 때 사용하는데 요즘은 지원자의 인성이나 업무능력 등을 전반적으로 확인하는 용어로 쓰인다.

처음으로 실장이 되어 의욕과 열정이 넘쳐서 일하던 어느 날, 병원 시스템도 자리 잡고 성과도 나고 있었는데 직원 한 명이 갑자기 그만둔다고 말했다.

'이런 청천벽력 같은….'

면담하면서 보니 이미 마음이 떠난 상태였기에 그만두는 걸 지켜볼 수밖에 없었다. 지금은 내공이 쌓여 한결 덤덤하지만, 그때는 눈앞이 깜깜했다. 직원이 그만두는 이유가 모두 내 탓 같았기 때문이다. 직원이 그만둔다고 하는 순간부터 퇴사할 때까지, 그리고 퇴사 후에도 한참을 생각했다. '도대체 뭐가 문제일까? 내가 뭘 잘못했을까?' 어느덧 1년이란 시간이 흘렀고 어느 날 병원으로 걸려온 전화 한 통을 받았다.

"여기 ○○ 병원인데요, 거기서 일했던 ○○○ 선생님이 우리 병원에 이력서를 넣었네요. 이분 보니깐 거기 그만두고 나서도 다른 병원을 계속 옮겨서요. 어떤 사람이에요?"

커리어 관리,
성장을 멈추지 않는 방법

그 직원은 우리 병원을 그만두고 나서도 1년 동안 2개월씩 네 군데 병원을 옮겨다녔고, 그나마 4개월 근무한 우리 병원이 제일 길게 근무한 곳이라고 했다. 그 이야기를 듣는 순간 깨달았다. '아, 내 잘못만은 아니었구나.' 물론 반성은 필요하겠지만 그렇게 한 달 넘게 가슴 아파할 일은 아니었다. 아마 그 병원에서 전화를 해주지 않았다면 나는 두고두고 자책했을지도 모른다.

병원을 그만두고 한창 교육과 컨설팅을 할 때였다. 예전부터 알고 지낸 병원 본부장님에게 전화가 왔다. 나와 함께 일했던 직원이 이력서를 냈는데 중요한 자리라서 어떤 사람인지 알아보기 위해 전화를 했다는 것이다. 나는 무려 4년 전 함께 일했던 직원의 평판 확인까지 이루어진다는 사실에 놀랐다.

물론 지원자로서는 전 근무지에 전화해서 자신에 관해 확인하는 절차가 썩 기분 내키는 건 아니다. 그럼에도 아직까지 병원에 지원하면 으레 평판 확인이 이루어지므로 퇴사는 최대한 아름답게 마무리하는 것이 좋다.

퇴사를 생각하는
중간관리자들의 고민

이름만 대면 다 아는 유명한 모 병원의 총괄실장님과 저녁을 먹을 때였다. 그는 이제 병원이 자리도 잡았고 내부 시스템도 잘 갖춰져서 후배들을 위해 병원을 떠나기로 했다는 뜻밖의 소식을 전해왔다. 자신이 자리를 비워야 후배들이 그 자리에 올라 성장할 수 있기 때문이라는 것이다. 이분이 나에게 털어놓은 고민 또한 의외였다. 나는 이렇게 능력 있는 분이라면 병원에서 서로 모셔가려고 해서 '어디를 가야 할지 고민이겠구나' 라고 생각했다. 그런데 이 실장님의 고민은 '어디를 가야 할까?'가 아닌 '자신의 능력으로 인정받을 수 있을까?'였다. 병원 이름을 빼고 자신의 능력을 인정받고 싶은데 그게 가능할지, 무엇으로 어필해야 할지 고민이라는 것이다.

또 다른 사례가 있다. 강사 양성과정을 수료한 병원 실장들의 공통적인 하소연이다. 바로 병원에서 강의를 못 하게 한다는 것이다. 강사 양성과정에 오는 병원 직원들은 대부분 총괄실장 자리까지 올라간 분들이다. (규모가 크지 않은 병원에서 총괄실장이라는 자리에 있다면 이제 더 올라갈 곳이 없음을 의미한다.) 실장들은 대부분 평일엔 병원에 근무하고 주말에 강의에 참여하는데, 비록 몸은 힘들지라도 후배들에게 자신이 가진 경험과 노하우를 나누는 일에 큰 보람을 느낀다고 한다. 그리고 언젠가부터 타성에 젖고 답답하기만 했던 마음에도 숨통이 트인다고 털어놓는다. 그런데 더

커리어 관리,
성장을 멈추지 않는 방법

올라갈 곳도, 성장할 수도 없는 상황에서 선택한 강사의 길이 병원에서 환영받지 못해 좌절되는 경우를 많이 보았다. 이유는 단지 '원장이 싫어 해서'였다.

이 두 사례는 각각 다른 사례 같지만 사실 '중간관리자 다음은 무엇인 가?', '비켜 줄 자리가 없어서 이직해야 한다면, 병원의 명성보다 내 능 력을 더 어필할 수 있는가?'와 같은, 규모가 크지 않은 병원의 대부분 중 간관리자들이 하는 '성장'에 관한 고민이다.

우리는 이러한 중간관리자들의 고민을 '개인의 성장'과 '병원의 성장' 두 가지 측면에서 살펴볼 필요가 있다.

병원의 명성
vs 자신의 능력

첫 번째 사례에서 만난 실장님은 후배에게 비켜 줄 자리가 없어서 이직을 생각하고 있다. 그런데 어떻게 해야 자신의 능력을 다른 병원에서 인정받을 수 있을지 몰라서 고민하고 있다.

크고 유명한 병원에서 근무한 이력이 면접 때 유리하게 작용하는 건 맞다. 하지만 그것은 양날의 칼이기도 하다. 왜냐하면 그만큼 높은 기대치가 작용하기 때문이다. 병원에서는 '유명 병원에서 일했던 사람이니까 이 정도는 당연히 하겠지'란 기대를 하고 채용하지만, 그 후에 성과는 개인의 능력과 그 병원 환경에 따라 많이 달라질 수 있기 때문에 인정받으리라 장담할 수 없다.

나 또한 유명 병원에서 일하는 게 좋을지, 아니면 작은 병원이라도 내가 능력을 발휘할 수 있는 곳에서 일하는 게 좋을지 고민했던 시간이 있었다. 두 곳에서 다 일해 본 결과, 유명한 병원이나 작은 병원이나 이력서에 '어디 어디 근무' 한 줄로 끝이라면, 정말 중요한 건 그 병원에서 뭘 했고 앞으로 뭘 할 수 있는가였다. 한 마디로 나의 능력이 더 중요한 것이다. 그러니 병원 이름을 빼고 보았을 때 자신의 능력을 어떻게 어필할지 고민이라는 그 총괄실장님의 이야기도 충분히 일리 있다고 생각한다.

나는 2015년부터 병원 강사 양성과정을 진행하고 있다. 후배들과 함께 성장하고자 하는 인재를 양성해서 우리의 비전을 실현하기 위함이다.

대단한 이력을 가진 사람이 아닌, 다른 사람들과 나누고 싶은 경험이 있는 병원 직원이라면 누구나 도전해 볼 것을 권하지만, 직원들은 주로 "제가 일하는 병원이 유명하지 않아서요" 또는 "제가 일하는 병원이 너무 작아서요" 하며 망설인다. 내가 일하는 병원이 작다고 해서 내가 작은 사람이라는 의미는 아니다. 병원의 유명세나 크기가 중요한 것이 아니라, 정말 중요한 건 그 후광 효과를 뺀, 나 자신의 능력이라고 말해 주고 싶다.

실장 다음의
커리어 고민

두 번째 사례에서 만난 실장님은 실장 다음의 커리어로 병원 일과 병행할 수 있는 강사의 길을 찾았지만 원장의 반대로 고민하는 상황이다. 원장이 반대하는 이유는 무엇일까? 실장이 병원 일과 외부강의를 병행했을 때 병원에 소홀해지거나, 우리 병원의 노하우를 외부에 노출할까 우려하는 경우가 대부분이다.

실장이 외부에서 강의나 강연을 하면 손해보다 이득이 더 많다. 어떤 실장들은 원장의 지원으로 활발하게 외부강의 활동을 하면서 병원을 알린다. 그렇게 외부에 좋은 이미지가 생기면 그 병원을 찾는 업계 사람들과 지인들이 많아지고 환자 또한 늘어난다. 결국 병원과 실장 모두에게 이익이다. '우리 병원 실장님은 강의도 합니다'를 홍보 문구로 내세워 마케팅하는 병원도 있다. 또한 강의안을 만들면서 다른 강사들의 강의를 많이 접하게 되는데, 그 과정에서 우리 병원에 접목할 수 있는 좋은 사례들을 배우게 된다.

몇 년 전에 직원이 20명 가까이 되는 병원 원장님을 만났을 때다. 원장은 자기네 총괄실장이 이제 더 올라갈 자리가 없어서 뭘 어떻게 해줘야 할지 모르겠다며 나에게 조언을 구했다. 나는 혹시 그 실장님이 공부에 대한 열의가 있으신 분이면 의료경영대학원을 보내면 어떻겠냐고 제안했고, 실장님은 현재 대학원에 진학해서 활발히 공부하고 병원에도 잘

커리어 관리,
성장을 멈추지 않는 방법

다니고 있다.

우리가 일하는 병원은 스스로 발전하고 노력하면 실장 다음으로도 얼마든지 커리어를 쌓아 나갈 수 있는 비전이 있는 곳이다. 병원 실장 다음에 쌓아 나갈 수 있는 커리어로는 강사 및 교수, 컨설턴트, 마케터, 제약회사 및 의료장비회사 입사, 연구원, 의료관광 코디네이터 등이 있는데 어느 커리어든지 병원에서의 근무 경험, 공부와 노력, 그리고 인맥 등이 필요하다. 예를 들어 나도 현재 대학에 겸임교수로 출강하고 있지만, 우리 분야에는 이렇게 현업에 종사하면서 대학에서 강의하는 중간관리자들이 꽤 있다. 대학 강사나 교수가 되고자 한다면 현업에서 적어도 5년 이상의 경험과 대학원 학위가 필수적이다.

병원에서 근무했던 경험을 가지고 컨설턴트로 활동하는 직원들도 있다. 몇 개월 단위로 계약 맺고 그 병원에 상주해서 일하거나, 일주일에 한두 번씩 가서 병원 시스템 만들기, 직원 교육 및 내부직원 관리, 환자 상담 등의 일을 한다.

환자를 상대해 본 경험이 있는 병원 출신 직원을 뽑는 제약회사, 의료 장비회사, 메디컬 코스메틱 회사도 점점 더 늘어나고 있다. 아무래도 병원에 영업해야 하는 입장에서는 병원 직원들의 특성을 잘 알고 그들에게 어필 할 수 있어야 하기 때문이다.

의료경영컨설턴트

의료경영컨설턴트는 병원 경영의 여러 요소(재무회계, 인사조직, 마케팅, 전략 등)를 분석하여 문제점을 찾고 해결 방안을 제시하는 역할을 한다.

병원 경영에 관한 자문뿐만 아니라, 전략목표가 실현될 수 있는 방향성을 제시하기도 한다. 요즘과 같이 병원 간 경쟁이 치열해진 상황에서 병원 경영을 전문으로 하는 의료경영컨설턴트의 역할과 중요성은 점차 확대되고 있다.

의료경영컨설턴트가 되려면 기본적으로 의료를 어느 정도 알아야 하고 경영학 지식, 그리고 컨설턴트로서의 자질을 갖춰야 한다. 무엇보다 '실무 경험'이 기본이 된다. 일반 기업과 다른 병원만의 특성이 있기 때문이다. 의료광고만 하더라도 일반 기업의 광고처럼 했다간 환자유인행위로 처벌받을 수 있다.

실무 경험과 함께 갖춰야 하는 건 경영학 지식이다. 실무 경험만 있으면 전문성이 부족하고, 경영학 지식만 있으면 경험이 부족하기 때문이다. 제대로 된 성과를 위해서는 이 두 가지가 조화를 이뤄야 한다.

나에게 "의료경영컨설턴트가 되고 싶은데, 어떻게 준비해야 할까요?" 하고 질문하는 병원 직원들이 많다. 나는 현장에서 10년 이상 실무 경험을 쌓고 경영학을 공부한 뒤 실제로 병원 컨설팅 업무를 하면서 자연스럽게 의료경영컨설턴트가 되는 방법을 권한다. 실제로 병원에서 일하면서 성과를 낸 경험이 있고, 병원 내부에 관해 샅샅이 알아야 다른 병원 컨설팅도 가능하기 때문이다. 나 역시 현장에서 10년 넘게 일을 하면서 대학원에 진학하여 경영학 석사학위를 받았다. 그리고 내가 일하는 병원이 잘 되자 다른 여러 병원에서 컨설팅 의뢰가 들어와 자연스럽게 병원 컨설팅 일을 하게 되었다.

의료경영컨설턴트의 업무는 병원의 상황이나 본인의 전문 분야에 따라 다를 수 있는데, 주로 병원 마케팅 전략, 병원 사업 전략, 병원 시스템 구축, 병원 조직 관리 등이 있다. 강점이 있는 분야를 집중적으로 파고들어 자신만의 전문 분야를 만드는 것이 좋다. 요즘은 여러 명이 팀을 이뤄서 프로젝트를 함께 하기도 한다.

의료경영컨설턴트가 되고자 한다면 병원에서 충분한 실무 경험을 쌓고, 경영학 공부를 하면서 인맥을 쌓고, 병원 컨설팅 업체나 프로젝트팀에 합류해서 일할 것을 추천한다.

의료관광 코디네이터

의료관광 코디네이터란, 국내 입국부터 출국까지 외국인 환자를 위한 원무, 의료 상담, 진료 지원, 관광 등 의료 및 관광서비스를 총체적으로 제공하는 전문가이다. 의료관광 코디네이터는 기존의 병원코디네이터로서의 역량뿐만 아니라 통역을 위한 어학 능력이 필수적이다. 의료관광 코디네이터의 진출 분야는 다음과 같다.

정부 관계기관	해외박람회 참여 및 주최를 통해 전 세계에 한국 의료관광 홍보
종합병원	해외사업부, 국제진료팀 등 외국 환자 유치 및 관리, 상담 및 응대
병의원	외국 환자 상담 및 관리
의료관광 에이전시	외국 환자 유치를 위한 마케팅 및 상담
여행사	의료기관과 네트워크를 통해 의료관광 상품 개발 및 해외 홍보 업무
프리랜서, 비즈니스	외국 환자 통역 관련 프리랜서나 에이전시에 관한 비즈니스

의료관광 코디네이터 업무 [출처: 국제의료관광코디네이터협회]

의료관광이 활성화되고 외국 환자를 유치하려 하거나 해외로 진출하는 병원들이 늘어남에 따라 의료관광 코디네이터에 관한 관심도 커지고 있다. 의료관광 코디네이터로 일하는 경로는 보통 두 가지다. 하나는 병원 경력이 없지만 국가에서 실시하는 국제의료관광 코디네이터 시험에 합격해서 관련 일을 하는 경우, 다른 하나는 병원에 근무하던 직원이 의료관광 관련 업무를 맡는 경우다. 큰 병원이 아닌 이상 내부직원이 의료관광 업무를 맡는 경우가 대부분이다. 의료관광 업무를 맡으면 관련 커리어를 쌓을 수 있고, 경험을 넓힐 수 있는 기회가 된다.

나 또한 한 병원에서 의료관광 일을 도와달라는 연락을 받고 시작하게 되었다. 의료관광 관련 업무는 여러 가지가 있는데 내가 했던 업무는 정부 관계기관 업무였다. 해외에 나가서 우리나라 의료관광 상품을 홍보하고, 우리나라에 온 외국인 환자들을 위한 의료관광을 진행하는 것이다. 이 업무를 하면서 의료관광 코디네이터의 역할과 역량을 알 수 있었다.

① 기획 및 마케팅 능력

해외에 의료관광 상품을 홍보하거나, 병원에 찾아온 외국인 환자들에게 우리 병원을 소개하기 위해서는 발표자료, 안내서, 책자, 동영상 등 각종 홍보용 자료가 필요하다. 나라별로 문화나 선호하는 진료가 달라서 그 나라의 문화와 환자층을 고려한 상품 기획과 마케팅이 필요하다. 기획한 자료는 그 지역 시청이나 구청의 의료관광 관련 부서에 보내서 검토와 수정하는 작업을 거친다. 수정을 마치면 각 나라의 언어로 번역하는 작업을 하는데 시청이나 구청, 혹은 관광공사에 소속된 병원코디네이터들의 도움을 받을 수 있다.

② 프레젠테이션 능력

의료관광 활동을 위해 해외에 나가면 아침부터 스케줄이 빡빡하다. 내가 러시아에 갔을 때는 매일 새벽에 일어나서 그 나라 지역을 돌며 프레젠테이션과 상담을 했는데, 보통 그 지역 환자, 의사, 정부 기관, 에이전시 및 여행사가 참석했다. 아무래도 여러 계층의 사람들이 한자리에 모여 있는 경우가 많아 포커스를 맞추는 게 쉽지 않았다. 그래도 내가 발표 후 많은 호응을 받았던 건 미리 그 나라의 문화와 매너를 공부했기 때문인 것 같다. 해외에 나가서 병원 의료관광 상품을 소개하는 프레젠테이션을 할 때는 청중의 눈높이에 맞춘 내용과 쉬운 언어로 발표해야 한다.

③ 의료 지식과 간단한 상담 능력, 상황 대처 능력

외국 환자들의 의료관광을 도울 때였다. 외국환자 두세 명만 와도 정신이 하나도 없는데, 그 날은 해외에서 온 유명인사가 스무 명가량 병원을 방문했고, 통역사는 고작 한 명이라 더더욱 정신이 없었다. 통역사는 의료용어를 하나도 모르는 대학생이었다.

잠시 내가 다른 곳에 가 있는 사이, 원장님이 통역사에게 화내는 소리가 들려 왔다. 그날 외국 환자들은 실리프팅 시술*을 받고 있었는데, 실리프팅 시술 때 얼굴에 넣은 실이 바깥으로 살짝 튀어나오면 그 실을 타고 감염이 생길 수 있다. 그래서 원장님이 소독한 가위로 튀어나온 실을 잘라내면 된다고 설명했는데, 통역자가 그 실로 인해 질병에 걸릴 수 있다고 잘못 설명했던 것이다. 안 그래도 실리프팅 시술에 반신반의하던

---

* 녹는 실을 이용해 콜라겐 생성과 리프팅 효과를 내는 시술법.

외국인들은 비명을 지르며 마취 연고를 바른 후 붙여 놓은 랩을 떼는 등 난리가 났다. 통역사는 거의 울기 직전이었다. 나는 외국 환자들에게 하나하나 설명하고 안심시키느라 진땀을 뺐다.

외국 환자들이 시술받을 때는 우리나라 환자들에게 하듯이 미리 아픔이나 통증에 관해 설명해 주어야 한다. 또한 치료 과정을 자세히 설명해 주어야 하는데 의료관광 코디네이터는 그저 통역만 하는 게 아닌, 해당과의 진료에 대한 기본 임상지식과 환자를 응대하는 능력 등이 필요하다.

④ 서비스 정신 및 관계 맺기 능력

의료관광 일정 전에는 보통 만찬이 이루어진다. 나는 그 자리에 반드시 참석해서 환자응대할 때처럼 해외인사들과 라포 형성을 위한 스몰토크부터 시작해 여러 이야기를 주고받았다. 그렇게 전날 얼굴을 익히고 친밀감을 형성하면 다음 날 일정 때 훨씬 수월하기 때문이다. 또한 그 나라에서 행사가 있거나 다음에 우리나라에 다시 방문할 때, 얼굴을 익힌 해외인사들이 나를 기억했다가 찾곤 했다.

커리어 관리,
성장을 멈추지 않는 방법

커리어 관리,
멈추지 않고 성장하는 법

병원 강사 양성과정을 들으러 온 수강생 중 한 명이 이런 이야기를 했다. 병원 강사 양성과정이 여러 곳에서 진행되고 있지만, 이곳을 선택해서 온 이유는 '커리어의 공유' 때문이라고 말이다. 강사 양성과정을 진행하는 사람, 즉 강사가 과연 본인의 커리어를 어디까지 공유할 수 있는가에 대해 생각해 보았는데 그 부분에서 많은 것들을 공유할 수 있을 것 같아 오게 되었다고 했다. 그 후 '내가 과연 의료계에서 어디까지 성장할 수 있고, 어디까지 내 커리어를 공유할 수 있을까'를 더 깊게 고민하게 되었다.

지금 이 순간에도 나는 성장을 위해 부단히 노력하며, 여전히 고군분투 중이다. 이렇게 살다 보니 "어떻게 하면 대표님처럼 멈추지 않고 계속 나아갈 수 있을까요?"라고 묻는 사람들이 꽤 있다. 그러면 나는 "누구나 자신만의 길이 있을 거예요. 그런데도 저의 방법이 궁금하다면 4가지 방법에 관해 이야기해 드리고 싶어요."라고 한다. 그 4가지란 바로 독서, 세미나와 교육, 네트워킹, 그리고 계획된 우연이다.

독서

나는 서재를 가지고 있다. 서재뿐만 아니라 침대 머리맡에도 책이 잔뜩 쌓여 있고, 책상과 책상 서랍까지 책이 가득 차 있다. 내가 이렇게 많은 책을 읽을 수 있었던 이유는 20대 때부터 매달 월급의 반을 책 사고 세미나 다니는 데 투자했기 때문이다.

처음 시작은 어느 자기계발서였다. 병원에서 일할 때 늘 어딘가 답답하고 뭔지 모를 열망 같은 게 있었는데 그 갈증을 책을 읽으며 풀었다. 나는 옷이나 가방, 신발에는 전혀 관심이 없어서 매달 책과 세미나에 많은 돈을 지출했다. 책을 읽으며 밑줄 친 내용은 블로그나 개인 노트에 따로 정리했다. 그렇게 정리까지 마쳐야 책 한 권을 다 읽은 느낌이 들었다. 책을 보면서 괜찮은 내용을 발견하면 꼭 병원에 접목했다. 그러면 반드시 크고 작은 성과가 났다. 책을 많이 읽다 보면 처음에는 모르지만, 어느 순간 내 언어나 사고방식이 발전한다는 것을 느낄 수 있다. 나는 지금도 고민이 생기면 항상 책을 본다.

나의 서재

커리어 관리,
성장을 멈추지 않는 방법

세미나 및 교육

요즘은 세미나에 대한 원장들과 직원들 관심이 높아지고 교육 내용도 다양해져서 마음만 먹으면 언제든지 좋은 교육을 쉽게 접할 수 있다. 세미나를 들으면서 부족한 부분을 채울 수 있고 배운 것들을 현장에 접목하면서 성과를 낼 수 있다. 또한 현재 내가 업무를 잘하고 있는지, 다른 병원에서는 어떻게 하고 있는지 알 수 있고 도움을 얻기도 한다. 나와 비슷한 환경에서 같은 고민을 하는 다른 직원들을 보면서 공감하고, 용기와 힘을 얻을 수도 있다. 특히 매일 병원 안에서 반복하는 일상에 타성에 빠졌을 때 교육장에 가면 시야를 넓힐 기회를 만나게 된다.

네트워킹

내 별명이 '의료계 마당발'인데 사실 나의 대부분 인맥이 세미나와 교육장에서 형성된 것이다. 세미나에 가면 비슷한 열정을 가진 사람들을 만나게 된다. 바로 성장하고자 하는 욕구가 있는 사람들이다. 에너지가 비슷한 사람들이 모여 긍정적인 생각을 주고받으며 함께 성장하는 동료가 된다. 시간이 흐르고 보니 몇 년 전에 교육장에서 만났던 사람들을 다시 마주치게 되는데, 저년차의 직원으로 만났던 분들이 지금은 교육하는 아카데미 대표가 되었고, 각 병원의 본부장이 되었다. 이렇게 함께 성장하며 다시 만나게 되면 도움을 주고받을 수 있는 범위가 넓어진다. 그리고 알게 모르게 동료의식이 생기고 서로 응원하는 관계가 된다. 만일 내가 멈추지 않고 성장하고자 한다면 병원 안에서만 갇혀 있지 말고 끊임없이 사람들과 네트워킹하며 상호작용을 하는 게 중요하다.

계획된 우연

계획된 우연이란, 미국의 스탠퍼드 대학의 존 크롬볼츠Krumboltz 박사가 주창한 것으로 삶에서 만나게 되는 다양한 예기치 않은 상황이나 사람이 진로에 긍정적으로 작용한다는 이론이다. 하지만 이런 우연은 저절로 이루어지는 게 아니라, 다음과 같이 운을 만나기 위한 5가지 행동요인이 있어야 한다고 한다.

— 호기심: 새로운 학습 기회나 진로를 탐색하는 것

— 인내심: 어렵더라도 포기하지 않고 실패하더라도 다시 도전하고 견디는 것

— 유연성: 상황과 환경에 따라 변화하는 것

— 낙관성: 긍정적인 태도와 자세

— 위험 감수: 미래에 대한 불확실성과 두려움 앞에서도 도전하고 행동하는 것

나는 준비된 사람이 기회를 만났을 때 더 많이 성장할 수 있다고 생각한다. 내 주변에도 끊임없이 배우고, 사람들을 만나 정보를 얻고, 인맥을 쌓는 사람들이 있다. 이런 시간이 쌓이다 보면 어느 날 문득 거짓말처럼 기회가 찾아온다. 준비된 사람에게는 반드시 기회가 다가오고, 그 기회를 만나 성장하게 된다. 만약 내가 계속 성장하고 싶다면 그 자리에 가만히 있는 게 아니라 열심히 배우고, 관계를 맺고, 도전하면서 끊임없이 행동해야 한다.

내가 교육을 시작한 이유

병원코디네이터 선생님들에게 "꿈이 뭐예요?" 또는 "앞으로 뭐가 되고 싶으세요?" 하고 물으면 그때마다 돌아오는 답변은 대부분 이랬다. "상담실장이 꿈이에요." 그래서 내가 "왜 상담실장이 되고 싶어요?" 하고 물으면 "글쎄요. 편해 보여서요"라고 대답한다. 이 분야는 우리가 노력만 한다면 얼마든지 실장 이후의 커리어를 쌓을 수 있는 곳이다. 그런데도 모두 다 꿈이 상담실장이라고만 해서 적지 않게 놀랐다.

교육을 시작한 다른 이유가 있다. 상담실장에 대한 사회적 인식이 썩 좋지 않아 자신의 직업을 숨기는 실장이 많다는 것 때문이었다. 어떤 직원은 남편 친구한테 직업이 상담실장이라고 하니 그 친구가 대번에 "그거 사기꾼이잖아"라고 말했단다. 또 병원 직원들을 위한 교육이 거의 없다는 것도 이유였다. 늘 답답한데 물어볼 곳도 없고, 공부할 수 있는 곳도 없기 때문이다.

모두가 꿈이 상담실장이라고 하는 이유는 상담실장 말고 여러 가지 다른 가능성과 길을 보여 준 선배를 보지 못했기 때문이다. 즉, 롤모델을 만나지 못한 것이다. 상담실장이 자신의 직업을 숨긴다는 건 그만큼 직업적 자긍심이 부족하다는 것을 의미한다. 자긍심이 없으면 소명 의식을 가지고 일하기 쉽지 않다. 비전을 보고 성장할 수 있는 환경이 되어야 하는데 교육도 없고, 롤모델도 찾기 어렵고, 성장할 수 있는 시스템도 없다. 내가 이 병원에서 코디네이터면 다른 병원에 상담실장으로 지원해서 가기 전까지 계속 병원 코디네이터만 해야 한다.

이런 이유로 나는 병원 직원들 대상으로 교육을 시작했다. 사실 처음 교육을 시작할 때는 몇 명이나 올까 싶었고, 단 한 명이라도 온다면 최선을 다하자는 마음이었다. 그래서 그동안 내가 경험한 것들과 교육받은 내용을 토대로 교육 및 컨설팅 프로그램을 만들었다. 공부하는 사람이 병원 문화를 바꾼다는 신념을 가지고 이 분야에 종사하는 사람들의 성장을 돕고자 노력한 지 벌써 10년이 다 되어 간다.

병원 컨설팅 업체 최 대표님과의 인연은 내가 병원 일을 시작한 지 1, 2년밖에 안 되었을 때였다. 그 당시 나는 항상 무언가에 목말라 있었고, 성공을 향한 열망을 도대체 어떻게 풀어야 할지 모르는 상태였다. 그래서 늘 답답했고 너무 힘들어지면 최 대표님을 찾아가곤 했다. 최 대표님을 찾아간다고 해서 무언가 "그래, 이거야" 하는 답을 얻어 온 것은 아니다. 단지 답답한 마음을 이야기하면서 내가 가지고 있는 불안감과 방향성에 대한 확인을 받고 싶었다.

그때 나는 대전에 있었고 최 대표님은 천안에 계셨다. 대전에서 버스를 타고 천안으로 가면 최 대표님은 늘 반갑게 맞아 주시고 맛있는 밥을 사주셨다. 처음엔 별생각 없이 사주는 밥을 맛있게 먹었는데 어느 날 문득 의아한 생각이 들었다. 이분은 큰 위치에 있는 사람이고, 나는 작은 의원의 직원일 뿐인데 왜 이렇게 시간을 내서 나의 시시콜콜한 이야기를 들어 주실까? 그래서 하루는 여쭤 보았다.

"대표님, 궁금한 게 있는데요, 왜 이렇게 저한테 밥도 사주시고 잘해 주세요?"

나는 그때 들었던 대답을 아직도 잊을 수가 없다.

"나도 내 선배들에게 받은 은혜 갚는 거니까 혜진이도 나중에 후배들한테 이렇게 하면 나한테 은혜 갚는 거야."

예상치 못한 답변에 순간 멍해졌고, '과연 나한테도 그런 날이 올까?' 하는 의문이 들었다. 그런데 신기하게도 시간이 흐른 지금, 고민 있다고 찾아오는 후배들에게 시간을 내 밥을 사주면서 그 은혜를 갚고 있는 내 모습을 발견하게 된다.

세계적인 리더십 전문가 존 맥스웰John Maxwell은 다음의 5단계로 리더십을 설명한다.

— 1단계: 지위 리더십
— 2단계: 관계 리더십
— 3단계: 성과 리더십
— 4단계: 인재 개발 리더십
— 5단계: 구루 리더십

지위 리더십은 지위를 이용해서 사람들이 따르게 한다. 관계 리더십은 신뢰 구축을 통해 사람들이 따르게 하는 것이다. 성과 리더십은 조직에서 성과를 내서 사람들이 따르게 한다. 인재 개발 리더십은 구성원들을

_____

• 존 맥스웰. 2015. 《누가 최고의 리더가 되는가》. 이형욱(옮김). 넥서스 BIZ.

리더로 성장시켜 조직을 이끌어 가는 것으로 바로 내가 추구하는 리더십이 바로 인재 개발 리더십이다.

내가 단계별로 교육을 운영하는 이유도 바로 사람을 키우기 위해서다. 수강생들은 교육을 통해 성장하면서 시간이 지나면 강사 양성과정에 도전한다. 그리고 마침내 강의하면서 자신이 했던 고민을 하는 후배들을 만나 경험과 노하우를 공유한다. 그러면서 또 한 번 성장한다. 내가 해줄수 있는 것은 강사들에게 성장할 기회를 주고 기다려 주는 것이다. 교육을 통해 성장을 꿈꾸는 병원 직원들이 늘어나고, 그들이 성장해서 후배들을 양성할 수 있는 선한 영향력을 가진 병원 문화를 만드는 게 나의 꿈이자 비전이다.

만유인력의 법칙을 발견해서 근대 물리학의 기초를 마련한 천재적인 과학자 아이작 뉴턴Isaac Newton은 "어떻게 그렇게 위대한 발견을 했느냐?"는 질문에 "내가 멀리 볼 수 있었던 것은 바로 거인의 어깨 위에서 세상을 바라봤기 때문이다. 나는 거인의 어깨 위에 선 작은 난쟁이다"라고 대답했다. 즉 뉴턴 이전에 무엇인가를 이룩해 놓은 수많은 거인이 있었고 그 거인들이 쌓아 놓은 업적을 토대로 자신의 것을 만들었다는 뜻이다. 나는 이 말을 참 좋아하는데, 사람이 하늘에서 뚝 떨어진 게 아닌 이상 그 사람의 과거를 이야기하지 않고는 현재를 말할 수 없기 때문이다.

나 또한 나를 이끌어 주고 도와준 선배들이 있었기 때문에 지금의 내가 있다고 생각한다. 앞으로도 내가 베푼 호의와 노력이 당장 나에게 돌아오지 않더라도 또 다른 사람들에게 도움이 될 수 있도록 그렇게 한 걸음씩 나아가고 싶다.

"환자, 즉 사람을 돕는 것.
그게 바로 우리가 병원에 있는 이유라고 생각한다."

의료인은 아니지만
병원에서 일합니다

지 은 이 이혜진

펴 낸 날 1판 1쇄 2019년 3월 15일
         1판 5쇄 2023년 12월 1일

대표이사 양경철
편집주간 박재영
편   집 강지예
디 자 인 박찬희

발 행 처 ㈜청년의사
발 행 인 양경철
출판신고 제313-2003-305호(1999년 9월 13일)
주   소 (04074) 서울시 마포구 독막로 76-1(상수동, 한주빌딩 4층)
전   화 02-3141-9326
팩   스 02-703-3916
전자우편 books@docdocdoc.co.kr
홈페이지 www.docbooks.co.kr

ISBN 978-89-91232-77-8(03320)

책값은 뒤표지에 있습니다.
잘못 만들어진 책은 서점에서 바꾸어 드립니다.